中小企業の国際経営

市場開拓と撤退にみる海外事業の変革

日本政策金融公庫総合研究所 [編集]
丹下 英明 [著]

刊行にあたって

　日本政策金融公庫総合研究所は，政策金融機関である日本政策金融公庫（以下，日本公庫）の調査研究部門として，中小企業に関するさまざまな調査を行ってきた．多数の中小企業をお客さまにもつ日本公庫ならではの強みを生かして，新規開業や地域活性化，各種産業の動向など，中小企業の課題解決に直結したテーマを採り上げている．

　そうしたなか，当研究所が力を入れて取り組んでいる研究テーマの一つが中小企業の海外展開である．2011年には「中小企業海外展開支援大綱」がとりまとめられるなど，中小企業の海外展開支援は，中小企業政策の柱の一つとなっている．日本公庫も政策の一環として，中小企業の海外展開に対する融資に力を入れてきた．

　適切な支援を行うためには，中小企業の活動実態をきちんと把握することが重要である．こうした考えのもと，当研究所では中小企業の海外展開に関する調査に継続的に取り組んできており，その成果の一部は，2013年に刊行された日本政策金融公庫総合研究所編『中小企業を変える海外展開』にまとめられている．

　本書は，これまで行ってきた中小企業の海外展開に関する調査研究をさらに発展させるべく，最新の成果を取りまとめたものである．中小企業による海外現地市場の開拓や，海外からの撤退など，最近注目を集めているテーマを採り上げた．

　本書が研究者や，海外展開を支援される関係諸機関の皆様，そして海外展開を目指す中小企業の皆様に少しでも役立つことを切に願っている．

2016年9月

日本政策金融公庫総合研究所
所長　青木　亮一

はしがき

　本書は，中小企業の海外現地市場開拓と，海外からの撤退に焦点を当てて，その実態を詳細に分析している．それによって，海外展開する日本の中小企業に対して，発展に向けた課題と展望を示すことを目的としている．

　近年，中小企業の海外展開は大きく変化している．第一に，進出目的の変化である．これまでは，主力販売先の海外展開に追随して進出したり，生産コスト低減を目的として海外展開するケースが多く見られた．しかしながら，近年では，市場開拓を目的として海外に進出する中小企業も多い．

　第二に，海外から撤退する中小企業が目立つようになってきた．中小企業の海外展開が進むにつれて，海外では，日系企業同士での競争も激化している．中小企業の中には，賃金水準の高い国から撤退し，ベトナムやミャンマーといった賃金水準の低い国に拠点を移す動きもみられる．

　こうした状況を踏まえて，本書では，中小企業による現地市場開拓と，海外からの撤退を主なテーマとして採り上げた．本書は，これまでの研究にはない視点を含んでいる．

　第一に，現地市場開拓の分析では，多様な財を採り上げ，比較を行っている．まず，中国市場開拓を実現した中小消費財メーカーの事例研究を行った後，中国自動車メーカーとの直接取引を実現した中小自動車部品メーカーの事例研究を行い，双方を比較した．これによって，取り扱う財の違いを超えた，中小企業の現地市場開拓戦略を明らかにするよう努めた．

　第二に，中小企業の海外撤退について，アンケートと事例研究の双方を用いて，その実態を明らかにしている．本書で示すように，中小企業の海外撤退については，研究蓄積が少ない．本書の一番の貢献は，中小企業の海外撤退について，撤退に影響する要因や，海外拠点の成果と撤退との関係，撤退後の事業展開といった様々な視点から，多様な手法を用いて分析した点にあると考えている．

第三に，撤退分析から得られる示唆を踏まえたうえで，海外展開する中小企業に対して，発展に向けた方向性を提示している．中小企業の海外展開に関する研究では，いわゆる成功事例の分析が中心であった．こうした研究蓄積に対して，撤退事例から得られた示唆を取り入れることで，より本質に迫った方向性を提示するよう試みた．

こうした取り組みがどこまで有効であったかは本書を読んでもらうほかないが，この分野における研究の進展にわずかながらでも貢献できれば望外の喜びである．

本書は，筆者が 2016 年に埼玉大学大学院経済科学研究科に提出した博士学位論文を大幅に加筆・修正したものである．本書の完成までには，数多くの方々から表現できないほどのご支援をいただいた．

加藤秀雄教授（埼玉学園大学，埼玉大学名誉教授）からは，博士学位論文の主指導教員として，多くの有益な助言をいただいた．筆者が論文執筆に悩んでいた際には，温かい励ましの言葉とともに，論文の方向性を示していただいた．「事例やデータを分析する際には，様々な見方があることを常に意識して，分析を行うことが重要」という先生のお言葉は，私の心に刻まれている．また，先生のゼミでは，多くの仲間から貴重な助言をいただいた．

金子秀教授（埼玉大学）からは，常に本質的な問題提起をいただいた．「なぜ中小企業は海外から撤退するのか」という先生からの問いは，本書における重要な論点の一つとなっている．

井原基教授（埼玉大学）からは，本書のテーマに関する先行研究を数多くご紹介いただいた．こうした先行研究が，論文を執筆するうえで，重要な役割を果たしている．また，国際経営研究における知見を中小企業経営にいかにして取り入れていくかという，現在の私の問題意識にもつながっている．

伊藤孝教授（埼玉大学）には，博士学位論文の審査委員を務めていただくとともに，数々の有益な助言と励ましをいただいた．

三井逸友教授（嘉悦大学），根本忠宣教授（中央大学）には，中小企業の現地市場開拓に関する調査でご指導をいただいた．本庄裕司教授（中央大学），日向裕弥様（日本貿易振興機構）からは，中小企業の海外撤退に関する調査に

おいて，貴重な助言をいただいている．

　日本中小企業学会の報告では，討論者をお引き受けいただいた駒形哲哉教授（慶應義塾大学），前田啓一教授（大阪商業大学）にお礼を申し上げたい．報告終了後には，渡辺幸男名誉教授（慶應義塾大学），岡室博之教授（一橋大学）からも貴重なコメントを頂戴した．もちろん，残された誤りは筆者の責に帰するものである．

　さらに，柳孝一名誉教授（多摩大学）にもお礼を申し上げたい．早稲田大学大学院アジア太平洋研究科国際経営学専攻修士課程での恩師である先生からは，博士後期課程への進学を後押ししていただいた．また，同友館の神田正哉編集室長には，ていねいな編集をいただいた．

　そして，最大の謝辞を述べなければならないのは，アンケートやインタビューにご協力いただいた中小企業の方々である．多忙な中にもかかわらず，貴重なお時間をいただいたうえ，筆者の稚拙な質問に対しても丁寧にご回答いただいたことに感謝申し上げたい．

　これらの方々を含め，調査の実施そして本書の出版にご支援いただいたすべての方々にこの場を借りて厚くお礼申し上げたい．

2016 年 9 月

丹下　英明

目　次

第1章　はじめに……………………………………………………………1
1　問題意識と分析対象　3
　(1)　問題意識　3
　(2)　分析対象　5
2　分析視角　7
　(1)　現地市場開拓への取り組み　7
　(2)　海外撤退の実態　8
　(3)　海外拠点の存続要因　9
　(4)　海外直接投資の成果　10
　(5)　撤退後の事業展開　10
3　本書の構成　10

第2章　先行研究……………………………………………………………13
1　本章の目的　15
2　中小企業の海外展開に関する先行研究　16
　(1)　海外展開プロセス　16
　(2)　現地拠点の機能　18
　(3)　海外展開の形態　20
　(4)　日本国内への影響　22
　(5)　国際経営研究との関係　25
3　小括：先行研究の意義と課題　27

第3章　中小企業の海外進出動向……29

  1　本章の目的　31
  2　各種データにみる近年の特徴　31
    (1)　海外展開する中小企業は少数　31
    (2)　増加する中小企業の海外直接投資　33
    (3)　市場開拓を目的とした海外直接投資の増加　35
  3　アンケートにみる海外進出前準備の変化　36
    (1)　データ　36
    (2)　進出前の準備における変化　37
  4　小括　44

第4章　中小消費財メーカーによる中国市場開拓……47

  1　本章の目的　49
  2　先行研究　50
    (1)　新市場開拓　50
    (2)　海外市場開拓　51
    (3)　大企業による中国市場開拓　52
    (4)　中小消費財メーカーによる現地市場開拓　54
    (5)　研究の視点と研究方法　55
  3　事例研究　57
    (1)　A社　57
    (2)　B社　60
    (3)　C社　62
  4　現地市場開拓にみられる特徴　65
    (1)　現地市場開拓に至る経緯　65
    (2)　製品　66
    (3)　販売体制　71
    (4)　生産・調達体制　74
    (5)　背景　76

5　撤退事例との比較　77
　　　(1)　ターゲットの設定と投入製品，販売ノウハウに課題（D社）　78
　　　(2)　投入製品に課題（E社）　80
　　　(3)　撤退事例を踏まえた考察　82
　6　小括　84

第5章　中小自動車部品メーカーによる中国市場開拓　87

　1　本章の目的　89
　2　中国自動車市場の現況と日系自動車部品メーカーの動向　91
　　　(1)　中国自動車市場の現況　91
　　　(2)　中国における日系自動車部品メーカーの動向　92
　3　先行研究　94
　　　(1)　中国自動車メーカーにおける部品調達　94
　　　(2)　中小部品メーカーによる現地市場開拓　96
　　　(3)　研究の視点と研究方法　97
　4　事例研究　98
　　　(1)　F社　98
　　　(2)　G社　101
　　　(3)　H社　103
　5　現地市場開拓にみられる特徴　106
　　　(1)　現地市場開拓に至る経緯　106
　　　(2)　製品　108
　　　(3)　販売体制　110
　　　(4)　生産・調達体制　112
　　　(5)　背景　114
　6　小括　118

第6章　中小企業の海外撤退　　　　　　　　　　　　　　121
　　　── アンケートによる実態分析 ──
1　本章の目的　123
2　統計データにみる中小企業の海外撤退　123
　（1）各種統計データにおける制約の存在　123
　（2）増加傾向にある中小企業の海外撤退　125
　（3）大企業より高い撤退比率　127
3　先行研究　128
4　アンケートにみる中小企業の海外撤退　131
　（1）データ　131
　（2）撤退拠点の概要　133
　（3）撤退の経緯　137
　（4）撤退時の課題と撤退完了の要因　140
　（5）進出前の取り組み　142
　（6）海外直接投資を成功に導く要因　144
5　小括　145

第7章　中小企業の海外撤退に影響する要因は何か　　　　147
1　本章の目的　149
2　先行研究　149
　（1）企業の海外撤退要因　149
　（2）中小企業の海外撤退　150
3　分析の概要と仮説　151
　（1）仮説　151
　（2）データの概要と推計方法　153
　（3）変数　154
4　推計結果と考察　157
5　小括　163

第8章　海外直接投資の成果と撤退 ……………………………………… 165
　　　── 撤退は本当に失敗か ──
1　本章の目的　167
2　アンケートにみる海外直接投資の成果　168
3　事例研究：成果を上げながらも撤退した中小企業　171
　（1）日本本社との関連性を考慮し撤退（Ｉ社）　172
　（2）撤退に向けて海外拠点の体制を整備（Ｊ社）　175
　（3）現地経営環境の変化を踏まえて撤退（Ｋ社）　178
　（4）合弁先の方針転換を踏まえて株式を売却（Ｌ社）　181
4　考察　183
　（1）なぜ成果を上げながらも撤退したのか　183
　（2）成果を上げながら撤退できた要因は何か　187
　（3）撤退後に設置した海外拠点の成果と要因　189
　（4）海外撤退を分析するための仮説的枠組み　191
5　小括　192

第9章　撤退後の事業展開 …………………………………………………… 197
　　　── 撤退経験活用の視点から ──
1　本章の目的　199
2　アンケート　200
　（1）撤退後の海外拠点との関係　200
　（2）撤退経験の活用と海外拠点の成果　202
3　事例研究：撤退後の事業展開　206
　（1）日本本社による管理を強化（Ｍ社）　206
　（2）合弁での失敗を踏まえ独資により再度進出（Ｎ社）　209
　（3）撤退後も生産委託先として当該拠点を活用（Ｏ社）　211
4　考察　214
　（1）撤退後の海外事業との関係　214
　（2）撤退経験の活用による成果　216
5　小括　218

第10章　結論 ··· 219
　1　結論　221
　　(1) 現地市場開拓への取り組み　221
　　(2) 海外撤退の実態　225
　　(3) 海外拠点の存続要因　226
　　(4) 海外直接投資の成果　227
　　(5) 撤退後の事業展開　229
　　(6) 変革が進む中小企業の海外事業　229
　2　展望：中小企業が海外直接投資で発展するための課題　230
　　(1) 進出前準備の重要性　230
　　(2) 海外事業変革への取り組み：現地市場開拓と戦略的撤退　231
　　(3) 現地市場開拓における海外企業の活用　234
　　(4) 求められる国際経営能力の変化　236
　3　政策的含意　237
　4　課題　239

参考文献 ··· 241
参考資料 ··· 249
索　　引 ··· 261

図表リスト

図リスト

図 5-1	中国の自動車生産台数推移	91
図 5-2	地域別にみた海外生産法人数（2013 年度）	93
図 5-3	海外生産法人の地域別売り先別売上高比率（2013 年度）	93
図 6-1	回答先における海外直接投資先からの撤退経験有無の割合	132
図 6-2	撤退経験を有する企業の業種	133
図 6-3	撤退拠点が所在した国・地域	135
図 6-4	撤退拠点の進出年，撤退年，活動年数	135
図 6-5	撤退拠点の主な機能	136
図 6-6	海外拠点からの撤退の理由（最も重要なもの）	137
図 6-7	撤退する際に直面した課題（複数回答）	140
図 6-8	撤退する際に相談した相手（複数回答）	141
図 6-9	撤退を完了できた要因（複数回答）	142
図 6-10	フィージビリティ・スタディ(F/S)の実施状況	143
図 6-11	進出前の撤退に対する備え	144
図 6-12	海外直接投資を成功させるために最も重要と考える項目（複数回答）	145
図 8-1	海外撤退を分析するための仮説的枠組み	191
図 9-1	現存する拠点の有無	201
図 9-2	現存する拠点が存在する国・地域（撤退経験あり）	201
図 9-3	撤退後に新たに設置した拠点の有無	202
図 9-4	撤退経験の活用状況（複数回答）	203
図 9-5	海外拠点で撤退経験を活用した事項（複数回答）	203
図 9-6	海外拠点管理のために実施していた(いる)項目（複数回答）	205
図 9-7	撤退拠点と進出拠点における成果	205

表リスト

表 2-1　海外直接投資の実施による国内拠点でのパフォーマンスの変化 ………… 23
表 3-1　中小企業の海外展開の形態（複数回答） …………………………………… 32
表 3-2　規模別の直接投資企業の数 …………………………………………………… 34
表 3-3　中小企業の現地法人企業数 …………………………………………………… 34
表 3-4　中小企業が直接投資を決定した際のポイント（複数回答） ……………… 35
表 3-5　アンケート調査の概要 ………………………………………………………… 37
表 3-6　海外拠点の進出年代別にみた F/S 実施の有無 …………………………… 39
表 3-7　海外拠点の進出年代別にみた撤退基準設定の有無 ……………………… 39
表 3-8　海外拠点の進出年代別にみた撤退手続き確認の有無 …………………… 41
表 3-9　F/S の実施と海外拠点の成果 ………………………………………………… 42
表 4-1　事例企業の概要 ………………………………………………………………… 56
表 4-2　事例企業の概要 ………………………………………………………………… 77
表 5-1　中国における自動車メーカーの国籍別にみた乗用車生産台数推移 …… 92
表 5-2　事例企業の概要 ………………………………………………………………… 98
表 6-1　中小企業の撤退現地法人数の推移（地域別） …………………………… 126
表 6-2　中小企業の撤退現地法人数の推移（年代別） …………………………… 127
表 6-3　規模別の直接投資企業の現地からの撤退比率 …………………………… 128
表 6-4　アンケート調査の概要（再掲） …………………………………………… 132
表 6-5　大企業製造業の解散・撤退要因 …………………………………………… 138
表 7-1　説明変数の定義と記述統計 ………………………………………………… 155
表 7-2　海外撤退に影響を与える要素 ……………………………………………… 159
表 8-1　海外拠点の業況 ……………………………………………………………… 169
表 8-2　海外拠点の繰越欠損の有無 ………………………………………………… 169
表 8-3　海外拠点の成果に対する評価 ……………………………………………… 170
表 8-4　事例企業の概要 ……………………………………………………………… 171
表 8-5　成果をあげながらも撤退した事例企業とその要因 ……………………… 184
表 9-1　事例企業の概要 ……………………………………………………………… 207

第1章

はじめに

1 問題意識と分析対象

(1) 問題意識

　本書の目的は，中小企業による海外進出後の事業展開について，その実態を明らかにすることである．そのために，海外進出後の事業展開のなかでも，現地市場の開拓と，海外からの撤退に焦点を当てて，分析を行う．

　近年，中小企業の海外展開[1]を取り巻く環境は，大きく変化している．

　第一に，大企業による海外生産の拡大である．経済産業省「海外事業活動基本調査」によると，日本の製造業者による海外生産比率は，2013年度に国内全法人ベースで22.9%に達するなど，過去最高水準となっている．

　第二に，大企業による現地調達の進展である．アジアに進出した日系製造業者の現地調達率をみると，04年度の50.6%から13年度には62.9%にまで上昇している[2]．

　こうした変化は，海外展開を目指す中小企業や，すでに海外展開する中小企業にとって，一見ビジネスチャンスととらえることもできる．

　しかしながら，ことはそれほど単純ではない．海外進出する中小企業は近年ますます増加しており，アジアでは，すでに日系企業同士の競合も進みつつあるとされる（加藤 2011）．加えて，海外に進出した大企業は，日系企業からだけでなく，現地企業[3]からの調達を増やそうとしており，現地企業の育成にも積極的に取り組んでいる（清 2013）．

　海外に進出した中小企業は，日系同士の競争だけでなく，現地企業との競争にもさらされているのが現状である．

---

1) 本書では海外展開を「直接輸出や間接輸出，海外直接投資，技術供与，生産委託など何らかの形で自社がかかわる製品やサービスを海外に提供するための取り組み」と定義する．そのため，本書において「海外展開」と表記する場合は，以上に示した中小企業による海外進出形態を幅広く含むものとする．

2) 経済産業省「第44回海外事業活動基本調査」による．

3) 本書では，現地企業を「当該国企業あるいは当該国人が主に出資し，当該国人が中心となって運営する当該国の法人」と定義する．そのため，日本企業や第三国企業が当該国に設置した現地法人は含まない．

このような状況のなか，海外展開する中小企業では，現地企業や現地消費者を販売先として開拓する「現地市場開拓[4]」に注目が集まっている．特に，中小企業の海外進出数が一番多い中国において，こうした動きが顕著である．

前述のような競争環境の激化は，中国に進出する中小企業に対して，新たな販売先開拓を促す．これまで主力販売先であった日系メーカーだけでなく，現地企業を販売先として開拓する中小企業もみられる．消費市場をみても，中国では現地消費者の所得水準向上に伴い，市場が拡大している．こうした動きをビジネスチャンスととらえて，日本の中小企業も積極的に中国で市場開拓に取り組んでいる．

実際，中小企業による海外直接投資の目的は，生産コスト低減から市場開拓へとその中心が移っている（中小企業庁 2012）．現地における競争環境の激化を踏まえると，海外展開する中小企業にとって，現地市場開拓は重要な課題の一つである．

現地市場開拓とともに注目されているのが，海外からの撤退[5]である．撤退に関しても，中国を中心に動きがみられる．

前述のような環境変化は，中小企業に対して，海外事業の見直しを強いる．しかしながら，中国では賃金の上昇が進んでおり，更なるコスト低減を容易に実現できる環境ではない．その結果，中国からの撤退を余儀なくされる中小企

[4) 本書では現地市場開拓を「海外直接投資により進出した国において，進出国現地の消費者あるいは進出国現地資本の企業への販売を行うこと」と定義する．例えば，海外直接投資により中国に進出した場合，中国現地の消費者や中国現地資本の企業への販売を行うことが「現地市場開拓」である．
そのため，進出国において，現地に進出している日系企業や欧米系企業など第三国企業への販売に取り組むことは，本書における現地市場開拓の対象外である．

5) 洞口（1992）は，海外からの撤退を「本国の親企業が在外子会社の企業活動に対する支配を放棄すること」と定義している．中小企業庁（2014）では，「撤退」を「直接投資先の清算，倒産等による解散や吸収・合併等によって出資比率が0％になること，または株式の売却等により出資比率が著しく低下すること」としている．米倉（2001）は，撤退の方法を「株式譲渡および株式売却，清算，破産，ロケーションのシフト，収用，国有化およびフェードアウト」としている．
以上を踏まえて，本書では，洞口（1992）の定義を採用し，具体的な撤退形態として，中小企業庁（2014）の定義を採用する．したがって，本書で「撤退」という用語を用いる際には，主に在外子会社（海外直接投資先）の撤退を意味しており，必ずしも本国の親企業による海外事業からの撤退を意味するものではない．また，本書で分析対象とする撤退とは，海外直接投資からの撤退であり，海外への輸出や海外企業への技術供与，生産委託からの撤退は含まない．

業もみられる.

　いまだ撤退には至っていないものの，撤退を検討する中小企業も存在する．海外展開する中小企業にとっては，現地市場開拓とともに，撤退も重要な課題の一つとなっている．

　このように，中小企業の海外展開を取り巻く環境は，中国を始めとするアジアにおいて厳しさを増している．こうした外部環境は，アジアに展開する中小企業に対して，現地市場開拓に取り組んだり，海外から撤退したりといった海外事業の変化をもたらし始めている．

　では，中小企業は，外部環境が変化するなかで，どのように現地市場開拓に取り組んでいるのだろうか．財の種類によって，そうした取り組みに違いはあるのだろうか．また，中小企業は，なぜ海外から撤退するのだろうか．海外拠点の成果とどのように関係しているのだろうか．これらの問題を解明することは，中小企業の海外展開を明らかにするうえで重要と考える．

　しかしながら，こうした論点については，これまで十分には分析されてこなかった．特に，中小企業による海外からの撤退に関しては，研究蓄積が少ない．現地市場開拓や撤退といったさまざまな視点から，中小企業の海外事業展開について，その実態を明らかにすることが求められている．

(2) 分析対象

　以上の問題意識を踏まえて，本書では，中小企業の現地市場開拓と撤退について，その実態を明らかにし，海外展開する中小企業の発展に向けた課題と方向性を考察する．こうした目的のために，さまざまな海外展開形態のなかでも海外直接投資[6]に焦点を当てて分析を行う．

　海外直接投資に焦点を当てる理由は，第一に，議論の混乱を招かないためである．一口に海外展開といっても，その展開形態は多様である．具体的には，輸出や生産委託，技術供与，海外直接投資などがある．そうした展開形態を一

---

6) 海外直接投資について，中小企業庁（2012）は「企業の出資により海外に法人を設立することおよび企業が海外現地法人に資本参加すること」(68ページ) と定義している．
　本書でもこの定義を採用する．したがって，「海外直接投資」と表記する場合は，直接輸出や間接輸出，技術供与，生産委託などによる海外展開を含まない．

つにまとめて分析すると，議論が錯綜してしまう可能性がある．

　第二に，本書の目的である海外進出後の事業展開を分析するためには，海外直接投資という形態が最も適していると考えるためである．海外に生産拠点を設置する製造業を例にあげると，進出に当たっては，土地や建物，機械など多額の投資が必要となる．海外拠点の業績が悪化しても，撤退するのは容易ではない．そのため，海外拠点の業績を改善しようと，新たな販売先の確保やコスト低減に取り組む．そうした過程では，さまざまな困難に直面する．撤退するにしても，法的あるいは税務的手続きや現地従業員の解雇，多額の投資をどのように回収するかなど，課題は多い．

　一方，輸出の場合，海外直接投資に比べれば投資額はそれほど多くはない．そのため，輸出採算が悪化した場合も，撤退することはそれほど難しくないだろう．法的手続きを始め，撤退時の課題も，海外直接投資に比べれば少ない．

　こうした点を踏まえると，中小企業による海外進出後の事業展開を分析するという本書の問題意識を明らかにするためには，撤退が比較的容易な輸出や生産委託，技術供与などの進出形態を分析するよりも，撤退が容易ではなく，進出後にさまざまな環境変化への対応が求められる海外直接投資に焦点を当てることが必要と考える．

　第三に，大企業の分析を中心とする国際経営研究において，海外直接投資が国際化プロセスの最終段階に位置付けられていることも，海外直接投資に焦点を当てる理由である．

　企業の国際化プロセスを説明するウプサラ・ステージ・モデルでは，企業が間接輸出，直接輸出，海外販売子会社設立，海外生産，研究開発活動の移転といった国際化プロセスのステージをのぼりながら，漸次的に国際化していくことを示している（Johanson and Vahlne 1977，山本・名取 2014b）．

　しかしながら，このモデルでは，本書で焦点を当てる「海外直接投資後の事業展開」については，あまり考慮されていない．進出後の事業展開について，撤退を含めてさらに深掘りすることが，理論の発展につながると考える．

　実際，こうしたモデルでは，日本の中小企業の国際化プロセスをうまくとらえられないとの主張もある（遠原 2012 など）．中小企業の国際化を考えるうえでも，海外直接投資に焦点を当てて，進出後の事業展開を考察することは，

一定の意義を持つと考える.

以上の理由から，本書では，中小企業による海外展開のなかでも，海外直接投資に焦点を当てる．そのため，直接輸出や間接輸出，生産委託，技術供与などは考察の対象外とする．

2 分析視角

以上に示した問題意識と分析対象に基づく研究は，さまざまな視角から行うことが重要と考える．本書では，特に，以下の視角で分析を進めていくこととする．

(1) 現地市場開拓への取り組み

第一に，外部環境が変化するなかで，海外に進出した中小企業は，現地市場開拓にどのような戦略で取り組んでいるのかという視角である．

海外進出後の事業展開としては，海外事業の拡大と海外事業の縮小・撤退がある．海外事業を拡大するためには，現地に進出している日系企業との取引を拡大する以外に，欧米系企業や現地企業，現地消費者との取引拡大，日本への輸出，第三国への輸出といった方向性が考えられる．

こうしたさまざまな方向性のなかでも，本書は特に，現地企業や現地消費者に対して販売を行う「現地市場開拓」に焦点を当てる．

現地市場開拓に注目する理由として，海外，特にアジアに進出する中小企業にとって，今後，現地市場開拓がますます重要になると考えているためである．アジアに進出した中小企業の多くは，現地の日系企業を主な販売先としているのが現状である．現地企業との取引については，「代金回収に懸念がある」「低価格での納品を要求される」といった話も多く，取引にしり込みする中小企業も多い．

だが前述のように，アジアでは現地に進出した日系企業同士の競争や現地企業も交えた競争が激化している．こうした状況を踏まえると，現地日系企業を主力販売先とする現在のビジネスモデルでは，限界を迎えることが想定される．中小企業にとって，現地企業開拓が今後ますます重要になるだろう．

実際，中小企業基盤整備機構（2012）をみると，中小企業の海外拠点における販売面での課題として，「現地ローカル企業の開拓」が上位にあげられている．消費財，生産財といった財の種類にかかわらず，中小企業にとって，現地市場開拓は重要なテーマといえる．

　現地市場開拓，特にアジア市場の開拓に着目するもう一つの理由として，アジア市場開拓に取り組むことは，中小企業にとって，大きな変化をもたらす可能性がある点があげられる．

　中国を始め，アジアの多くの国々は，所得水準などから，いわゆる新興国に分類することができる．そうした新興国市場を開拓するうえでは，製品や経営資源などにおいて新たな開発や蓄積が必要とされる（新宅・天野 2009，天野 2010 など）．これまで日系企業への販売が中心であった中小企業が現地市場開拓に取り組むためには，何を変化させる必要があるのか．こうした点を明らかにすることは，現地市場開拓に取り組む中小企業にとって参考になるものと考える．

　現地市場開拓に関する分析では，事例研究を通じて，取り扱う財の種類ごとにその取り組みにどのような違いがあるのかを明らかにする．本書では，財の種類にかかわらず，海外企業の活用が重要であることを主張したい．

(2) 海外撤退の実態

　第二に，中小企業による海外撤退の実態はどのようなものなのかという分析視角である．

　海外に進出した中小企業は生き残りを図ろうと，環境変化に対して，現地市場開拓を始めとする販売先確保や，コスト削減などに取り組む．だが，環境の変化に対応できない場合は，海外から撤退する必要もでてくる．中小企業にとって海外から撤退することは，現地市場開拓とともに，重要な課題の一つである．そのため，撤退の実態を明らかにする必要があると考える．

　撤退企業を分析することは，海外展開に取り組む中小企業にとって，有益な示唆をもたらすと考えていることも，撤退に着目する理由である．先行研究は，海外進出後も存続する企業を分析対象としたものが多い．一方で，撤退企業の分析からも，海外展開における多くの示唆を得ることができる．中小企業

の海外展開の実態を明らかにするためには，存続企業に関する研究蓄積に対して，撤退企業の分析から得られる示唆を加えることが重要と考える．

撤退に関する分析では，先行研究が少ないことから，本書では，中小企業による海外からの撤退がどのような状況にあるのかを，アンケートと事例研究によって明らかにする．

(3) 海外拠点の存続要因

第三に，海外拠点[7]の存続に影響する要因は何かという分析視角である．

中小企業は，なぜ海外から撤退するのだろうか．こうした命題について分析を行うためには，撤退拠点と存続拠点に関するデータを用いて実証分析を行うことが有効だろう．

進出から拡大，撤退へとつながるなかで，どのような要因が海外拠点の継続につながっているのだろうか．例えば，先行研究では，出資形態と存続・撤退との関係については，一定の結論は得られていない．

こうしたなかで，本書では，出資形態などの要因と海外拠点存続との関係について明らかにする．

---

7) 本書では，日本中小企業が海外直接投資によって海外に設置した拠点を海外拠点と称する．また，前述の海外直接投資の定義にもとづき，海外拠点を「企業の出資により設立した海外法人および企業が資本参加した海外法人」と定義する．

なお，本書で用いる「海外拠点」と類似する用語としては，「海外現地法人」「海外子会社」などがある．経済産業省「海外事業活動基本調査」では，「海外現地法人」を用いており，海外子会社と海外孫会社を総称したものとしている．そして，海外子会社を「日本側出資比率が10％以上の外国法人」と定義し，海外孫会社を「日本側出資比率が50％超の海外子会社が50％超の出資を行っている外国法人」と定義している．一方，経済産業省「海外現地法人四半期調査」では，海外現地法人について，(1)製造業，(2)従業者50人以上，(3)本社企業の直接出資分と間接出資分を合わせた出資比率が50％以上，といった条件をすべて満たすものと定義している．

このように，同じ経済産業省による調査でも，海外現地法人の定義は異なっている．そのため，本書では，海外現地法人という用語を用いずに，海外拠点という用語を用いるとともに，その定義を明確に示した．

(4) 海外直接投資の成果

　第四に，海外直接投資の成果はどのようなものなのかという視角である．

　海外拠点はそもそも成果を上げている，あるいは上げていたのだろうか．また，後述するように，先行研究では中小企業の海外撤退を失敗事例ととらえることが多い．だが，本当に海外からの撤退は，すべて失敗によるものなのだろうか．

　こうした疑問を考えるために，本書では，存続拠点，撤退拠点双方を含むアンケートデータを分析するとともに，撤退企業の事例研究を行う．本書では，海外からの撤退は，必ずしも失敗によるものばかりではないことを明らかにしたい．

(5) 撤退後の事業展開

　最後に，海外からの撤退は，その後の事業展開にどのように影響を及ぼしているのかという分析視角である．

　(4) とも関連するが，海外直接投資の成果は，海外拠点の成果だけで判断してはならないだろう．撤退拠点であれば，撤退後の事業展開への影響についても分析することで，海外直接投資の成果を多面的にみることができると考える．海外直接投資の成果と撤退との関係を考えるためには，(4) で示した撤退拠点の成果と撤退との関係だけでなく，撤退後の事業展開についても分析する必要がある．

　そのため，撤退拠点に関するアンケートデータと，撤退企業の事例研究を通じて，撤退後の事業展開や，撤退経験の活用状況についても分析する．

3　本書の構成

　本書は，第1章〜第10章までの10章構成となっている．以下，各章の概要について説明する．

　第1章では，本研究の問題意識と分析対象を示したうえで，本研究の分析視角を提示する．特に，現地市場開拓や撤退といった中小企業による海外進出後の事業展開について分析することの重要性を指摘する．

第2章では，先行研究をレビューする．ここでは，現地市場開拓と撤退に着目した研究の必要性を指摘する．

第3章では，海外進出後の事業活動を分析する前段階として，海外直接投資による進出動向を概観する．ここでは，各種統計データとアンケートから，中小企業による海外進出が変化している点を確認する．ここでの分析は，第4章以降で，進出後の事業展開を分析するうえでの基礎的なデータとしての位置付けである．

第4章と第5章では，海外進出後の事業展開として，現地市場の開拓を実現した中小企業の事例研究を行う．ここでは，第4章で中国市場開拓を実現した中小消費財メーカーの事例研究を行い，第5章で中国自動車メーカーとの取引を実現した中小自動車部品メーカーの事例研究を行う．これによって，取り扱う製品の違いを考慮した分析を行う．

第6章から第9章では，海外進出後の事業展開として，撤退に焦点を当てる．まず，第6章では，中小企業の海外撤退については，その実態が十分には明らかとなっていないことから，アンケート分析を中心に，海外撤退の実態を明らかにする．

続いて，第7章では，中小企業の海外撤退要因について，アンケートを用いて実証分析を行う．存続拠点と撤退拠点とを比較し，どのような要因が海外撤退に影響しているのかを探るものである．

第8章では，海外からの撤退について，撤退拠点の成果に着目して分析を行う．先行研究の多くが，撤退を意識的あるいは無意識的に，失敗事例とみなして分析している．本章では，アンケートから，こうした分析が必ずしも正しくはない点を明らかにするとともに，成果を上げながらも撤退した企業の事例研究を行うことで，中小企業の海外撤退が従来思われているようなものとは異なることを明らかにする．

第9章では，撤退後の事業展開について分析することで，海外拠点の成果と撤退について考察する．海外拠点そのものは，成果を上げられず，撤退に至ったとしても，そうした過程で得られた経験をその後の事業展開に生かしているのであれば，海外直接投資は結果的に意義があったものといえるだろう．ここでは，撤退後の海外とのかかわりや，撤退経験の活用といった視点から，

事例研究を行う.

第10章では,第1章で提示した分析視角への回答を整理するとともに,残された課題について述べる.

以上のように,本書では,「中小企業による海外進出後の事業展開」をキーワードとして各章を構成するとともに,各章では,海外直接投資に焦点を当てて,「現地市場開拓」「撤退」といった進出後の事業展開における各プロセスについてその実態を分析する.

第 2 章

先行研究

1 本章の目的

　中小企業の海外展開は，大企業による海外生産拡大への対応と，安価な労働力の確保を主な目的としてこれまで行われてきた．北嶋（2004）によれば，1985年のプラザ合意以降，急激な円高に対応すべく，大企業の多くがASEAN地域を重要な生産拠点と位置付け，海外現地生産を積極的に展開してきた．そうした大企業の動きに追随する形で，90年代になると中小製造業を中心に，ASEAN地域への進出が活発化していく．さらに，90年代半ば以降は，中小製造業の多くが中国を中心に量産工場を設立し，労働集約型のモノづくりの移転が積極的に展開された．最近では，中小企業による海外展開は，ベトナムやミャンマーなどへと地域的な広がりを見せ始めている．

　このような流れで進んできた中小企業の海外展開であるが，第1章でみたように，海外に進出した中小企業は，日系同士の競争だけでなく，現地企業との競争にもさらされているのが現状であり，その状況はますます厳しさを増している．こうした状況は，海外に進出した中小企業に対して，新たな販売先の確保や更なるコスト低減，さらには撤退といった海外事業の見直しを強いることになる．

　では，中小企業は，進出後，海外での事業活動をどのように行ってきたのだろうか．そうした点に対して，先行研究では，どこまで明らかにできているのだろうか．このような問題意識のもと，本章では，日本中小企業の海外展開に関する先行研究を整理し，これらの研究の意義と課題を考察する．

　本章の構成は次のとおりである．2では，先行研究のレビューを行い，意義と課題を明らかにする．3では本章の結論を示す[8]．

---

[8] 本章は，丹下（2015b）を大幅に加筆修正したものである．

2 中小企業の海外展開に関する先行研究

ここでは，中小企業の海外展開に関する先行研究を以下の五つの視点で分類することで，先行研究の意義と課題を考察したい．五つの視点とは，(1) 海外展開プロセス，(2) 現地拠点の機能，(3) 海外展開の形態，(4) 日本国内への影響，(5) 国際経営研究との関係である．以下，それぞれの視点から分析してみよう．

(1) 海外展開プロセス

まず，海外展開のプロセスによって分類を行う．中小企業の海外展開と一口に言っても，海外展開のどのプロセスに着目するかで，得られる結論は異なってくる．一般的に，企業の海外展開プロセスは，①進出（進出前の準備段階を含む），②拡大，③撤退の三つに分類できる．ここでは，こうした海外展開プロセスのなかで，先行研究が主にどのプロセスに重点をおいているかで分類を試みる．

先行研究をみると，すでに海外展開している中小製造業を調査対象として，進出あるいは拡大に焦点を当てて，その動向を分析したものが多い．それによって，今後海外展開を目指す中小企業に対して，何らかの示唆を与えようとしている．

進出に焦点を当てた研究としては，米倉（2000），関（2013）などがあげられる．

米倉（2000）は，中小企業の海外進出前の意思決定プロセスを事例研究によって分析している．その結果，中小企業ではトップマネジメントの起動力が海外進出を可能にしており，ボトムアップによって意思決定がなされる大企業とは異なる点を明らかにしている．

関（2013）は，タイへの進出を計画している日本の中小製造業者の事例研究を行っている．その結果，中小製造業者が国内および国外での連携によって，情報共有・学習や評判，能力といった点で，時間差をもって成果を享受するプロセスを明らかにしている．

拡大に焦点を当てた研究としては，久保田（2007），中小企業金融公庫総合研究所（2008），加藤（2011），藤井（2013a）などがある．

久保田（2007）は，ASEAN と中国の双方に生産拠点を持つ中小製造業者を対象に，生産機能の国際的配置について論じている．そして，中核的な経営資源が明確に区分しやすいかどうかで，生産機能の国際的配置のあり方が異なっている点を指摘する．すなわち，オリジナルな材料や中核部品，装置を有するといった，中核的な経営資源を明確に区分しやすい中小企業は，国内拠点と海外拠点の生産機能は異なっている．それに対して，総合的な技術力でユーザーのニーズに応えるといった，中核的な経営資源を明確には区分しにくい中小企業は，国内外で同様の一貫生産体制をもつ傾向があるとしている．

中小企業金融公庫総合研究所（2008）も，海外に拠点をもつ中小自動車部品サプライヤーを対象として，国内外の生産体制について論じている．現地生産を行う中小部品サプライヤーは，開発・設計機能を日本に残す一方で，国内外拠点間で製品別分業や工程別分業を活用したり，原材料・設備の現地調達を一部活用したりすることで，海外拠点をうまく活用している点を明らかにしている．

このように先行研究では，進出段階あるいは拡大段階にある中小企業を対象に，その現状を分析した研究が蓄積されている．また，生産や調達，開発といった機能に着目した研究が多い．

一方で，海外からの撤退に関する研究蓄積は十分ではない[9]．これは，①海外からの撤退経験を有する中小企業にアクセスするのが困難であることや，②海外からの撤退を恥ずかしいことと考える経営者も多く，対外的な公表が難しいこと，などが影響しているものと考える．

実際，海外からの撤退に関する研究が少ないのは，中小企業，そして日本に限った話ではない．McDermott（2010）が指摘するように，海外撤退に関する研究は，国際的にも十分に行われていないのが現状である．中小企業の海外展開に関する理論を構築していくためには，進出段階や拡大段階にある中小企業を研究するだけでなく，撤退した中小企業の研究を行うなど，より多様な視

---

9) 中小企業の海外撤退に関する先行研究については，第 6 章で詳細な分析を行う．

点から分析する必要があると考える．

　また，進出から拡大，さらには撤退に至るまでの変化を包括的に分析した研究も少ない．加藤（2011）は，進出，継続，撤退の実態を，統計データだけでなく，東京の中小企業の進出後の追跡調査と事例研究によって明らかにしている．加藤（2011）のように，進出から拡大，そして撤退といった海外直接投資プロセス全般を意識しつつ，各プロセスについて深掘りした研究が求められる．

（2）現地拠点の機能

　次に，現地拠点の機能に着目して分類を行う．現地拠点の機能としては，生産や販売，調達，研究開発などがある．ここでは，こうした現地拠点の機能のなかで，先行研究が主にどの機能に重点をおいているかで分類を行う．

　先行研究を見ると，生産機能に焦点を当てた研究が多い（渡辺・小川・黒瀬ほか 2006，久保田 2007，中小企業金融公庫総合研究所 2008 など）．前述のように，中小企業の海外進出目的は，従来，親会社への追随や生産コスト低減が多かった．また，現地法人の主な機能は生産機能とする中小企業が多い．こうした点が，生産機能に着目した研究が多い理由として指摘できる．

　生産機能に着目した研究では，「日本的生産システムの移転に関する研究は比較的多い」と松永（2003）が指摘するように，企業間分業関係を含む日本的生産システムの海外移転に関する議論が盛んである（高田 1994，丹下 2009など）．こうした視点については現在も重要であり，引き続き研究が行われている．

　一方で近年，中小企業の海外直接投資目的が生産から市場開拓へと移行するにつれて，海外での販売面に焦点を当てた研究も蓄積され始めている．こうした研究は，海外市場のなかでもアジア市場開拓を主な研究対象としている点に特色がある[10]．

　張（2012）は，中小零細食品企業の海外販路開拓事例を分析し，①公設機関や大学など外部資源活用による商品開発，②現地代理店や輸入業者との連携

---

[10] 欧米市場開拓に焦点を当てた研究としては，丹下（2012b），丹下（2013）などがある．

が重要な点を指摘する．また海外市場を意識することが斬新な新商品の開発につながり，国内事業にも刺激となる可能性を示している．

舛山（2012）は，中国に進出した中堅・中小企業の事例研究から，現地では欧米系や地場といった，日系以外に販売先を多角化することが大きな課題となっている点を指摘する．そして，現状では，欧米系メーカーを開拓することが，第一の選択になっているとしている．その理由として，販売代金回収に問題がないことや，自動車産業などで中国での欧米系メーカーのプレゼンスが高いこと，品質基準・価格帯が日系メーカーと似ている点をあげる．

また，中国国内販売で成功している企業の多くは，ローカル企業向けの販売も伸ばしており，こうした企業を開拓していくことが，今後の売り上げ拡大にとって重要な課題となるとしている．

駒形（2014）は，中国経済の構造変化や市場の質的向上への対応が日系中小製造業に現地市場開拓のチャンスをもたらしていることを事例研究によって明らかにし，日本の中小製造業は中国進出によって生まれる市場機会を重視する必要があると主張している．

このように，最近は，海外市場の持つ機会に着目し，海外市場開拓に焦点を当てた研究が徐々に増えている．

ただし，十分とはいえない．海外においては，日系サポート企業の進出増加にともない，日系サポート企業間の競争的様相を強めている（加藤2011，232ページ）．そうした点を踏まえると，海外展開する中小企業は，舛山（2012）が指摘するように，これまでの主力販売先であった日系企業だけでなく，現地企業や第三国企業への販売に取り組む必要があるだろう．

だが，実際にそうした販売先に対して，日本の中小企業がどのように取り組んでいるかといった点は明らかにはされていない．日系以外の海外メーカー開拓に着目した研究が求められる．

また，販売する財の種類や販売先にも着目する必要がある．販売する財が消費財なのか，部品などの中間財なのか，あるいは販売先が消費者なのか企業なのか，分けて分析する必要があるだろう．特に，アジア新興国の消費市場を開拓するために，日本の中小消費財メーカーがどのように取り組むべきかを早急に明らかにする必要がある．

実際，国際経営研究では近年，新興国市場開拓に関する理論構築が盛んである．新宅（2009）は，新興国市場開拓時の製品戦略として，①品質設計基準を見直し，品質を落としながらコストや価格を低下させる「低価格製品の投入」，②高品質・高価格の製品を投入する「高付加価値戦略」，③現地市場が重視する品質・機能軸を高め，重視しない品質・機能軸では若干手を抜く「現地化商品の開発」，という3タイプを提示している（新宅2009, 58-65ページ）．

新宅の提示する3分類は，①と③において，品質を落とす点で一部重複がみられるものの，新興国市場開拓時のマーケティング戦略として一定の方向性を示すものと考える．中小企業研究においても，こうした理論を取り入れた研究が今後必要となるだろう．

(3) 海外展開の形態

ここでは，海外展開の形態によって先行研究を整理する．海外展開の形態としては，輸出，直接投資，技術供与，生産委託などがある．こうした形態のなかで，先行研究が主にどの形態に重点をおいているかで分類を行う．

中小企業の海外展開形態としては，輸出や直接投資が多い．そうした点を反映し，先行研究では，海外直接投資や輸出についての研究が多く蓄積されている．たとえば，足立（1994）は，中小企業のアジア進出の傾向と特徴，諸問題を分析し，竹内（2013）は，中小企業の海外直接投資形態の類型化を試みている．輸出企業に焦点を当てた研究としては，山本（2012），山本・名取（2014b）などがある．

一方で，「技術提携や技術移転に関する研究は，それほど多くない」と松永（2003）が指摘するように，海外直接投資や輸出以外の進出形態，特に海外企業との提携に関する研究は少ない．海外直接投資を行うことのできる中小企業は限られているのが実態である．経営資源に乏しい中小企業にとって，海外直接投資だけでなく，現地企業との技術提携も一つの方向性となりうるだろう．

北嶋（2004）は，中小企業が現地で成功するためのマネジメント類型を「競合モデル」から「協働モデル」へという視点から論じている（寺岡2013, 309ページ）．「競合モデル」とは，「日本以外のアジア地域でのモノづくりと日本のモノづくりの関係を競争関係とみなす立場であり，日本の中小製造業が

如何にして競争優位な位置を獲得・維持できるかに重点を置いたモデル」である．一方，「協働モデル」とは，「アジアのモノづくりと日本のモノづくりの相互作用に重点を置いたモデルであり，日本の中小製造業が如何にしてアジアの中小製造業と協調関係を図りながら共存できるかに重点をおいたモデル」である（北嶋 2004, 48 ページ）．

そして，わが国の産業空洞化を防ぎつつ，中小企業が生き残るためには，「協働モデル」のマネジメントを実行できるかにかかっていると主張する（寺岡 2013, 309 ページ）．「協働モデル」の場合には，日本の中小製造業（機械・金属系中小製造業）がアジア地域との国際取引や多様な連携を図りながら，いかにしてビジネス機会を獲得しうるかが主要な目的となるため，貿易関係や合弁関係，企業間連携が重要になるとしている．

北嶋（2004）が主張するように，アジア現地企業との連携が重要性を増す一方で，そうした研究は少ない．関（2013）が，国際連携による海外進出に着目し，国際連携が中小企業の海外事業活動における評判を向上させるとともに，海外事業の展開に必要な能力を向上させるプロセスを明らかにしている程度である．

戸堂（2012）は，海外の企業に生産を委託することによって，中小製造業の生産性が上昇する可能性が大きいと指摘している．実際，日本の製造業者による海外展開形態をみると，生産委託が多い．経済産業省「企業活動基本調査」では，2009 年度から海外への製造業務の委託についても調査を行っている．それによると，製造業務を海外に委託している企業の数は，09 年度は 1 万 2,938 社，10 年度は 1 万 3,043 社となっている．これは，海外直接投資や輸出を行っている企業の数を上回る（10 年度の海外直接投資実施企業数 5,081 社，輸出を行っている企業 6,404 社）．

こうした点を踏まえると，従来分析の中心であった輸出や直接投資だけでなく，海外企業への生産委託や技術供与といった進出形態に着目することも重要といえる．

このように中小企業の海外展開においては，海外直接投資を含め，多様な進出形態について，さらなる考察が必要と考える．中小企業の海外展開において，どのような進出形態が有効なのか，また多様な進出形態について，その効

果を考察することで，中小企業の海外展開形態の選択肢の幅が広がるだろう．

(4) 日本国内への影響

ここでは，海外展開が日本国内の事業にどのような影響を及ぼすかという論点に着目して，先行研究を分類する．

1985年のプラザ合意以後，大企業の海外展開が進むなかで，国内産業の空洞化に関する議論が数多くなされた．こうした産業空洞化に関しては，日本企業の海外生産における国内からの部品供給などを反映した「輸出誘発効果」，海外生産により日本国内からの輸出が代替され国内生産が減少するという「輸出代替効果」，海外生産品が国内に輸入され国内生産が減少するという「逆輸入効果」に関する分析が活発に行われた．そして，02年版の中小企業白書では，90年，94年，98年の海外生産増による国内製造業への生産誘発効果と雇用誘発効果を分析し，海外生産の進展が，生産面，雇用面においてマイナスに影響していること，また海外生産が高まるほど，その影響が大きくなっていることを指摘している（加藤2011，61ページ）．

そうしたなかで，過去は，海外展開する中小企業に焦点を当てた研究よりも，産業空洞化に対して日本国内に残る産業や中小企業の方向性を示そうとする研究が多い（坂本1995，石野1996など）．これらは，大企業の海外展開による国内産業，企業への危機感を背景とした研究であり，中小企業の国内事業へのマイナス面に着目した研究である．

00年代に入ってからは，海外展開がもたらす国内事業へのプラスの効果が指摘されてきている．樋口・松浦（2003）は，経済産業省「企業活動基本調査」個票データを用いて分析を行い，海外に製造子会社を保有する企業では，企業グループ内の国際分業により，実質付加価値，労働生産性が高まり，雇用減少率も小さくなることを指摘している．

若杉ほか（2008）も，経済産業省「企業活動基本調査」の企業レベルデータを用いて，輸出や海外直接投資を開始した企業は，非直接投資企業と比べて，開始する以前から生産性が高く，かつ開始後に生産性の差が拡大していることを実証している．

こうした先行研究は，大企業を含めたものであるが，中小企業に絞っても海

表 2-1　海外直接投資の実施による国内拠点でのパフォーマンスの変化

(1) 売上高

(単位：％)

	増加した	変わらない	減少した
製 造 業 (n=211)	38.9	47.4	13.7
非製造業 (n=80)	42.5	51.3	6.3
全 産 業 (n=291)	39.9	48.5	11.7

(2) 従業員数

(単位：％)

	増加した	変わらない	減少した
製 造 業 (n=211)	28.3	54.2	17.5
非製造業 (n=80)	32.1	56.8	11.1
全 産 業 (n=291)	29.4	54.9	15.7

資料：日本政策金融公庫総合研究所「中小企業の海外進出に関する調査」(2012年)
(注)　海外直接投資を行ったことで，国内での (1) 売上高，(2) 従業員数が，海外直接投資の実施直前と実施から5年後(進出してから5年が経過していない場合は，投資実施直前と現在)を比較してどのように変化したかを尋ねたもの(ただし，自社の海外拠点を含むグループ間の取引を除く)．

外直接投資は，国内事業にプラスの効果を与えているとする研究がここ数年みられるようになってきた．中小企業庁(2012)は，経済産業省「企業活動基本調査」のデータを再編加工し，2002年度に直接投資を開始した企業の国内雇用は，開始直後から増加傾向を示し，直接投資非開始企業を大きく上回って推移しているとする．

　日本政策金融公庫総合研究所(2012)では，海外直接投資の実施から5年後に国内拠点の売上高がどうなったかをアンケート調査により明らかにしている(**表 2-1**)．その結果，売上高が「増加した」と回答した企業の割合は，39.9％で，「減少した」企業の割合(11.7％)を上回るとしている．従業員数についても，「増加した」と回答した企業の割合が29.4％と，「減少した」(15.7％)を上回っており，「変わらない」(54.9％)を合わせると，84.3％の企業が国内での雇用を減らしていないとの結果が示されている．

　以上のように，海外展開は，中小企業の国内事業にもプラスの効果を与えるという方向性が強くなりつつある[11]．竹内(2013)はこうした先行研究について，「海外展開が企業の成長手段，すなわち日本経済の成長手段として有効で

[11) 竹内(2013)が指摘するように，現実には海外に生産拠点を移した結果，国内の雇用を減らした企業もあり，こうした先行研究によって産業や雇用の空洞化の懸念が否定されたわけではない．

あることが示されたのであり，海外展開を政府が推進する理論的根拠となった」と指摘する．

一方で，「中小企業の海外展開による国内業績向上のロジックについては，粗い議論がなされてきた」と浜松（2013）が指摘するように，海外展開がどのような経路で国内事業に波及するのか，そのプロセスについては，十分に明らかにされてこなかった．そのため，近年は，海外展開によって国内業績が向上するプロセスを明らかにしようとする研究が盛んになってきている．

浜松（2013）は，長野県諏訪地域の海外展開企業を対象に，事例研究を行い，国内事業への効果波及プロセスを明らかにしている．海外展開による国内業績への効果を直接的効果と間接的効果に分類して分析している．直接的効果としては，「グローバル受注」「営業拠点機能」「利益移転」の三つをあげ，海外拠点を設立すると自動的に得られる直接的効果のインパクトはそれほど大きくないとする．一方で，海外展開によって生まれた生産能力余剰と危機感により，自社で顧客開拓，技術蓄積を実行する能力の向上をもたらす「触媒的効果」があると主張する．

こうした浜松（2013）の主張に対し，山藤（2014）は反論し，浜松（2013）が限定的であるとした三つの直接的効果が日本の中小企業の国内事業の維持・拡大に貢献していることを事例研究によって示している．三つの直接的効果のうち，特に「営業拠点機能」については，「海外拠点の顧客の紹介により，国内拠点の顧客が増加すること」を「ブーメラン効果」と定義して，その効果を強調している．

藤井（2013a）は，海外直接投資が国内事業のどのような要素に変化をもたらすのかを分析し，四つのパターンに整理した．①労働集約的な業務を海外に移管し，国内は製品企画やマーケティングなど知識集約的な業務に特化することで，企画力や営業力が高まるパターン，②海外での取引をきっかけに国内事業の評価や営業力が向上するパターン，③海外での勤務機会の存在が従業員の士気の向上や採用のしやすさにつながるパターン，④国内とは異なる経営環境に足を踏み入れたことでイノベーションが起き，品質管理体制の改善や製品・サービスのラインアップの拡大などにつながるパターン，の四つである．

藤井（2014）は，海外直接投資は，当初の目的を超えた副次的効果を国内

事業にもたらすことをアンケート調査により明らかにしている．副次的な効果を得るためには，①経営環境が国内と海外では異なると認識し，仕事の進め方を見直す，②経営資源の配置を柔軟に見直す，③内外の相乗効果を狙ったビジネスモデルを構築する，の3点をあげている．

こうした研究は，これまで明らかになっていなかった中小企業の海外展開による国内事業への波及プロセスを明らかにした点で意義がある．

一方で，課題もある．国内拠点への波及プロセスとしては，上記以外にも考えることができる．たとえば，国際経営研究では，新興国市場開拓を契機とするリバース・イノベーション理論が提示されている．リバース・イノベーションは，Trimble and Govindarajan（2012）が提示した概念であり，途上国で最初に生まれたイノベーションを富裕国に逆流させるイノベーションである．製品のイノベーションだけでなく，製造や販売といったビジネスモデルのイノベーションをも含む概念である．リバース・イノベーションを実現するためには，これまでの戦略を見直すだけでなく，マインドセットやグローバル組織，プロジェクト単位での見直しが必要としている．

こうした議論は，大企業が中心であり，リバース・イノベーションが中小企業でも起こりうるのか，といった議論は十分には行われていない．海外現地市場開拓を進める中小製造業が増加する中で，現地ニーズに合わせた製品開発の必要性は高まっており，そうした現地向け製品開発を契機に，中小企業でもリバース・イノベーションが起こる可能性はあるだろう．実際，Tange（2014）は，事例研究によって，こうした概念が中小企業においても起こりうる可能性を提示している．中小企業の海外展開による国内事業への波及プロセスについて，さらなる議論が深められるべきと考える．

(5) 国際経営研究との関係

国際経営研究の分野では，企業の海外展開に関するさまざまな理論構築が進んでいる．ただし，こうした理論は，大企業を研究対象として導き出されたものであり，中小企業にも適用可能かどうかの議論は十分にはなされてこなかった．近年では，こうした国際経営研究における研究成果を中小企業研究に取り入れようとする動きがみられる（Tange 2014 など）．

遠原（2012）は，企業の国際化プロセスを説明するウプサラ・ステージ・モデルが中小企業の海外展開にはそのまま当てはまらない可能性を指摘する．同モデルは，企業が間接輸出，直接輸出，海外販売子会社設立，海外生産，研究開発活動の移転といった国際化プロセスのステージをのぼりながら，漸次的に国際化していくことを示している（Johanson and Vahlne 1977，山本・名取 2014b）．それを踏まえたうえで，日本の中小企業の多くは国際化していない，あるいは国際化プロセスの初期段階にあること，また生産委託を選好する傾向が強いことから，ウプサラ・ステージ・モデルをそのまま適用するだけでは，日本の中小企業による国際化プロセスをうまくとらえられないとしている．

　久保田（2007）も，中小製造業者の海外展開を考察するには，既存の国際経営研究の知見だけでは十分に説明できない点を指摘している．中小製造業者は，ユーザー企業の影響の強さや，海外からの撤退・移転が容易ではないという中小企業的制約を抱えている．こうした中小製造業者の生産機能の国際配置を考察するには，国際経営研究で指摘される立地論的な要素に加え，企業が蓄積している経営資源の特性や企業の戦略に着目する複合的な視点が必要としている．

　太田（2012）も，大企業を想定して構築されている国際化プロセスの理論が必ずしも中小企業に適合していない点を指摘したうえで，「なぜ国際化するのか」「どのように国際化するのか」といった，大企業とは異なる中小企業の国際化への動機やプロセスを明らかにすることが，より豊かな理論的・実践的な意義を導き出し，効果的な政策提言に貢献するとしている．

　そのため，国際経営研究を始めとする他分野における研究蓄積を中小企業研究に取り入れようとする研究もみられる．山本・名取（2014a）は，「国際的企業家志向性（IEO：International Entrepreneurial Orientation）」の概念を利用することで，国内中小製造業の国際化プロセスを経営者の企業家的行動から説明している．経営者は，外部環境の変化に直面する中で，「過去の意思決定の経験」「社会的ネットワーク」「組織構築」という三つの要素によって，もともと持っていた企業家志向性（EO：Entrepreneurial Orientation）を IEO に転化させていく．その結果，中小製造業は，国際化を実現するとしている．

　このように，先行研究では，国際経営論における研究成果が必ずしも中小企

業には該当しない可能性が指摘されている．一方で，国際経営論などの他分野における研究成果を中小企業研究に取り入れようとする動きが見られ始めている．大企業を主な研究対象とした国際経営論の結論が中小企業にも当てはまるのかどうか検証を行い，中小企業独自の理論構築を目指すことが必要と考える．

3 小括：先行研究の意義と課題

本章では，中小企業の海外展開に関する先行研究を分析し，その意義と課題を明らかにした．特に，進出，拡大，撤退という海外直接投資プロセスのなかでも，①拡大段階における現地市場開拓に着目した研究の必要性，②海外からの撤退に着目した研究の必要性，を指摘した．本書の目的である中小企業の海外進出後の事業展開の実態を明らかにしていくためには，現地市場開拓や撤退についても分析する必要があると考える．

こうした結果を踏まえて，以下の各章では，先行研究における蓄積を発展させるべく，中小企業の海外直接投資について，まず進出についてその状況を概観したうえで，拡大，撤退の各プロセスに焦点をあててそれぞれ分析していくこととする．

第3章

中小企業の海外進出動向

1 本章の目的

　本章では，中小企業による海外直接投資による進出がどのような状況にあるのか，その動向を分析する．
　第1章でも述べたように，本書の主眼は，海外進出後の事業展開である拡大と撤退の実態を分析することにあるが，そのためには，拡大と撤退の前段階である進出段階についても動向を確認しておくことが必要と考える．なぜなら，中小企業の海外展開を取り巻く環境の変化は，進出後の事業活動だけでなく，進出前の準備や進出そのものにも影響を及ぼす可能性があるためである．そして，こうした進出の変化は，将来的に進出後の事業活動にも影響を及ぼすことが想定される．
　そこで，本章では，中小企業による海外進出の動向について分析を行う．ただし，本章は，本書の目的を果たすうえでの前提としての位置付けである．
　本章の構成は次のとおりである．2では，既存統計データから，中小企業の海外直接投資による進出動向を分析する．3では，日本政策金融公庫総合研究所において，筆者らが実施したアンケートデータを用いて，海外進出前の準備状況について進出年代別にどのように違いがあるのかを考察する．3では本章の結論を示す[12]．

2 各種データにみる近年の特徴

(1) 海外展開する中小企業は少数

　中小企業の海外展開状況を示すデータとしては，経済産業省「海外事業活動基本調査」，総務省「経済センサス」，東洋経済新報社「海外企業進出総覧」などが存在する．各データにはそれぞれ制約があるため，中小企業の海外展開をこうした既存の統計データから完全に把握することは困難である（加藤 2011，128-143 ページ）．ここでは，そうした制約を考慮しつつ，中小企業全体の海

---

12) 本章は，丹下（2015c）を大幅に加筆修正したものである．

表 3-1 中小企業の海外展開の形態（複数回答）

	全産業 (N=4,607)	製造業 (N=2,090)	非製造業 (N=2,517)
海外展開はしていない	72.4	59.5	83.1
海外直接投資（現地法人の設立，または既存の外国企業への出資（いずれも出資比率10％以上））をしている	7.0	11.3	3.5
海外直接投資（現地法人の設立，または既存の外国企業への出資（いずれも出資比率10％未満））をしている	2.7	3.8	1.8
駐在・情報収集などのための拠点を設置している	2.0	2.7	1.4
外国企業と業務・技術提携，役員の派遣など資本関係以外の永続的な関係を有している	2.3	3.6	1.3
直接海外に輸出している	9.2	14.9	4.5
間接的に輸出（商社や販売先の国内企業を経由する輸出）している	11.5	20.0	1.4
直接海外から輸入している	13.0	18.1	8.7
その他	1.2	1.5	1.0

資料：日本政策金融公庫総合研究所「中小企業の海外進出に関する調査」(2012年)
(注) 1. IMFの国際収支統計では，株式等の取得を通じた出資について，外国投資家が，対象国内企業の発行済み株式総数の10％以上を取得した場合を直接投資としている．
　　 2. 複数回答のため，合計は100％を超える．

外展開状況を分析する．

　まず，中小企業全体のなかで，海外展開する中小企業がどの程度の割合を占めているのか，確認しておこう．

　日本政策金融公庫総合研究所が実施した「中小企業の海外進出に関するアンケート調査」[13]に回答した中小企業4,607社についてみると，「海外展開はしていない」とする割合は72.4％にものぼる（**表3-1**）．業種別にみると，製造業で59.5％，非製造業で83.1％となっており，非製造業で高い割合を示してい

---

13) 同調査の概要は，次のとおりである．調査時点：2012年3月中〜下旬，調査対象：日本政策金融公庫の取引先（原則従業員20名以上）11,297社，有効回答数：4,607社（回答率40.8％）．

る．多くの中小企業は，未だ海外展開を実現できていないことがわかる[14]．

その要因として，海外に生産拠点を設立する場合，準備資金等に加えて設備資金が必要なこともあり，相応の企業体力が求められる点が指摘されている（中小企業庁 2012，83 ページ）．加藤（2011）は，中小企業の海外展開が低水準にとどまっている理由として，人材不足（経営管理と技術指導等）と資本力不足（資金調達力等）を指摘する．

海外展開している中小企業は，アンケート回答企業の3割弱にとどまるのが現状である．

(2) 増加する中小企業の海外直接投資

ここからは，海外直接投資に焦点を当てて，分析を行う．まず，海外直接投資を行う中小企業の数はどのように推移しているのだろうか．

総務省「事業所・企業統計調査」によると，海外に子会社を保有する中小企業の数は，04年には4,143社であったが，06年には5,795社にまで増加している（**表3-2**）．09年の「経済センサス」では5,630社に減少しているが，調査に連続性がないため，必ずしも減少したとは判断できない．

実際，経済産業省「海外事業活動基本調査」をみると，中小企業の海外現地法人数は，06年の1,941社から13年には5,964社まで増加している（**表3-3**）．中小企業による海外直接投資は，増加傾向にあると判断してよいだろう．

表3-3で業種別に中小企業の海外現地法人数をみると，13年は，製造業が3,027社に対し，非製造業は2,937社と製造業の海外現地法人数が多い．ただし，ここで注目すべきは，06年から13年にかけて，製造業と非製造業の差が大きく縮まっている点である．06年における製造業の海外現地法人数は，非製造業の約1.6倍であったのに対し，13年には約1.03倍にまで縮まっている．近年は，非製造業の海外進出が増えており，その増加ペースは製造業を上回っていることがわかる．

では，海外展開する中小企業は，どのような進出形態をとっているのだろう

---

14) ただし，同調査は，日本政策金融公庫の取引先で，かつ原則従業員20名以上の中小企業に対して実施したものである点に留意する必要がある．従業員20名以下の中小企業を含めると，実際の海外展開比率はさらに低いものと推測される．

表 3-2　規模別の直接投資企業の数

年	2004	2006	2009
大企業	1,931	2,416	2,347
中小企業	4,143	5,795	5,630
（うち中小製造業）	2,013	2,944	2,869
合計	6,074	8,211	7,977
中小企業が占める割合	68%	71%	71%
中小製造業が占める割合	33%	36%	36%

出所：中小企業庁『2012年版中小企業白書』76ページ
資料：総務省「事業所・企業統計調査」，「平成21年経済センサス―基礎調査」再編加工
(注) 1. ここでいう直接投資企業とは，海外に子会社（当該会社が50%超の議決権を所有する会社．子会社または当該会社と子会社の合計で50%超の議決権を有する場合と，50%以下でも連結財務諸表の対象となる場合も含む．）を保有する企業（個人事業所は含まない．）をいう．
2. ここでいう大企業とは，中小企業基本法に定義する中小企業者以外の企業をいう．

表 3-3　中小企業の現地法人企業数

年	2006	2007	2008	2009	2010	2011	2012	2013
製造業	1,187	1,287	1,486	1,767	1,828	1,831	3,082	3,027
非製造業	754	886	1,110	1,394	1,423	1,553	2,820	2,937
中小企業合計	1,941	2,173	2,596	3,161	3,251	3,384	5,902	5,964
製造業	7,100	7,031	6,661	6,632	6,584	6,853	7,343	7,518
非製造業	7,329	7,528	8,401	8,408	8,764	9,013	10,106	10,445
大企業合計	14,429	14,559	15,062	15,040	15,348	15,866	17,449	17,963

資料：経済産業省「海外事業活動基本調査」各年度版より作成．
(注) ここでは資本金基準に基づき，国内本社の資本金により3億円以下を中小企業，3億円超を大企業として分類した．

か．表3-1で海外展開していると回答した中小企業の形態をみると，「直接海外から輸入している」(13.0%)，「間接的に輸出している」(11.5%)，「直接海外に輸出している」(9.2%)の順となっている．製造業では，「間接的に輸出している」(20.0%)，「直接海外から輸入している」(18.1%)，「直接海外に輸出している」(14.9%)などが多い．

輸出入や海外直接投資以外の展開形態もみられる．「外国企業と業務・技術提携，役員の派遣など資本関係以外の永続的関係を有している」と回答した企業の割合は，全体の2.3%，106社存在する．このように，中小企業の海外展開形態は多岐にわたるのが現状である．

海外直接投資を行う中小企業の割合はどうだろうか．「海外直接投資（現地

表3-4 中小企業が直接投資を決定した際のポイント（複数回答）

年	2004	2005	2006	2007	2008	2009	2010	2011
良質で安価な労働力が確保できる	31.2	19.9	22.8	26.3	27.7	20.4	28.4	27.2
現地の製品需要が旺盛又は今後の需要が見込まれる	29.3	28.7	30.4	31.6	33.2	39.5	45.5	49.0
納入先を含む，他の日系企業の進出実績がある	23.7	17.0	18.5	20.6	21.1	16.4	25.5	30.1

出所：中小企業庁『2012年版中小企業白書』304ページ
資料：経済産業省「海外事業活動基本調査」
(注) 1. 国内本社が，中小企業基本法に定義する中小企業者と判定された企業を集計している．
　　2. 2011年度に回答の割合の高い上位3項目について表示している．

法人の設立，または既存の外国企業への出資（いずれも出資比率10％以上））をしている」と回答した企業は324社で，全体の7.0％となっている．これは，「間接的に輸出している」（11.5％），「直接海外に輸出している」（9.2％）と比べても低い水準にとどまっている．中小企業の海外展開において，海外直接投資を行うことは，間接輸出や直接輸出を比べて，負担が重く，難しいことが読み取れる．なお，業種別では，製造業で11.3％と，非製造業（3.5％）を大きく上回っている．

(3) 市場開拓を目的とした海外直接投資の増加

　従来，中小企業の海外直接投資目的は，国内の親企業からの進出要請に応えることを目的とした「下請型」と，自社製品の生産コストの低減を目的とした「自立型」がその中心であった（加藤2011, 141ページ）．

　だが，中小企業による海外直接投資の目的は，ここ数年で大きく変化している．表3-4は，中小企業が海外直接投資を決定した際のポイントの推移を示したものである．これを見ると，「現地の製品需要が旺盛又は今後の需要が見込まれる」と回答した企業の割合が04年の29.3％から11年には49.0％にまで増加していることがわかる．一方で，04年には31.2％と高い割合を示していた「良質で安価な労働力が確保できる」と回答する企業が11年には27.2％と減少している．中小企業による海外直接投資の目的が，生産コスト低減から市場開拓へとその中心が移っていることがわかる．

3　アンケートにみる海外進出前準備の変化

ここまでみたように，中小企業による海外進出は，進出企業数や進出目的などで変化がみられる．では，進出前の準備状況については，どうだろうか．進出前の動向については，既存統計データだけでは十分に把握できないため，ここでは，筆者らが日本政策金融公庫総合研究所において実施した「中小企業の海外事業再編に関するアンケート」(以下，アンケート) の結果を用いて，進出前の準備状況に着目して分析を行う[15]．

(1) データ

アンケートの実施要領は表3-5のとおりである．調査対象は日本政策金融公庫中小企業事業の取引先のうち，海外展開[16]の経験を有する企業945社で，うち440社は海外展開からの撤退経験を有する先となっている．サンプル抽出においては，層化抽出法を用いた[17]．本章では，アンケート回答企業298社のなかから，海外直接投資経験があると回答した248社のデータを用いて分析を行う[18]．

アンケートの特徴は，現存する海外拠点[19]だけでなく，既に撤退した海外拠点のデータも含む点にある．中小企業の海外展開に関する各種アンケートの課

---

[15] 本章，および第6章から第9章の分析に用いるアンケートは，筆者が所属する日本政策金融公庫総合研究所において，金子昌弘研究員 (所属・肩書は当時) と共同で実施したものである．
[16] アンケートにおける「海外展開」には，海外直接投資のほか，支店の設立や技術供与を含むが，輸出は含んでいない．
[17] まず，当公庫データベースから，①海外から撤退した経験がある企業と，②海外から撤退した経験がなく，かつ現在も海外に進出している企業をそれぞれ抽出した．次に，①については全数を，②については，①とサンプルサイズが同程度になるよう無作為に抽出した先をサンプル候補先とした．最後に，サンプル候補先について，当公庫内でアンケート送付可否を確認し，不適格な一部企業を削除したうえで，最終的なサンプル (＝アンケート送付先) とした．アンケート結果には，こうしたサンプル抽出に起因するバイアスが存在する点には留意する必要がある．
[18] 248社のうち，撤退後も海外拠点を有する企業が40社存在する．そのため，本章の分析で用いる海外拠点のサンプルは最大で288拠点となる．
[19] アンケートでは海外拠点について，「海外直接投資先」という用語を用いている．アンケートにおける海外直接投資の定義は「現地法人の設立，または外国企業への出資」である．

表3-5 アンケート調査の概要

名　　称	中小企業の海外事業再編に関するアンケート
調査時点	2014年10月
調査対象	日本政策金融公庫中小企業事業の取引先のうち，海外進出（海外直接投資のほか，支店の設立や技術供与を含む）の経験を有する企業945社（うち440社は撤退経験を有する先）
調査方法	調査票の送付・回収ともに郵送．調査票は無記名
回収数	298社（回収率31.5％）

題として，海外から撤退した企業がデータに含まれていない点が指摘できる．藤井（2013b）は，中小企業の海外展開に関するアンケート分析について，「海外事業に成功した企業を分析するだけではなく，失敗した企業との比較ができれば，より示唆に富んだ結果が得られるかもしれない」と述べている．

本章の目的である進出年代別に海外進出の変化を明らかにしようとするためには，現存する海外拠点の変化を分析するだけでは，十分とはいえない．既に撤退した海外拠点のデータを含めることで，中小企業の海外進出における変化がより実態に近いものとなるだろう．

ここで用いるアンケートは，撤退拠点を含むものである．その点において，中小企業における海外進出の実態を明らかにするうえでは，意義のあるデータと考える．

なお，アンケート回答企業の属性をみると，従業者の平均は112人であった．カテゴリー別では，「50～99人」が32.2％と最も多く，「20～49人」が24.9％，「100～199人」が21.5％と続く．一方で，19人以下の企業は9.3％にとどまっており，規模の小さい企業は比較的少ない．業種は，「製造業」が74.6％，「非製造業」が25.4％となっている．

(2) 進出前の準備における変化

以下，アンケートを用いて，進出前の準備状況を考察する．特に，海外拠点の進出年代別に，進出前の準備状況に違いがあるのかどうかに注目してみたい．

ここでは，海外進出前の準備として，（イ）フィージビリティ・スタディ[20]

---

20) フィージビリティ・スタディとは，海外展開する際に，自社で計画した事業が実現可能か，実施することで採算がとれるか，などを多角的に調査することである．

(Feasibility Study; F/S) の実施, (ロ) 撤退基準の設定, (ハ) 撤退手続きの確認, の三つに着目する. F/S は, 日本国内での新事業に取り組む際にも重要であるが, 環境の異なる海外に進出する際には, 特に重要となる. だが, 中小企業の場合, F/S を行うための人的資源や資金, ノウハウが少なく, 十分に行われないまま海外進出に至るケースも耳にする[21]. こうした状況は, 近年, 変化しているのだろうか. また, (ロ) 撤退基準の設定, (ハ) 撤退手続きの確認についても, 進出前に行う必要性が指摘されている (中小企業基盤整備機構 2014). これらについても, 進出年代別に変化があるのか見ていく.

　まず, F/S 実施の有無である. 海外拠点の進出年代別に F/S の実施状況をみたのが, **表 3-6** である. ここでは, 「フィージビリティ・スタディは実施しましたか」との問いに対し, 「十分に実施した」「多少実施した」と回答があった海外拠点を「有」,「どちらともいえない」「あまり実施していない」「まったく実施していない」と回答があった拠点を「無」として集計している.

　これを見ると, F/S を実施したとする割合は合計で 58.3％ となっており, 半分以上の拠点で F/S を実施していることがわかる. 注目すべき点は, 進出年代が最近になるほど, F/S を実施したとする割合が高い傾向がみられる点である. 1989 年以前に進出した拠点では, F/S を実施したとする企業の割合は, 54.8％ にとどまっている. 00 年代前半に進出した拠点では, 実施割合は 47.7％ に低下するものの, 00 年代後半からその割合は上昇し, 10 年以降に進出した拠点では, 76.1％ と高い割合を示している. こうした結果は, 中小企業による海外進出前の準備が, よりしっかりしたものになっていることを示していると考える.

---

21) 例えば, 「友人の企業が現地に進出しているから」「現地を訪問した際に出会った現地企業の経営者と意気投合したから」といったケースである.

3 アンケートにみる海外進出前準備の変化

表3-6 海外拠点の進出年代別にみたF/S実施の有無

(n=266)

			F／Sの実施		合計
			有	無	
進出年代	-1989	拠点数	17	14	31
		構成比	54.8%	45.2%	100.0%
	1990-1994	拠点数	18	15	33
		構成比	54.5%	45.5%	100.0%
	1995-1999	拠点数	25	20	45
		構成比	55.6%	44.4%	100.0%
	2000-2004	拠点数	31	34	65
		構成比	47.7%	52.3%	100.0%
	2005-2009	拠点数	29	17	46
		構成比	63.0%	37.0%	100.0%
	2010-	拠点数	35	11	46
		構成比	76.1%	23.9%	100.0%
合計		拠点数	155	111	266
		構成比	58.3%	41.7%	100.0%

(注) 1. Pearson のカイ2乗値：0.078
2. 「フィージビリティ・スタディは実施しましたか」との問いに対し、「十分に実施した」「多少実施した」と回答があった拠点を「有」、「どちらともいえない」「あまり実施していない」「まったく実施していない」を「無」として集計。

表3-7 海外拠点の進出年代別にみた撤退基準設定の有無

(n=257)

			撤退基準の設定の有無		合計
			有	無	
進出年代	-1989	拠点数	6	23	29
		構成比	20.7%	79.3%	100.0%
	1990-1994	拠点数	8	24	32
		構成比	25.0%	75.0%	100.0%
	1995-1999	拠点数	3	40	43
		構成比	7.0%	93.0%	100.0%
	2000-2004	拠点数	16	47	63
		構成比	25.4%	74.6%	100.0%
	2005-2009	拠点数	11	34	45
		構成比	24.4%	75.6%	100.0%
	2010-	拠点数	18	27	45
		構成比	40.0%	60.0%	100.0%
合計		拠点数	62	195	257
		構成比	24.1%	75.9%	100.0%

(注) 1. Pearson のカイ2乗値：0.020
2. 「撤退時に備えて、撤退基準をあらかじめ設定しましたか」との問いに対し、「書面にして設定した」「書面にはしていないが設定した」と回答があった拠点を「有」、「設定しなかった」を「無」として集計。

次に，撤退基準設定[22]の有無についてみてみよう．海外拠点の進出年代別に撤退基準の設定状況をみたのが，表3-7である．ここでは，「撤退時に備えて，撤退基準をあらかじめ設定しましたか」との問いに対し，「書面にして設定した」「書面にはしていないが設定した」と回答があった拠点を「有」，「設定しなかった」と回答した先を「無」として集計している．

 これを見ると，撤退基準をあらかじめ設定したとする割合は，合計で24.1％にとどまっており，多くの企業で撤退基準をあらかじめ設定していないことがわかる．撤退基準の設定は，海外事業の損失拡大を抑えるとともに，海外事業の不振による影響を日本本社まで波及させないためにも，重要な取り組みである．こうした基準をあらかじめ設定しておかなければ，どのような状態になったら撤退するのか，その判断が難しくなってしまう．だが，撤退基準をあらかじめ設定している企業はいまだ少数にとどまるのが現状である．

 一方で，こうした状況を年代別にみると，異なる様相がみえてくる．特に，撤退基準をあらかじめ設定したとする割合は10年以降に進出した拠点で高くなっている．90年代後半を除き，撤退基準をあらかじめ設定したとする割合は，20％台にとどまっていたが，10年以降に進出した拠点では40.0％と実施割合が大きく上昇している．こうした点は，注目される．

 撤退手続き確認の有無についてはどうだろうか．進出年代別に撤退手続き確認の状況をみたのが，表3-8である．ここでは，「撤退に必要な手続きをあらかじめ確認しましたか」との問いに対し，「確認した」「確認しなかった」とそれぞれ回答した先を集計している．

---

22) 撤退基準の設定について，中小企業基盤整備機構（2014）では，撤退の意思決定に対して，組織のインセンティブが働くよう，進出前に「どの様な事態になった場合に，撤退を含む事業の見直しをするか」を日本本社役員会であらかじめ決定しておくことが重要としている．具体的な撤退基準として，「決算が3期連続赤字，かつ，今後2年間で収益が改善する確実な見通しがない」をあげる一方，撤退基準は，各企業の資金力や今後の収益性向上の期待度などによって異なるため，どのような基準を設けるのが適切か，あらかじめ慎重に検討しておくことが必要としている．
 撤退基準設定の具体的事例として，XA社の事例を紹介する．道路建築，建設現場関係の保安用品を製造するXA社は，中国市場の開拓を狙って，2006年に合弁会社を河北省に設立した．合弁契約書には，「秘密保持契約の違反」「3期連続で赤字」などの詳細な撤退基準を設けている．こうした取り組みを行ったのは，以前に中国で知財関係のトラブルに巻き込まれた際に支援してもらった現地弁理士のアドバイスによるものであるという．

表 3-8 海外拠点の進出年代別にみた撤退手続き確認の有無

(n=249)

			撤退手続きの確認状況		合計
			確認した	確認しなかった	
進出年代	-1989	拠点数	8	20	28
		構成比	28.6%	71.4%	100.0%
	1990-1994	拠点数	11	21	32
		構成比	34.4%	65.6%	100.0%
	1995-1999	拠点数	9	33	42
		構成比	21.4%	78.6%	100.0%
	2000-2004	拠点数	14	45	59
		構成比	23.7%	76.3%	100.0%
	2005-2009	拠点数	18	25	43
		構成比	41.9%	58.1%	100.0%
	2010-	拠点数	17	28	45
		構成比	37.8%	62.2%	100.0%
合計		拠点数	77	172	249
		構成比	30.9%	69.1%	100.0%

(注) 1. Pearson のカイ 2 乗値：0.232
2. 「撤退に必要な手続きをあらかじめ確認しましたか」との問いに対する回答を集計

これを見ると，撤退手続きをあらかじめ確認したとする割合は，合計で30.9％にとどまる．進出年代別では，00年代後半以降に進出した拠点で確認したとする割合が高くなっている．00年代後半に進出した拠点では41.9％，10年以降に進出した拠点では37.8％となっており，平均の30.9％を上回っている[23]．

このように，進出年代が最近になるほど，進出前の準備をしっかりと行う中小企業が増加している．こうした進出前の準備は，海外拠点の成果につながるのだろうか．まず，F/Sの実施状況と海外拠点の成果との関係を見たのが，**表 3-9** である．

これをみると，F/Sを実施した海外拠点では，予想以上の成果を上げたとする割合が，55.5％と過半数に達している．一方で，F/Sを実施しなかった海外拠点では，41.6％にとどまっている．F/Sの実施は，海外拠点の成果に寄与していると判断してよいだろう．

これに対して，撤退基準の設定や撤退手続き確認の有無については，海外拠

---

23) ただし，カイ2乗値は0.232となっており，統計的には有意とはいえない．

表 3-9 F/S の実施と海外拠点の成果

(n=268)

			海外拠点の成果		合計
			予想以上	予想未達	
F／Sの実施	有	拠点数	86	69	155
		構成比	55.5%	44.5%	100.0%
	無	拠点数	47	66	113
		構成比	41.6%	58.4%	100.0%
合計			133	135	268
			49.6%	50.4%	100.0%

(注) 1. Pearson のカイ 2 乗値：0.025
  2.「当該拠点の成果をどのように評価していますか」との問いに対して，「予想を上回る成果を上げた」「予想通りの成果を上げた」と回答があった拠点を「予想以上」，「予想を下回る成果にとどまった」「予想をかなり下回る成果にとどまった」と回答があった拠点を「予想未達」として集計.

点の成果に影響しているとの結論は得られなかった．撤退基準の設定や撤退手続き確認の有無は，海外拠点の成果そのものに影響するのではなく，撤退時にその効果を発揮するものと考える．

　以上，海外進出前の準備として，（イ）F/S の実施，（ロ）撤退基準の設定，（ハ）撤退手続きの確認，の三つについて，海外拠点の進出年代との関係をみてきた．これらの分析結果からは，進出年代が最近になるほど，進出前の準備をしっかりと行う中小企業が増加していると判断できる．特に，F/S を実施した海外拠点の方が，成果を上げていることも明らかになった．

　進出年代が最近になるにつれて，進出前の準備を行っている企業の割合が増加している理由はどのようなものだろうか．

　第一に，中小企業に対する海外進出支援が拡充されたことが影響している可能性がある．第 2 章でみたように，以前は日本国内の空洞化議論と相まって，中小企業の海外展開に対する支援が十分とはいえない状況が続いていた．その後，日本国内市場の縮小と，海外展開が国内拠点に好影響を及ぼすとの研究成果を踏まえ，中小企業の海外展開への積極的な支援がなされる．その過程では，支援機関による海外進出に関して，さまざまな情報提供や進出支援が中小企業に対してなされるようになってきた．こうした支援機関による支援が進出前の準備実施を促した可能性がある．

　実際に，海外進出した企業の中には，支援機関による支援を受けることで，

F/S と撤退基準の設定をしっかりと行った先がみられる．新幹線の座席フレームなどを製造する板金メーカーの株式会社丸十は，2015年にベトナムに進出している．進出する際には，日本貿易振興機構（JETRO）による「専門家による新興国進出個別支援サービス」を活用することで，進出前の準備を入念に行うことができた．

　最初に行ったのが，進出目的の明確化と事業計画の立案である．同社は，①板金加工から出荷までの一貫生産を強みに，省力化のノウハウをそのままベトナムに展開してコストダウンを図ること，②多品種小ロット対応により，高度で精密な板金加工製品を提供する，という2点を進出目的として明確化した．

　その後の事業計画立案では，投資計画やコストのシミュレーションを徹底的に行ったという．部材調達で製造原価をどこまで落とせるか，現地の人材活用で人件費はどれだけ削減できるかをシミュレーションし，並行して潜在顧客の掘り起こしや販路開拓を行うことで，確実な売り上げを見込むようにした．万が一の場合の撤退計画も十分に検討したという[24]．

　このように，支援機関による海外進出支援の拡充が，進出前の準備を行っている企業の割合が増加することにつながっていると考える．

　第二に，中小企業による進出・撤退累計数の増加が影響している可能性がある．1989年以前には，中小企業の進出は一部に限られており，そうした中では，進出前にどのような準備が必要なのか，中小企業には十分に認識されていなかったものと思われる．その後，中小企業による進出・撤退累計数が現在に至るまで増加するなかで，早期に進出・撤退を経験した中小企業からその後の海外に進出した中小企業へと，進出前の準備の必要性が共有されていった結果，進出年代が最近になるにつれて，進出前の準備を行っている企業の割合が増加しているものと考える．

　このほかにも，①海外拠点を複数持つ中小企業が増加することで，新たに設置した海外拠点では進出前の準備を入念に行っている可能性，②ある海外拠点から撤退した企業が，撤退拠点での経験を生かして，その後新たに進出する海外拠点で進出前の準備を入念に行った可能性などが考えられるだろう．

---

[24] 日本貿易振興機構（JETRO）（2014）13ページ．

以上のような理由から，進出年代が最近になるほど，進出前の準備をしっかりと行う中小企業が増加していると考えるが，一方で，この結論を別の視点から分析すると，重要な示唆が得られる．それは，進出前の準備をしっかりと実施していない中小企業がいまだ多く存在する点である．特に，F/Sを実施しなかったとする海外拠点の割合は，2010年以降に進出した海外拠点でも23.9％も存在する．前述のとおり，F/Sの実施は，海外直接投資を成功させるためには，重要な要因となっている[25]．海外展開を考える中小企業に対して，進出前準備の必要性を啓蒙するなどの支援が求められる．

4　小括

　本章では，中小企業の海外進出について，進出企業数の増加や市場開拓目的の進出増加など，進出そのものが変化している点を確認した．また，進出前の準備についても，F/Sの実施や撤退基準の設定など，進出年代が新しいほど，実施割合が増加している点を明らかにした．中小企業による海外進出は，進出年代が新しいほど，より計画的なものに変化してきていると考える．

　進出前準備のなかでも，F/S実施の有無は，海外拠点の成果と密接に結びついている．海外における日系同士や現地企業との競合など，中小企業の海外展開を取り巻く環境は容易ではないものの，F/Sを実施する中小企業の割合増加は，今後，進出後の海外拠点の成果を高める方向につながる可能性もあるだろう．

　一方で，進出前の準備を十分に行っていない中小企業がいまだ多く存在することも確認できた．こうした企業に対しては，進出前準備の必要性を啓蒙するなどの支援が求められる．

　本章の分析からは，第一に，海外に進出する前の準備が重要であることが指

---

[25] 本書で用いたアンケートの回答先に対して，「海外直接投資の経験を踏まえて，海外直接投資を成功させるために最も重要と考える項目」について聞いた結果，「フィージビリティ・スタディの実施」が21.0％と最も高い割合となっている．特に，撤退経験を有する企業では，「フィージビリティ・スタディの実施」が，撤退経験がない企業よりも高い割合となっており，撤退企業が自らの経験を踏まえたうえで，「フィージビリティ・スタディの実施」が重要と考えていることがわかる．詳細は，第6章で示す．

4 小括

摘できる．特に，F/S 実施の有無は，海外拠点の成果と密接に結びついている．海外進出する中小企業は，F/S をしっかりと行うことが必要と考える．

　第二に，海外展開する中小企業にとって，進出後の事業展開が今後，ますます重要となる可能性がある点が指摘できる．海外進出企業数の増加は，外部環境の変化と相まって，海外現地での競争関係激化につながる．中小企業の海外進出目的が市場開拓へと変化していることからは，進出後に，現地市場開拓にどのように取り組むかが重要となる．こうした事実から，進出後，どのように事業展開を行うかが，中小企業が海外での存続を図るうえで，重要になると考える．

　では，海外展開する中小企業は，進出後，どのように事業を展開しているのだろうか．次章からは，現地市場開拓と撤退に焦点を当てて，分析していく．

第4章

中小消費財メーカーによる中国市場開拓

1 本章の目的

　本章と次章では,進出先国の現地企業や現地消費者を開拓する「現地市場開拓」について詳細に分析を行う.

　前述のとおり,アジアでは現地に進出した日系企業同士の競争や現地企業も交えた競争が激化している.現地日系メーカーを主力販売先とするこれまでのビジネスモデルだけでは,困難を伴う中小企業も現れるだろう.今後は,中小企業にとって,現地企業を開拓する重要性が増してくるものと考える.

　また,海外拠点が進出後,拡大へと至るためには,①現地市場開拓,②現地に進出した日系企業や欧米系企業を開拓,③日本への輸出拡大,④第三国への輸出拡大,といった方法が考えられる.第2章でみたように,先行研究では,②から④に関して研究蓄積があるものの,①の現地市場開拓については,さらなる研究蓄積が求められている.

　以上の理由から,本章と次章では,中小企業の現地市場開拓に焦点を当てる.

　なお,現地市場開拓を分析する際には,取り扱う財の違いを意識して分析する必要があると考える.最終販売先が消費者である消費財と,最終販売先が企業である生産財とでは,その取り組みは異なることが想定されるためである.

　そこで,まず本章で中小消費財メーカーを,第5章で中小自動車部品メーカーをそれぞれ事例として採り上げることで,取り扱う財の違いを考慮して分析を行う.

　また,現地市場開拓への取り組みは,進出国による違いが影響している可能性が想定される.特に,多様な消費者を販売対象とする消費財において,こうした傾向がみられる可能性がある.そこで,本章と次章では,いずれも中国に進出した中小企業を対象とする.

　以下では,2で現地市場開拓が先行研究でどのように議論されてきたのかを整理する.3では,中国で現地市場開拓を実現した中小消費財メーカー3社の事例研究を行う.4では,事例企業が現地市場開拓にどのように取り組んでいるのかについて考察する.なお,ここでは,中国市場開拓に取り組みながらも,成果を上げられずに中国市場からの撤退を余儀なくされた中小消費財メー

カー 2 社の事例を採り上げ，前述 3 社の事例と比較することで，結論の妥当性検討を試みる[26]．

2　先行研究

　先行研究をみると，中小企業による現地市場開拓に焦点を当てた研究は少ない．そこで，現地市場開拓に限らず，新市場や海外市場（先進国を含む）開拓に関する先行研究まで幅広く整理することで，示唆を得ることとしたい．

(1) 新市場開拓
　新市場開拓について，Anzof (1965) は，製品と市場の関係に焦点を当て，それぞれを既存・新規に分類した成長ベクトルを提唱している（Anzof 1965, pp.136-138）．新市場開拓では，製品差別化も重要とされる．Barney (2002) は，製品差別化の源泉として，評判や消費者マーケティング，タイミングなどの要素をあげている（Barney 2002, pp.111-148）．また，新市場開拓では，経済性やコントロール力，適応性の基準から評価したうえで，チャネルを決定し，チャネル・メンバーを教育・動機・評価するチャネルマネジメントも必要となる（Kotler 1999, pp.612-618）．
　中小企業の新市場開拓では，市場設定や製品が重要とされる．山本 (2002) は，企業規模にかかわらず，製品戦略が中心的活動として位置付けられるべきであるとする（山本 2002，14-83 ページ）．一方，宮脇 (2008) は，「中小企業がマーケティング戦略を行う場合は，市場選択が大きな要因となる」として，市場設定の重要性を指摘する（宮脇 2008，70-79 ページ）．弘中・高石・渡辺 (2011) は，中小企業の市場設定とニッチ戦略に着目し，ニッチ市場でシェアトップを獲得するためには，ニーズの普遍化を意識し，事業範囲を広域化する必要性があるとしている（弘中・高石・渡辺 2011，157-170 ページ）．

---

26) 本章は，日本政策金融公庫総合研究所と三菱 UFJ リサーチ＆コンサルティング株式会社が行った共同研究の結果に，筆者自身の分析を加えて執筆した丹下 (2012a) を大幅に加筆修正したものである（初出：『日本中小企業学会論集 31』）．

(2) 海外市場開拓

海外市場開拓に関しては,全世界共通の戦略を採用する「標準化」と,現地市場にあわせて戦略を修正する「適合化」について議論がなされてきた.Levitt (1983) は,各国市場の特異性ではなく,類似点に着目して標準化された製品を提供する戦略を提示する (Levitt 1983, pp.92-102). 一方,Kotler (1999) は,マーケティングに関して,安易に標準化に走るのではなく,製品特徴や色,ブランド名などの要素について適合できる点はないか,コストと収益を比較したうえで吟味する必要性を指摘している (Kotler 1999, pp.470-471).

これらに対して,吉原 (2002) は,参入段階に応じて製品戦略が変化することを指摘する.初期参入段階 (輸出マーケティング) では,本国市場向けに開発された製品を投入し,相手国市場への適応化は最小限にとどまり,続く現地市場拡張段階では,製品は現地に適応化したものになる (吉原 2002, 91-100 ページ). 井原 (2009) は,日本企業として花王を採り上げて,同社の東南アジアにおけるマーケティングが,全体的には「日本化」であったが,「適合」の要素も小さくない点を明らかにしている.

このように「標準化」と「適合」の議論については,どちらがよいというよりも,参入段階によって変化させたり,両者を融合させたりするなどの視点が重要といえる.

Hamel and Prahalad (1994) は,こうした戦略面の視点に加えて,市場に参入するタイミングの重要性を指摘する.企業が最大の利益を得るためには,他社に先駆けて製品を市場に投入する「先行」(Preemption) が重要な戦略であるとしている (Hamel and Prahalad 1994, pp.374-392).

以上の議論は,主に先進国企業を扱い,経済発展段階や商慣行,文化と共通性のある先進国市場への進出が中心である (天野 2010). そのため,新興国市場開拓に当たって企業は,これまで論じられてきた伝統的な戦略とは異なる戦略を考える必要がある (Arnold and Quelch 1998).

そうした中,国際経営研究において,新興国市場開拓に着目した研究が増加している. 新興国市場が単に成長市場であるという理由だけではなく,そこに従来の国際経営論における国際化モデルとのギャップが存在し,研究の理論

的・実証的な発展が期待できるためである（天野 2010）．

　新宅（2009）は，新興国市場開拓時の投入製品について，①品質設計基準を見直し，品質を落としながらコストや価格を低下させる「低価格製品の投入」，②高品質・高価格の製品を投入する「高付加価値戦略」，③現地市場が重視する品質・機能軸を高め，重視しない品質・機能軸では若干手を抜く「現地化商品の開発」，という 3 タイプを提示している．新宅の提示する 3 分類は，①と③において，品質を落とすという点で一部重複がみられるものの，新興国市場開拓時の製品戦略として一定の方向性を示すものと考える．

　JETRO（2011a）では，多くの日本企業は従来，日本で販売展開している製品と同様の製品，または若干仕様を変更した製品を中国で販売してきたが，現地消費者の購買力上昇に伴い，ボリュームゾーンにいかに踏み込むかが新たな課題であるとしている（JETRO 2011a，59-82 ページ）．

　こうした製品戦略の視点だけでなく，新興国市場開拓に必要な経営資源について分析した研究も見られる．新宅・天野（2009）は，新興国市場はそもそも経営資源面での制約が多いため，市場展開のプロセスで，どう進出先国で経営資源の開発や蓄積を行い，そこで得た資源を有効に活用するかという視点が重要としている．

　天野（2010）は，先進国企業にとって，新興国市場は，それまで成功体験を積んだ先進国市場とは質的にも量的にも条件が異なる非連続性を有する市場であるとする．そうした非連続性として，①市場条件，②経営資源という二つをあげる（天野 2010，臼井・内田 2012）．①市場条件については，所得水準が大幅に異なる点や，市場インフラが未発達である点，消費者の商品知識が不足している点を指摘している．②経営資源については，先進国企業の戦略が先進国市場をベースに形成され，経営資源も概ねそれらの国に依拠しているため，条件が大きく異なる市場に参入する場合にはジレンマが生じる点をあげている（天野 2010）．

(3) 大企業による中国市場開拓

　では，製品戦略や経営資源の開発・蓄積について，日本の大手企業は新興国でどのように取り組んでいるのだろうか．こうした点については，中国市場を

中心に事例研究が蓄積され始めている．

月泉（2015）では，ファーストリテイリング（ユニクロ）による中国市場開拓を採り上げている．同社は，香港を除く中国において 306 店舗を展開する[27]．同社による中国市場開拓は，02 年 9 月の上海出店が最初である．その後，05 年には北京に 2 店舗開業したものの，赤字続きのため，1 年を経ずして閉鎖するなど，当初は失敗の連続であった．

その原因は，中国人の所得階層を考慮し，日本とは違う，安いが品質の劣る商品を投入するなど，中途半端な現地化にあった．こうした経験を踏まえて，同社はその後，次のように戦略を変更する．

第一に，現地化の否定である．中途半端な現地化で失敗した経験から，同社の中国店舗では，値札以外，商品もタグも陳列も全部日本と同じにして日本式をそのまま投入している．価格についても，日本より 10〜20％ 高めに設定している[28]．

第二に，「グローバル旗艦店」と呼ばれる店舗の出店である．同社では，アメリカでの経験から，進出国で一番の大都市にある繁華街に大規模店舗を派手に出店して注目を集め，まずは知名度を高めてから，多店舗化する「グローバル旗艦店戦略」へと 06 年以降，海外戦略を変更する．中国においても，2010 年 5 月に大規模店舗である南京西路店を上海の一等地に開業している．

こうした取り組みが奏功し，同社の中国事業は，南京西路店の出店以降弾みがつき，中国出店数は，2011 年 8 月期 28 店，12 年 8 月期 63 店と加速度的に増加している．なお，同社では，日本国内同様，中国においても直営店主体に店舗を展開している[29]．

一方，渡辺（2012）は，良品計画（無印良品）による中国市場開拓を分析している．同社は，05 年の上海出店を皮切りに中国での事業展開を拡大，現

---

27)「2014 年 8 月期決算説明資料」による．
28)『日本経済新聞』2016 年 1 月 7 日付 8 面
29)「2014 年 8 月期決算説明資料」では，中国（香港を除く）の店舗総数が 306 店舗となっているのに対し，「有価証券報告書（2014 年 8 月期）」をみると，直営による店舗数は 284 店舗となっている（在外子会社である迅銷（中国）商貿有限公司と迅銷（上海）商業有限公司の合計）．このように，同社の中国における店舗は，直営が大半を占めている．なお，差引 22 店舗の運営形態については，同社資料からは判然としない．

在は128店舗を有する[30]．

　同社が中国事業を拡大するきっかけとなったのは，08年1月の上海正大広場店と，同3月の北京西単大悦城店での成功である．両店はいずれも，一等地の巨大施設への出店である．この2店舗の好調さがデベロッパーの目に留まり，無印良品は売れるとの評判が業界内で急速に広まる．以降，同社は中国への出店を加速している．

　同社による中国事業の特徴として，第一に，一等地に安い賃料で出店する戦略があげられる．高いブランド力を背景とした賃料交渉に加え，賃料の高い1階ではなく3階に出店するなど，「一等地の二等地」に出店することで，賃料負担を抑えている．

　第二に，商品価格は，日本国内の価格にほぼ合わせている．これは，衣料品を中心に，中国で生産された日本向け製品をそのまま中国の店舗に供給する比率が高いため，こうした対応が可能となっている．ただし，商品価格は，中国の大多数の国民にとって日常的に買うことができるレベルではない．同社がターゲットとする顧客は，中間層より上であるという．

　第三に，中国での店舗展開は，直営展開が主となっている．ただし，同社では，今後，内陸のやや奥地などにはライセンスによる出店も考えている．

　このように，新興国市場開拓に関しては，新宅（2009）や天野（2010）を始め，大企業を中心として研究が蓄積されつつある．だが，中小企業にもこうした理論がそのまま当てはまるかどうかについては十分に議論されていない．また，業種や取り扱う財の種類（生産財，消費財），販売先（事業者向け，消費者向け）などに分けて，分析を深掘りする必要があるだろう．

(4) 中小消費財メーカーによる現地市場開拓

　では，中小企業の現地市場開拓に関しては，どのような議論がなされてきたのだろうか．

　先行研究では，部品などの中間財や生産設備などの産業材を製造する中小企業の海外進出が多いことを反映し，消費財メーカーよりも，中間財などを製造

---

[30] 同社「DATE BOOK 2015年2月期」による．

する中小企業に焦点を当てた研究が多い（渡辺ほか 2006 など）．ただし，こうした研究は，海外拠点の生産機能を中心に議論がなされており，中小消費財メーカーによる現地市場開拓に関しては，あまり議論がなされてこなかった．

そうしたなか，弘中・髙石・渡辺（2011）は，ニッチに市場を設定する中小企業は，一般的な中小企業と比べて，海外へ顧客を広域化する傾向があるとしている（弘中・髙石・渡辺，2011，157-170 ページ）．太田（2008）も，「ニッチ」と「グローバル」の組み合わせが競争優位を獲得する可能性を指摘している（太田 2008，228-253 ページ）．

太田の指摘は，産業材を扱う中小企業 1 社の事例から試論的に導きだされたものであるが，中小消費財メーカーの新興国市場開拓を考えるうえで示唆に富む．ただ，実際にどのように「ニッチ」と「グローバル」による競争優位を獲得するに至ったかについては十分には触れられていない．したがって，そうした点を明らかにする必要がある．

近年では，中国国内での販売に成功した事例を中心に，中小企業の新興国市場開拓に関する研究が蓄積され始めている（JETRO 2010, JETRO 2011b など）．これらは，詳細な事例調査が紹介されている点に特徴がある．一方で，中小消費財メーカーの事例は少なく，さらに分析が深められるべきであろう．

(5) 研究の視点と研究方法

以上，先行研究レビューの結果をまとめると，「中小消費財メーカーは，海外進出後，現地市場開拓にどのように取り組んでいるのか」といった問題意識に関しては，十分には議論されてこなかったことが指摘できる．また，中国のような新興国市場開拓については，どのような製品を投入し，経営資源の開発や蓄積をどのように行うかが議論の焦点となっている．

そこで本章では，中国市場開拓を実現した中小消費財メーカー 3 社の事例研究を行う[31]．事例企業の概要は，**表 4-1** に示した．

---

31) インタビュー調査は，2009 年 8 月～11 月にかけて実施した．詳細は日本政策金融公庫総合研究所（2010）を参照のこと．なお，いずれの事例企業についても，ホームページや新聞記事検索などの範囲ではあるが，その後の動向を確認している．また，C 社については，2015 年 3 月天津工場にて代表取締役社長に対し再度ヒアリングを行い，その後の動向を確認済である．

表 4-1　事例企業の概要

会社名	事業概要	資本金	従業員数	海外拠点
A社	タオルやバスローブなどの企画・製造・販売	2億4,020万円	924名	中国　上海市, 青島市
B社	家庭用品やアウトドア・レジャー用品などの企画・製造・販売	6,000万円	525名	中国　鄮州市
C社	日本酒の製造・販売	1,000万円	5名	中国　天津市

　事例研究を選択した理由は，事例研究がサーベイよりも深く豊富な情報を提供するためである．また，中国市場開拓を実現した中小消費財メーカーの事例は少なく，ユニークな事例であるため，サーベイよりも事例研究が適切な方法である（Yin 2009）と判断し，採用した．

　事例研究の実施においては，多様な側面から情報収集を行うよう努めた．各種公表媒体から情報を収集することはもちろん，事例企業に対して直接インタビュー調査を実施した．その際には，工場内の確認も行っている．

　なお，インタビューは複数名で実施し，情報は半構造化インタビューを通じて集めた．インタビュー記録は，内容を複数名でチェックしたうえで，事例企業にも確認してもらうことで，客観性の確保に努めている．

　分析の枠組みとしては，以下の2点に着目する．第一に，新宅（2009）の分析枠組みを援用し，現地市場に投入した製品に着目する．

　製品品質について，Kotler（1999）は，「明示的，あるいは暗示的なニーズを満たす能力のある製品またはサービスの特徴と特性を総合したもの」としている．藤本（2003）は，「設計品質（design quality）」と「製造品質（manufacturing quality）」とに分類している．設計品質とは，「製造の目標としてねらった品質」で，設計図面に盛り込まれた性能・機能のレベルを指す．一方，製造品質は，「設計品質をねらって製造した製品の実際の品質」であるとする．これらを合わせて，広義の品質である「総合品質」と称している．ここでは，藤本（2003）の定義に従い，製品品質を総合品質としてとらえることで，製品の品質を判断する．

　また，製品価格について，Kotabe and Helsen（2008）は，異なった国で価格をどのように設定するかは重要な課題であり，海外における価格設定には，

企業の目標やコスト,顧客需要,競争,流通チャネル,政府の政策が影響する点を指摘している.こうした議論を踏まえて,本書では,価格について,主に①日本国内など先進国との違い,②現地での競合製品との違いの二点に着目して分析を行う.

第二に,久保田 (2007),新宅・天野 (2009),天野 (2010) らの議論を踏まえて,経営資源の開発や蓄積などにも着目する.

経営資源について,小宮 (1967) は,「外面的には経営者を中核とし,より実質的には経営管理上の知識と経験,パテントやノウハウを始めマーケティングの方法などを含めて広く技術的・専門的知識,販売・原料購入・資金調達などの市場における地位 (ある場合には独占的支配力),トレード・マーク (ブランド) あるいは信用,情報収集,研究開発のための組織など」と定義している.こうした経営資源すべてに着目して事例研究を行うことは難しいため,本書では,主に①販売体制,②生産・調達体制に着目し,分析を行う.

3　事例研究

(1) A社

A社 (資本金2億4,020万円,従業員924名) は,タオルやバスローブなどの企画・製造・販売を手掛けている.子ども向けのキャラクタータオルや,海外ブランドを冠したタオルを日本で初めて製品化した企業でもある.

A社は,もともと卸売業者であったが,1988年には自社ブランドによる店舗を表参道にオープンする.これによって,小売業への参入を果たす.タオルやローブ,スリッパ,バス雑貨などをシリーズとして関連づけた商品開発・販売を開始したのは,A社が日本初といわれている.

その後,A社は,1993年に自社工場を中国上海に設立する.A社ではそれまで,国内外の企業に生産を委託していたが,同工場の設置によってタオル製造に参入する.中国は,原料となる綿花の生産地帯である.それを利用して,同工場では,世界でも類を見ない糸の生産 (紡績) からタオル製造までの一貫生産体制を構築している.2003年には,主にギフト商品のアセンブリーを行う分工場を中国青島に設立している.各工場の従業員数は,2009年9月末時

点で，上海工場が 1,720 名，青島分工場が 196 名となっており，両工場合わせて約 2,000 名体制となっている．

　日本への逆輸入が上海工場での主な目的であったが，A 社は，2005 年に上海地区での小売営業許可を取得し，日本国内と同様の自社ブランドを用いて，中国での販売を開始する．2006 年には中国全土の卸・小売の営業許可を取得し，販売先を中国全土に広げている．

　A 社による中国市場開拓の特徴として，まず，富裕層をターゲットに設定し，中国一級都市の高級百貨店を中心に出店する戦略を採用したことがあげられる．高級百貨店を販売チャネルとした理由として，A 社は，「アジアではどの国も貧富の差というものが厳然とあり，富裕層は百貨店で買い物をするから」と述べている．富裕層をターゲットとするためには，そうした層が集まる高級百貨店に出店することは有効だろう．

　また，中国国内のなかでも，上海の 1 店舗のみを直営店とし，ほかはすべて代理店が運営する形態をとる．この点について A 社は，「上海の一番良いところに店を構えれば，中国全土から人が見にくる．百貨店に当社の製品があるのを見て，『うちにも出店してもらいたい』という話が舞い込むこともある」と述べている．上海の直営店にアンテナショップとしての役割を与えることで，ブランド浸透に取り組んでいる．

　2009 年 12 月末時点で店舗数は約 160 店にのぼり，中国以外にもタイやシンガポールに店舗を展開する．前述のように，中国国内では，上海のみ直営店舗とし，ほかはすべて代理店が運営している．中国全土の都市へと販路を開拓するにあたり，自前でやっていてはきりがないため代理店を活用することにした．現在，45 の代理店が，百貨店を数カ所ずつ担当する形で，中国全土をカバーしている．代理店は，上海のショップの存在とブランドを生かして，地方の百貨店に出店の売り込みをかけているという．

　代理店については，いかにその地域での有力小売店などに強いパイプやコネクションがあるかという点のほか，資金力も重視している．百貨店への出店や什器購入にかかる資金は代理店が負担するため，それなりの資金力を要するからである．

　A 社では，代理店との付き合いは大切にするが，契約はあくまでもシビアで

妥協していない．まず，代理店は，A社の商品を買い取り，在庫を持つ形で販売する．日本の百貨店と違って返品はない．取引はすべて契約に基づいて行い，基本的に与信枠を与えず，A社は代金を前金で受け取る．中国には手形の期日管理がないため，そうしなければ，いつ回収できるか分からないためである．不正に加担した代理店とは契約を打ち切るようにしている．また，代理店に対してノルマをあらかじめ提示し，達成できればインセンティブを付与し，達成できない場合はペナルティを課す．

ただし，A社の基本スタンスは代理店と一緒に繁栄することであり，代理店が地元の百貨店に売り込む際のプレゼンテーションには協力・支援するなど，代理店に対する支援は十分に行っている．

中国市場に投入する製品は，日本向けに企画した製品である．こうした理由として，A社では，中国を始めとするアジアでは，消費者の嗜好が日本と同じで，分厚いタオルより薄手のタオルが好まれたり，濃い色よりパステルカラーが好まれたりする点を指摘する．

また，日本のブランドの信用は世界一なので，ブランド展開するうえでは日本向けの企画で通した方が有利であるという．同社の海外店舗では，商品はもちろん，店舗の内装に至るまで日本と同様の企画を採用している．

一方で，売れ筋商品をみると，中国と日本では若干の違いがあるという．日本では売れる生成のタオルやバスローブが，中国では白＝死に装束のように感じられるといって受け入れられない．また，富裕層には，日本で一般的な60cm×120cmのバスタオルより，シャワーの後に身体に巻ける70cm×140cmの方が売れるという．

パッケージのように，変更が容易な点については，現地消費者の嗜好に合わせて一部変更している．中国の人は見栄えをとても気にするので，ギフトでは，バスローブとタオルをセットにして詰め合わせるなど，箱を大きくして，とにかく豪華に大きくみせている．パッケージの色についても，祝いごとでは白は駄目であり，赤や金の箱が喜ばれるという．このように製品は日本向けに企画した製品をそのまま売っているが，パッケージや包装には，中国の消費者の好みを取り入れることも行っている．

中国市場開拓においては，社長が自ら動いて交渉を行い，常に迅速に決断を

行ってきたことも大きい．経営トップが自ら動いたことが，A社の今日の中国でのプレゼンスに繋がっている．

現在[32]，A社では，低価格帯製品の投入を検討している．今後は，中間層をターゲットに，50万〜80万都市の大衆百貨店を対象に販路開拓していくことも考えているという．具体的には，人口50万〜80万人規模の中小都市の大衆百貨店に約200店舗をつくる計画である．一方，同時期に高級店も160店からさらに70店増やすことを計画している．

なお，大衆百貨店では，高級百貨店向けに展開するブランドとは異なるブランドを用いるとともに，高級品より2〜3割低い価格帯の商品を販売しようと考えている．

現在，アジアでの売上高は10億円程度であるが，3年後に中国国内向け売上高を2倍にしたいと考えている．文化の成熟度とタオルの売り上げは比例しているため，十分期待できる市場だとしている．

(2) B社

B社（資本金6,000万円，従業員525名）は，家庭用品やアウトドア・レジャー用品などの企画・製造・販売を手掛ける企業である．

B社は，85年のプラザ合意以降，円高を生かして，中国の協力工場約150社などから製品を輸入し，日本全国の量販店やホームセンターなどに販売することで成長を遂げてきた．約3万点にのぼるアイテムは，すべてB社のオリジナル製品であり，自社ブランドで展開している．

このように，生産委託先として中国との関係を構築していたB社は，2001年に中国顎州市に販売子会社を独資で設立し，中国での販売を開始する．こうした背景には，20年以上前から，B社が中国からの研修生を積極的に受け入れていたことがあげられる．中国に帰国した元研修生が，「ぜひ中国でB社の商品を売りたい」といってきたことがきっかけとなって，中国での販売開始を決める．

B社による中国市場開拓は，百貨店への出店からはじまる．当初，B社で

---

[32] 取材時点での情報によるもの．

は，百貨店への出店は考えていなかったが，武漢で小売の商談をしていた際，日系百貨店から「フロアが埋まらないので，場所代は要らないからテナントを出して商品を売ってくれないか」と声がかかり，出店する．

これを機に，他の百貨店からも次々に声がかかるようになり，北京では大小合わせて約100店ある百貨店のうち，半分近くに出店するまでに成長した．さらに西安やハルピンの企業が，北京の百貨店でB社の商品を見て「当社でも扱いたい」といって代理店契約を申込んできたという．このように，B社の現地市場開拓もA社と同様に，百貨店への出店が契機となっている．

現在，B社は中国で，日本と同じ自社オリジナルブランドを用いて，キッチン・リビング用品店と，アウトドア・レジャー用品店をそれぞれ展開している．北京を始め主要都市の百貨店内に合わせて約160店の直営テナントを展開する．テナントはB社現地法人の直営で，テナントのスタッフはすべて同社の正社員である．今後は，地方都市への拡販を目指しており，そのために，現在約40ある代理店を100店ほどまで増やしていく方針である．

B社が中国で販売する製品は，すべてB社日本工場および燕三条地域で生産される日本製製品であり，ターゲットは富裕層である．商品の企画はすべて日本で行っており，日本のデザインは中国の人々に違和感なく受け入れられているという．キッチン用品も，中華料理用の包丁など特殊なものを除けば，日本向けと同じ製品を投入している．中国では「Made in Japan」が好まれ，日本の5倍の値段で売られているものもある．

B社の特徴は，日本市場と中国市場とで，投入製品を使い分けている点にある．日本市場では，中国の協力工場で作った安価な製品を輸入し，ホームセンターなどに卸売している．一方，中国市場では，B社および燕三条地域の地場製品を輸出し，店舗で販売している．中国からの輸入額は，年間約120億円である．これに比べれば，中国での年商はまだ10億円と小さいが，すぐに3～4倍規模になると見込む．

中国での販売については，すべて現地法人が統括し，百貨店を中心とする直営テナント運営と，代理店管理を行っている．現地法人では，B社の元研修生が社長や幹部として活躍している．こうした人材とは，日本国内での研修時に家族ぐるみや地域ぐるみの付き合いがあり，互いに信頼関係ができあがってい

る．また，北京と武漢に倉庫があり，7～8千アイテムを常時保有し，いつでも中国全土の百貨店や代理店に商品を出荷できる体制をとっている．

テナントからは，毎日，現地法人に報告があり，現地法人からは毎日，日本本社に報告が上がってくる．テナントからの報告で，何が何個売れたかがすべて把握できている．またB社では，店舗スタッフに対してノルマ制を導入している．B社も最初からこうしたテナント管理の仕組みができていたわけではなかった．商品が紛失し，転売されるようなこともあったため，在庫管理を行い，ノルマ制を導入すれば変わるだろうと仕組みを考えて導入したものであり，それが成功している．

代理店との取引については，品物を安く卸す代わりに，現金による前金制としている．前金取引ができるのは，日本製製品へのニーズが高いためであるという．

なお，B社では今後，百貨店だけでなく，現地スーパーマーケットにも商品を納入することを計画している．百貨店向けと同じブランド名でテナントを出し，日本製の商品を販売する計画だが，スーパーマーケットのバイヤーからは，価格の安い中国製製品の販売も求められている．スーパーマーケットでは，百貨店の購買層よりも少し下の所得階層をターゲットに販売していくことを想定している．

(3) C社

C社（資本金1,000万円，従業員5名）は，1853年から続く日本酒メーカーである．現社長が1994年に家業を継いだ当時は，原酒のままで大手酒造メーカーに販売する桶売りや，問屋向けのOEM商品供給が主体であり，独自ブランド商品の販売は少なかった．

社長は，中学生の頃から中国語を独学し，大学では法律，とりわけ改革開放経済により整備が進みつつあった中国法を学んだ．大学卒業後は自動車メーカーに就職して自動車生産システムの開発に携わる．その後，商社に転職し，商社マン時代は投資審査で中国も担当した経験を持つ．こうした経験が，その後の中国市場開拓に生かされることになる．

C社が中国進出を考えたのは，1994年の秋，その年の酒づくりの打ち合わ

せに来た杜氏の話がきっかけであった．杜氏から「中国で酒をつくっている酒屋があるらしい」と聞き，しかも，先行して中国で酒づくりをしているのは大手ではなく，中小企業であることが分かった．社長は，国内市場では既に勝負がついてしまっているので，まだこれから拓かれる可能性のある中国という市場であればC社にも平等に機会があると考え，中国進出を目指す．

C社は，1995年に中国天津に工場を建設する．天津に進出したのは，この地域には，戦前に日本の国策会社が開拓した広大な水田地帯が広がっており，良質で安価な米が調達できるためである．こうした利点を生かして，中国拠点では大衆酒ではなく，日本と同様の高品質な純米吟醸酒づくりを目指した．

だが，中国には，杜氏がいない点が生産のネックとなる．そこで，社長自ら南部杜氏から酒づくりを学び，その経験と醸造試験所などの研究成果を取り入れてマニュアルを作成する．

例えば，蒸米工程では，精米後の白米の水分含有率はロット毎に異なる．そこで米を水に浸ける前に水分含有率を測定し，標準水分含有率14％との差を補正し，さらに28％吸水させると重量は何パーセント増えるかを計算し，吸水試験を行う．そして，何分何秒まで米を水に浸すのかを割り出す．どれくらいの圧力で何分蒸すかも決める．このように徹底した数値管理に基づく製造工程のマニュアル化を進めた．

また，こうした生産の前提となる設備については，数値管理のできる最新のものを導入している．特に，麹づくりには熟練の技術を数値制御によって実現できる高価な装置を導入している．精米の工程では2,000万円以上もするコンピュータ制御精米機を導入する．大吟醸用の米を3昼夜かけて35％まで確実に，かつ最適の状態で磨くことができるものである．こうした設備を現地ローカルの酒造メーカーは持っていないため，品質面での差別化につながっている．

天津工場で生産した製品は当初，日本などへ輸出し，第三国に販売する予定であった．しかしながら，水処理の問題から日本へ輸出するには不具合が生じたため，中国国内での販売を開始する．ちょうど日系企業の中国進出ラッシュに伴い，日本料理店が増え始めていたため，中国国内の日本料理店をターゲットに設定することを決める．

だが当時，中国では在庫管理などの流通を安心して任せられる現地企業が

育っていなかった．そこで，日本料理店の多い沿海都市ごとに営業所をつくり，そこから自社の営業マンが地域の日本料理店に配達する直接販売網を構築する．

　営業マンは社長自らが教育している．清酒は高温と光，それに時間経過に弱いデリケートなものなので，配送中の品質管理や料理店内での品質管理の重要性を教える．また，小口取引はその場で現金回収することや，店の清掃は行き届いているかなど，納入先を与信管理する方法も社長みずから教える．

　C 社の営業マンは，全員が天津市出身の社員である．これにより従業員間の摩擦軽減を狙っている．それに加えて，取り決めたルールを守らない場合は辞めてもらうなど，従業員に対しては信賞必罰で臨んでいる．現在，酒づくりの製造部門は 10 名，間接部門が 10 名，そのほかに全国の拠点に営業マンが 30 名いる．製造部門と間接部門はほとんど辞めないが，営業部門は入れ替わりが激しいという．

　また，社長は毎月中国の工場を訪問し，醸造期間は工場についたら真っ先に製造現場へ入り，すべての工程をチェックする．人手がかかり，かつ，重要な工程である麹づくりも従業員と一緒になって率先して行っている．日本にいる時も，毎月送られてくる分析データをもとに，常に製造現場をチェックしているという．このように重要な部分は現地任せにせずに，社長自ら管理を行っている．

　C 社は，中国で純米大吟醸，純米吟醸，純米の 3 種類を販売している．明治時代の頃から C 社で使われていた商標を中国製の清酒に使用している．中国では酒のラベルは赤と金がつきものなので，白地に墨書の日本式ラベルは従業員から地味だといわれたが，変えなかった．

　C 社の純米吟醸は，酒売り場で一升瓶で 110 元（円換算で 2,100 円程度）で販売されている．日本への輸出はごくわずかで，ほとんどを中国国内の日本料理店に販売する．現在では，中国全域の日本料理店の 80％近くに製品を供給するまでに成長している．

　また，天津の工場は 4,000 石（1 石＝ 180 リットル）の生産規模で，この 3 年間，毎年 25％増加している．現在，醸造能力が限界に達しており，敷地も手狭である．貸工場を調達して当面しのぐか，あるいは増資を行い，移転増設

し，8,000 石規模まで生産能力を上げたいと考えている．

4　現地市場開拓にみられる特徴

　ここからは，事例企業が現地市場開拓をどのように実現したのかについて，(1) 現地市場開拓に至る経緯，(2) 製品，(3) 販売体制，(4) 生産・調達体制に着目して分析する．

(1) 現地市場開拓に至る経緯
　事例企業をみると，必ずしも現地市場開拓が主な進出目的であったわけではなく，進出後に目的が変化し，現地市場開拓に至っている先が多い．
　A 社の場合，海外子会社の事業目的がコスト低減から現地市場拡大へと変化している．中国への進出目的は当初，自社で一貫生産を行うことでコスト低減を実現しようとするものであった．A 社は 1993 年に，糸の生産（紡績）からタオル製造まで行う一貫工場を上海に設立した．A 社はそれまで卸売業者であったため，自社では生産拠点を持たず，国内外のタオル製造業者からの仕入れに依存していた．だが，「1980 年代後半から円高の時代が到来することを予想し，業界内で先駆けて海外へ生産拠点を設置」し，自社で一貫生産を行う製造業への転換を果たしたのである．一貫生産を行うことで，コスト低減を図ると同時に，原料である綿花の生産国であった中国を進出国に選択することで，原料調達コストの低減も狙った．その後，2005 年に小売営業許可を取得し，中国での販売を開始するに至っている．
　ただし A 社では，進出当初から，将来的な現地市場開拓を意識していた．進出場所を上海にこだわった理由として，「将来の中国内販を考えたときに，社名に『上海』という文字が必要だった．上海が社名につくとつかないとでは，消費者が受けるイメージは大きく異なる」と語っている．進出目的としては，コスト低減の割合が高かったが，将来的な現地市場開拓も意識していたと判断できる．
　B 社の場合は，進出当初から現地市場開拓が目的であった．B 社では，中国からの研修生受け入れに以前から力を入れており，中国に帰国した元研修生

が,「ぜひ中国でB社の商品を売りたい」といってきたことがきっかけとなり,2001年に販売子会社を設立して中国に進出している.

ただし,販売子会社設立だけでなく,それ以前からのB社と中国とのかかわりをみると,違った様相が見られる.B社では,2001年の販売子会社設立以前より,中国の協力工場に生産委託を行い,日本に輸入してホームセンターなどに販売するビジネスモデルで成長してきた.プラザ合意後の円高を踏まえて,こうしたビジネスモデルに転換したという.海外企業への生産委託は,本書における進出の定義には含まないため,販売子会社設立のみを見れば,B社の事例は現地市場開拓が進出目的といえる.だが,中国とのかかわり全般をみると,協力工場を活用した生産コスト低減から市場開拓へとその目的が変化してきたともいえるだろう.

C社の場合,海外子会社の事業目的が第三国への輸出や生産コスト低減から現地市場拡大へと変化している.C社は,1995年に中国天津に工場を建設した.中国天津に工場を設置した理由として,①天津には戦前日本の国策会社が開拓した広大な水田が広がっており,日本米をベースとした良質な米が生産されていたこと,②こうした米の価格は,日本と比べて大幅に安いこと,をあげている.当初は,天津工場で生産した製品を日本などへ輸出し,日本から第三国へ輸出する予定であったが,水処理の問題から日本へ輸出するには不具合が生じたため,中国国内での販売を開始したという.

A社と同様に,C社も進出当初から現地市場開拓を意識していた.C社は,中国への進出目的として,今後の市場拡大の可能性があり,競合が少なかった点もあげている.進出目的としては,第三国への輸出や生産コスト低減の割合が高かったが,将来的な現地市場開拓も意識していたと判断できる.

このように,事例企業においては,海外進出後に事業目的が変化し,現地市場開拓に至っている.一方で,進出当初から現地市場開拓を意識していた先も多いことがわかる.

(2) 製品

事例企業は,現地市場開拓にどのように取り組んでいるのだろうか.まず,現地市場に投入している製品には,共通点がみられる.それは,①ニッチ市場

に先行して高付加価値製品を投入，②日本と同じ製品（コンセプト）をあえて投入，③日本製であることをアピールといった点である．

以下，それぞれについて分析する．

①ニッチ市場に先行して高付加価値製品を投入

事例企業は，いずれもニッチと呼べる市場にターゲットを絞り，そこに高付加価値製品を投入している．

A 社は，富裕層を主なターゲットに設定して，富裕層が多く集まる主要都市の高級百貨店に集中的に出店し，アジアでも高価格となる日本と同じ企画のタオルやバスグッズを販売している．

B 社も富裕層をターゲットとし，自社日本工場や燕三条地域のメーカーが生産する日本製キッチン用品を中国国内の高級百貨店で販売している．日本での販売価格と比べ5倍近い商品も存在するという．

C 社は，純米かつ日本品質にこだわった日本酒を中国で生産し，一升瓶で110元（約2,100円，小売価格）と比較的高価格で中国全土の日本料理店に販売している[33]．

このように事例企業各社は，ニッチ市場をターゲットとし，新宅（2009）が示した低価格製品や現地化製品ではなく，高品質・高価格の製品を投入することで中国市場の開拓に成功している．こうした事実は，日本の中小消費財メーカーにとって，低価格製品や現地化製品ではなく，高品質・高価格の製品を投入することが現実的であることを示している．

事例企業が中国市場開拓を実現した要因は，それだけではない．そうしたニッチ市場へ他社に「先行」して参入したことも大きい．

C 社は，中国で酒づくりをする中小企業があるとの情報を耳にし，その後わずか1年弱で工場稼働から現地販売網の構築まで完了させ，他社に先駆けて現地販売を開始している．こうした先行性獲得には経営者の果たす役割が大きい．A 社の場合は，経営者が中国市場の将来性を早い段階から認識し，現地に

---

[33] 日本貿易振興機構（JETRO）（2015）で，中国広州での販売価格をみると，中国企業が製造する清酒「アルコポップ清酒」が300mlで11元（215円，税込）で販売されているのに対し，C 社の純米吟醸酒は，同31.8元（623円，同）と約3倍の価格で販売されている．

生産拠点を設けた時点から既に，中国での内販を視野に入れて進出地域を決めるなど，現地市場開拓の準備を早くからトップダウンで実行している．

中国市場の開拓では，「ニッチ市場」「高付加価値戦略」に加え，Hamel and Prahalad（1994）の示す「先行」を組み合わせることが中小企業においても重要な要素となっている．特に大企業と比較した場合，中小企業には，経営トップによる迅速な意思決定やトップダウンによる実行など，「先行」に有利な強みが多い．アジア新興国市場開拓を目指す中小企業は，そうした強みを生かして「先行」を実現し，他社との差別化を図ることが重要だろう．

② 日本と同じ製品（コンセプト）をあえて投入

高品質・高価格の製品を投入した事例企業は，現地市場向け製品を一から開発したのだろうか．事例企業3社とも，新たに製品を開発するのではなく，日本品質にこだわり，日本と同じ製品を意識的に投入している．また，製品だけでなく，店舗の内装などコンセプト全般まで日本と同様にする事例もみられる．

A社では，製品はもちろん，店舗の内装に至るまで日本と同様の企画をアジアでも採用している．それは，①中国を始めとするアジアでは，消費者の嗜好が日本と同じ，②日本ブランドの信用は世界一なので，アジアでも日本と同じ商品企画が有利に働く，との考えに基づいている．

B社も自社の日本工場や燕三条の地場メーカーが日本国内で製造・販売するキッチン用品を輸入し，販売する．同社は，中国の協力工場が生産した安価なキッチン用品を日本に輸入し，ホームセンターなどに販売しているが，中国の店舗では，そうした中国製品は一切取り扱わないという徹底ぶりである．

C社は，杜氏のノウハウを数値化・マニュアル化したり，数値管理が可能となる最新鋭の設備を生産工程に導入したりすることで，日本と同レベルの酒づくりを中国でも実現した[34]．そうしてできた製品を，現地で販売するだけでなく，日本にも一部輸入して販売している．

JETRO（2011a）では，ボリュームゾーンの台頭に対して日本企業は，これまで日本と同様の製品を販売してきた戦略をどうするかが最近の課題としてい

---

[34] C社では，こうした酒づくりの手法を，日本国内でも導入し，高品質の酒づくりを実現している（Tange 2014）．

る.だが,中小企業においては,まだ日本と同じ製品を投入する企業が多いことがわかる.

③日本製であることをアピール

　日本と同じ品質,同じ企画の製品をあえて投入した3社とも,そのことを消費者に理解してもらうため,自社の製品が「日本製」[35]であることをアピールする戦略を採用している.

　A社は,日本国内で使う漢字のブランド名をアジアでも採用している.自社のブランド名について,日本国内と同じように現地でも読んでもらうためには,当て字を使う必要があった.だが,A社は当て字を使わず,現地での読み方が変わることを覚悟のうえで,あえて日本国内で使う漢字のブランド名を採用した.それは,「日本の企業が作る製品だと分かってもらいたい」との思いからだという.

　B社の場合も,フライパンなどの店舗で販売する製品には,あえて日本語で記載された説明書をそのまま添付している.現地の消費者は内容を理解できないが,日本語の説明書を添付することで,製品が日本製であることをアピールしている.

　C社は,明治時代からC社で使われていた伝統ある商標を現地でも利用する.日本酒の場合,海外で販売する際には,現地の消費者が覚えやすいよう,現地式の名前をつけることもある.だが,C社では,日本の商標をそのまま利用することで,日本製であることをアピールしている.酒のラベルも,日本と同じデザインを使用しており,現地の従業員から地味といわれたが,変えなかったという.これも日本製であることを現地の消費者に伝えるための方法といえる.

④中間層向けに低価格製品投入の動きも

　以上,事例企業は,ニッチ市場に先行して,日本と同じ高付加価値製品を投入するとともに,日本製をアピールしていることがわかる.こうした取り組み

---

35) 本書における「日本製」には「Made in Japan」(日本で製造された製品)だけでなく,「Made by Japan」(日本企業によって日本流の品質管理をもって海外で製造された製品)も含む.

は，先行研究でみたユニクロや無印良品などの大企業の取り組みに近いといえるだろう．

　一方で，大企業とは異なる動きもみられる．一部ではあるものの，拡大する中間層向けに新たな製品投入を計画する事例企業がみられた．

　A 社では，これまで富裕層を中心に市場を開拓してきたが，今後は中間層をターゲットとした新たな製品とブランドを立ち上げようと考えている．具体的には，今後 3 年間に人口 50 ～ 80 万人規模の都市にある大衆百貨店に約 200 店舗を出店する予定であるとしている．その際には，現在展開するブランド名とは別のブランドで展開し，価格帯も現在より 2 ～ 3 割低い製品の投入を考えているという [36]．

　B 社も今後，百貨店だけでなく，現地スーパーマーケットにも商品を納入することを計画している．百貨店向けと同じブランド名でテナントを出し，日本製の商品を販売する計画だが，スーパーマーケットのバイヤーからは，価格の安い中国製製品の販売も求められているという．B 社の場合は，そうした低価格製品を実際に投入するかまでは決めていないものの，中間層向けに販売する場合は，低価格製品のニーズが強いことがわかる

　こうした事例は，本格化には至っていないものの，大企業とは異なる中小消費財メーカー独自の製品変化に向けた動きとして注目される．

---

[36] ヒアリング調査時点での情報によるもの．なお，A 社はその後，中国に 3 千店強を展開する中国最大の製造小売りである中国現地企業 R 社と 2015 年 9 月に提携している（A 社の中国現地法人に中国現地企業 R 社が出資）．

　2015 年 9 月 15 日付日本経済新聞によると，A 社は，R 社の販売力を生かして百貨店への出店を増やすとともに，R 社の分析をもとに，中国の消費者が求める素材やデザインを取り入れた商品を開発する方針であるという．そのために，両社は，寝具や雑貨を扱う新業態を開発し，第 1 号店を杭州市の大型ショッピングモールに開店したという．

　こうした動きが，本書で指摘した低価格製品投入への動きとどのように関係しているかについては，残念ながら確認する機会を得られていない．しかしながら，A 社はこれまで，百貨店を中心に店舗展開を行っており，大型ショッピングモールに出店との記述からは，これまでとは異なる製品を投入している可能性をうかがわせる．

(3) 販売体制

事例企業は，現地市場開拓に取り組むなかで，どのように販売体制を構築していったのだろうか．販売体制面での特徴として，①現地企業の活用，②百貨店への直営店舗出店，③提供品質維持への取り組み，の3点が指摘できる．以下，それぞれについてみてみよう．

①現地企業の活用

事例企業をみると，製品を市場に届けるための流通において，現地企業の活用が3社中2社でみられた．

A社の場合，アジアに160店舗を有しており，その大半が中国の店舗である．中国における直営店舗は，上海のみであり，残りは，現地企業に代理店になってもらうことで，中国全土をカバーしている．中国では，45の地元代理店が百貨店を数か所ずつ担当しており，直営店は，アンテナショップとしての役割を果たしている．代理店を選ぶ際は，いかにその地域で有力小売店などに強いパイプやコネクションがあるかという点の他，資金力も重視する．百貨店への出店や什器購入にかかる資金は代理店が負担するため，それなりの資金力が必要となるためである．

B社では，約40社の現地企業を代理店として活用している．B社では，直営店だけでは，広大な中国全土を管理するのは困難と考えており，今後は現地企業を代理店とした出店を増やしていく方針である．具体的には，2〜3年後に100店を目指し，地方を中心に展開を図っていく方針である．

先行研究でみたように，日本の大企業は，直営店舗主体で中国市場開拓に取り組んでいる．したがって，現地企業の積極的な活用は，大企業とは異なる動きといえる．

一方，C社の場合，A社，B社とは異なり，現地企業との連携は行っておらず，現地人材を活用した直接販売網を構築している．C社が進出した当時の中国では，品質管理や代金回収において信頼できる流通業がまだ育っていなかった．そこで，C社では，自社で現地人材を雇用し，販売先の多い沿海都市ごとに営業店を設置する直接販売網を構築した．

こうした方向性は，直営店舗主体の大企業に近い．ただし，C社の事例につ

いては，慎重に取り扱う必要がある．C社が現地人材を直接雇用し，現地販売網を構築できたのは，経営者の存在が大きい．C社社長は，中学時代から独学で中国語を学び，大学では中国法を学んでいる．卒業後に就職した商社でも中国への投資審査を担当したという経歴を持つ．

　C社による現地人材を活用した直接販売網構築は，こうした経営者の経験があったからこそ，実現できたものと考える．したがって，C社のような戦略は，中小企業全般において採用可能な戦略とは必ずしもいえない．中国市場開拓において，直接販売主体に取り組めるのは，経営資源の豊富な大企業や，C社のように現地事情に精通した人材がいる企業であろう．中小消費財メーカーが現地市場開拓を実現するためには，A社やB社のような現地企業の活用が現実的であると考える．

　C社のように直接販売網を構築した企業と比べて，A社やB社のように代理店を活用する場合には，代理店に任せつつも，いかに代理店をコントロールするかが重要となってくる．こうした点については，A社の事例が参考になる．

　A社では，契約に基づき，代理店を厳しく管理している．代理店に対しては，販売ノルマをあらかじめ提示し，達成できればインセンティブを与えるものの，達成できない場合はペナルティを課している．不正に加担した代理店とは契約を打ち切るようにしている．このように，契約に基づいた取り決めを設定し，その後の管理を徹底することで，A社は代理店をコントロールしている．

　一方で，A社は，代理店との関係構築にも積極的である．A社の基本スタンスは，代理店と一緒に繁栄することであり，代理店が地元の百貨店に売り込む際のプレゼンテーションには協力・支援するなど，代理店に対する支援は十分に行っている．

　現地企業を活用した事例企業は，契約に基づく管理を徹底しつつも，代理店の支援を惜しんでいない．こうした取り組みが，現地市場開拓には重要と考える．

② 百貨店への直営店舗出店

　直接販売網を構築したC社以外の2社では，現地企業を活用していくうえで，百貨店に設置した直営店舗が効果を発揮している．

A社は，中国国内店舗のなかでも，上海の高級百貨店に設置した1店舗のみを直営店とし，ほかはすべて代理店が運営する形態をとる．この点については，A社は，「上海の一番良いところに店を構えれば，中国全土から人が見にくる．百貨店に当社の製品があるのを見て，『うちにも出店してもらいたい』という話が舞い込むこともある」と述べている．上海の直営店にアンテナショップとしての役割を与えることで，ブランド浸透に取り組んでいる様子がうかがわれる．

　B社も百貨店に設置した店舗がブランド浸透に有効に機能している．B社は，北京の日系百貨店から声がかかり，直営店を出店している．これを機に，他の百貨店からも次々に声がかかるようになり，北京では大小合わせて約100店ある百貨店のうち，半分近くに出店するまでに成長した．さらに西安やハルピンの企業が，北京の百貨店でB社の商品を見て「当社でも扱いたい」といって代理店契約を申込んできたという．

　このように，A社とB社の事例では，百貨店に出店した直営店がその後の事業拡大やブランド浸透につながっている．

　一方で，中国百貨店への進出は，賃料や手数料が高いといったデメリットも多く指摘されている．百貨店自身も厳しい競争にさらされている[37]．事例企業が中国に進出したのは00年代であり，現在では百貨店への出店も容易ではないだろう．

　しかしながら，ブランド力に劣る中小消費財メーカーにとっては，前述の日本ブランド活用に加えて，百貨店出店の活用もブランド浸透に向けて，検討される事項と考える．

③提供品質維持への取り組み

　事例企業3社は，日本と同じ製品を投入し，日本製であることをアピールするだけではない．前提となる製品やサービスの品質維持に努めている．

---

[37] 朱（2014）では，中国大都市においては，百貨店の「オーバーストア現象」が進んだことに加え，新しい小売業態の出現，外資企業の進出などにより，小売市場の競争が一層激しくなっているとしている．また，多くの百貨店では，商品の同質化が進んでおり，商品の品ぞろえを通じた他社との差別化が困難になっており，価格引き下げ競争によって百貨店の利益率が低下している点を指摘する．

A社では，ブランドイメージにかかわる店舗設計や什器の配列，商品ラインアップについては，代理店に任せずA社が決めることで，提供品質を維持している．

　B社の場合，直営店舗の販売スタッフを正社員として採用し，ノルマ制を導入することで，やる気を引き出すよう工夫している．現地販売を統括する現地法人の社長には，元研修生として気心の知れた中国人を登用することで，意思疎通をしっかり行っている．それによって，日本本社から現地法人トップ，現地従業員に至るまで，提供品質の維持に努めている．

　C社では，現地法人の営業マンが中国全土の日本料理店に直接配達する方式を採用することで，流通に関与し，提供品質を維持している．営業マンには，現地人材を登用しているが，社長自ら，配送中の品質管理や料理店内での品質管理の重要性を教え，徹底させている．日本酒は高温と光，それに時間経過に弱いデリケートな商品であるため，こうした取り組みは提供品質をコントロールするうえで非常に重要なのである．

　なお，最終消費者の満足につながる価値を生み出すのは，職務に満足し，ロイヤルティのある従業員であるとされる（Heskett and Schlesinger 1997, pp.23-26）．A社は代理店スタッフへの販売支援や代理店との契約を通じ，B社は直営店舗のスタッフを直接管理することで，最終消費者と接する従業員をある程度コントロールすることができる．

　一方，C社は，日本料理店が直接の顧客であるため，最終消費者と接する料理店従業員を直接コントロールすることが難しい．そのため，C社では，そうした不利を補うべく，料理店で毎週消費される量だけを小口配送したり，料理店内の日本酒在庫が先入れ先出しになるように倉庫内の積み替えをC社営業マンが行ったりすることで，料理店から最終消費者への提供品質の劣化を防ぎ，消費者の満足度が低下しないように努めている．こうした取り組みは，直接消費者に接することの少ない中小消費財メーカーにとって参考となるだろう．

(4) 生産・調達体制

　現地市場開拓に向けた生産・調達体制をみると，違いがみられる．まず，A社とC社については，中国進出時に輸出向けに構築した最新鋭かつ低コス

ト[38])の生産体制をそのまま活用している.

A社の場合,世界でも類を見ない糸の生産からタオル製造までの一貫生産体制を構築している.原料である綿花を中国現地で調達することで,原料調達コストも低減させている.こうした設備は,当時としては最新鋭のものを導入しており,それをそのまま活用して,現地市場開拓に取り組んでいる[39]).

C社も,進出時に導入したマニュアルと数値管理のできる最新装置を活用することで,現地メーカーとの間で品質面での差別化を実現している.このように,A社とC社で生産体制に変化がない理由として,日本向けと同様品質の製品を投入していることが指摘できるだろう.

一方,B社は,日本国内から製品を調達する体制へと変化している.2001年に販売子会社を設立するまでは,中国現地の委託生産先で廉価品を生産し,日本国内に輸入していた.しかしながら,現地市場開拓においては,こうした廉価な製品では中国消費者のニーズにこたえられないため,B社日本工場および燕三条地域で生産される日本製製品を輸出し,現地で販売する体制を構築している.こうした変化には,現地市場で投入する製品が大きく影響している.このように,いずれの事例も,製品品質を維持できるような生産体制を構築しているものと考える.

---

38) コスト(製品原価)について,藤本(2003)は,労務費と材料費,経費(開発費・設備等の減価償却費を含む)とに区分するとともに,これら製品原価に,販売費および一般管理費を加えたものを総原価と定義している.製品原価各々のコスト要素は,さらに生産性と投入要素価格(時間当たり賃金,設備単価,部品単価など)に分解できる.本書では,主に,製品原価の視点から,事例企業のコストを判断する.

39) ヒアリング調査時点での情報によるもの.なお,A社は,その後,2014年4月に上海工場での生産を停止している.上海の現地法人は,検品,加工,物流拠点としての業務,中国国内販売営業を引き続き手掛けている.生産については,20年来生産指導を行ってきた協力工場に上海工場の設備を移設し,技術スタッフを派遣することで,中国での実質的な生産を継続している.それに加えて,商品開発と生産の主力拠点をタイの自社工場に移行している.1988年に合弁で進出したタイの自社工場においては,生産能力を従来の約3倍に拡大して体制を充実させ,グループ内に紡績工場を持つ強みを生かした,紡績からの一貫体制による商品開発を積極的に行うとしている.なお,上海工場での生産を停止した理由として,A社は,中国国内の環境問題が深刻化していることから,地元政府の方針によるものとしている(以上,2014年4月4日付A社「ニュースリリース」).

(5) 背景

以上，事例企業の現地市場開拓にみられる特徴について考察を行った．事例企業は，高品質・高価格の製品を投入する戦略を採用している．

では，なぜ事例企業は，低価格戦略や現地化商品の開発ではなく，高品質・高価格の製品を投入する戦略を採用しているのだろうか．それは，需要サイドである中国市場の消費者に起因する要因と，供給サイドである中小企業に起因する要因とに分類できると考える．

まず，需要サイドに起因する要因として，中国市場の消費者に「日本製」に対する信頼やニーズ，憧れが存在する点があげられる．インタビュー調査では，「日本のブランドの信用は世界一なので，ブランド展開するうえでは日本向けの企画で通した方が有利」，「日本のメーカーというだけで品質への信用を得ることができる」という言葉が聞かれた．

こうした需要サイドにおける日本製への信頼を受けて，事例企業は，日本と同じ製品をあえて投入し，「日本製」をアピールするといった日本製に対する信頼を生かすとともに，提供品質をコントロールすることで，信頼を維持している．高付加価値戦略については，「提供する製品・サービスの価値を顧客に納得してもらう努力が鍵」（新宅 2009，62 ページ）とされるが，事例からは，製品の価値を伝えるだけでなく，製品価値を維持する仕組みも重要と考える．

一方，供給サイドである中小企業に起因する要因としては，経営資源の脆弱性があげられる．一般的に中小企業は，経営資源に乏しいとされる．そうした中小企業が低価格製品の投入や現地化商品の開発に取り組むことは，資金的にも人材的にも簡単ではないだろう．そのため，現在，手持ちの製品と同じものをまず海外市場に投入するのが現実的といえる．市場開拓において企業は，品目を多様化することと低コスト化を図ることとの葛藤に直面する（山本 2002，98 ページ）．現地市場開拓に取り組む中小企業は，まず日本と同じ製品を現地にも投入することで，こうした葛藤を防いでいる．

また，大企業と異なり，中小企業の場合は，自社ブランドの構築・浸透に時間がかかるケースが多い．そうした中小企業だからこそ，日本と同じ製品を投入したり，日本製であることをアピールしたりといったような，「日本製」そのもののブランド力をより積極的に生かす戦略を採用しているものと考える．

表 4-2 事例企業の概要

会社名	事業概要	海外拠点	進出年	撤退年
D社	子供服や紳士・婦人服の製造・販売	中国 吉林省樺甸市	2003年	2008年
		中国 吉林省長春市	2004年	2009年
		中国 山東省青島市	2004年	2005年
E社	レディースシャツ・ブラウス等の製造・販売	中国 大連市	2007年	2010年

　ここまでの結論は，中国市場に絞ったものである．しかしながら，中国以外のアジア市場開拓を目指す中小消費財メーカーにも，ある程度参考になるだろう．日本製品は，中国以外のアジア市場でも品質，信頼，技術力といった点で評価が高い（経済産業省 2010, 188-191 ページ）．また，アジア市場は，いずれも発展途上にあり，今後，富裕層の拡大によるさまざまな消費財需要の増加が見込まれている．そのため，中小企業の迅速な意思決定と実行力という強みを「先行」「ニッチ」による差別化につなげるとともに，日本製に対する高い信頼を活用・維持する戦略が重要という本書の結論は，ブランド力に乏しい中小企業にとって参考になるだろう．

5　撤退事例との比較

　ここまでみてきたように，前述3社の事例研究からは，中小消費財メーカーによる現地市場開拓の特徴として，製品については，①ニッチ市場に先行して高付加価値製品を投入，②日本向けと同じ製品（コンセプト）をあえて投入，③日本製であることをアピールといった点が有効であった．また，①現地企業の活用，②百貨店への直営店舗出店，③提供品質維持への取り組み，④供給製品に合わせた生産・調達体制といった点も明らかとなった．
　こうした点について，ここでは，中国市場開拓に取り組んだものの，撤退を余儀なくされた企業2社と比較することで，その妥当性を考えてみたい．それによって，中小消費財メーカーによる中国市場開拓の実態を，より多面的に

分析する．事例企業の概要は，**表 4-2** のとおりである．

(1) ターゲットの設定と投入製品，販売ノウハウに課題 (D 社)

D 社は，子供服や紳士・婦人服を製造，販売している．日本国内では，徹底した品質管理や，企画提案が取引先から評価されている．中国企業への生産委託を活用しており，現在は製品の約 9 割を中国で生産する．

D 社は，2003 年に中国吉林省樺甸市に店舗を開設する．その後も吉林省長春市，山東省青島市と計 3 店舗を出店する．中国に小売店舗を開設したのは，中小企業基盤整備機構が実施している助成事業（中小繊維製造事業者自立事業）に申請し，2,000 万円の補助金交付を受けたことがきっかけである．D 社社長は，毎月現地へ出張する際に，中国にはかわいい子供服が少ないと感じ，現地にはおしゃれな服への潜在ニーズがあると考えていた．そこで中国での店舗開設に踏み切ることにする．

2003 年には，1 号店を吉林省樺甸市に，2004 年には 2 号店を長春市に開設する．出店経費の 3 分の 2 を前述補助金で賄えたことや，生産委託先として良好な関係を築いていた中国企業から情報面でサポートを得られたことが，開店実現に大きく寄与したという．3 号店は，県の衣料縫製品工業組合のメンバーと共同で 2004 年に開設する．同組合で北京の展示会に出品したところ，予想以上の引き合いがあり，現地でもっと販売したいと考えたのが始まりである．県に相談したところ，共同進出であれば補助金の交付を受けられるという．そこで，山東省青島市に，当社を含む 4 社で店舗を新設する．

中国の店舗で販売した商品は，身長 80 〜 160cm の T シャツ，トレーナー，ズボンなどの子供服である．品ぞろえについては，日本本社にある在庫品を現地に供給する戦略をとった．委託生産先の中国企業から日本へ輸入し，日本国内で在庫となったものを再び中国へ輸出したのである．現地ではどんな商品が売れるのかを事前に見極めるのが難しかったため，日本にある在庫を活用することでリスク軽減を図ったという．

1 号店と 2 号店では，日本のおよそ半値に販売価格を設定した．日本での価格が 2,900 〜 3,900 円程度の商品を現地では 1,900 円程度で販売する．日本製というブランド効果もあり，それでも現地の競合品の倍以上の価格で売れた．

3号店がある青島市には，日本人や韓国人が多く在住するため，販売価格を日本よりやや低い程度の水準に設定する．客単価が相対的に高く，3店舗のなかでは一番売上高が多かったとしている．

販売員は，日本に研修に来ていた現地人のうち，信頼のおける者を2号店の店員として採用し，残りの2店舗はアリババ（ネットサイト）で募集した．各店舗10名前後の申込みがあり，社長自ら現地で面接する．採用者にペアとなる販売員を1人ずつ選んできてもらい，約 $50m^2$ の各店舗に2名ずつ販売員を配置した．

出店場所に関しては，現地の店員に候補地を出してもらい，社長が市場性やコストなどを勘案して決定する．いずれも都市中心部で，立地条件は良かったという．

店舗の業績は，販売員の能力に負うところも大きかったようである．ある店舗では在庫管理や商品陳列を工夫する一方で，他の店舗では，残念ながら販売促進のための工夫はあまりみられなかった．創業時から製造業に徹してきたD社は，原価意識が強く，消費者の目線で価格をつけることに不慣れだった．そのため，価格設定を含めた販売方法については現地の販売員に委ねた．プロモーションについても，特には行っていない．「商品の品質は，買ってくれれば分かる」と考えたためである．

こうした取り組みを経て，1，2号店については，さほど利益が見込めないと判断し，約5年間の運営を経て撤退に至る．撤退に至った主な要因として，次の3点が指摘できる．

第一に，日本向けの商品をそのまま現地市場に投入したことが指摘できる．D社では，日本の在庫品を活用したため，日本向けの商品をそのまま供給する形となった．そのため，現地向けに商品を改良することを行わなかった．中国では，身長80〜90cm向けの子供服の場合，トイレがしやすいようにお尻が開いているため，お尻が開いていないものを消費者は買わないという．絶対に嫌がる色もあり，たとえば緑の帽子などである．中国では縁起の悪い言葉の意味になってしまうためである．現地の販売員からは「商品をもう少し現地向けにしてほしい」との要望があったにもかかわらず，そうした対応が十分にはできなかったという．

第二に，日本から商品を輸送していたために，コストがかさみ，利益があまり得られなかったことが指摘できる．前述のとおり，D社では，委託生産先の中国企業から日本へ輸入し，日本国内で在庫となったものを再び中国へ輸出していた．だが，この手法では当然ながら関税や輸送費が高くつく．中国工場から直接店舗へ輸送する場合と比べて，原価はおよそ2倍となる．店舗運営コストは，家賃2万円，人件費2万円（2名）の計4万円／月と非常に安かったものの，販売価格が日本に比べて廉価なため，利益はあまり出なかったという．

　第三に，D社に小売業の経験・ノウハウがなかったことがあげられる．こうした点についてD社は，「小売のノウハウを持つ現地パートナーあるいは現地人材が必要だったと考える．当社のようなメーカーが消費者の視点で値決めするのは難しい」と話している．もちろん，D社は，進出前には現地でどんな子供服がどのくらいの価格で販売されているのか，市場調査を入念に行ったとしている．ただ，中国では，日本と同程度の高価な製品が百貨店で販売されているかと思えば，ローカル店舗では100〜200円ほどの安価な製品も売られているなど，自社のターゲットをどの層に設定すればよいのか，決めるのは容易ではなかったという．

　なお，3号店については，1号店，2号店とは撤退要因が異なる．3号店は，比較的売り上げは好調であった．しかしながら，1年で補助金の交付が終了するため，今後の運営方針を4社で話し合ったところ，事業を継続するか否かで意見が分かれてしまった．反対意見を押し切って事業を継続した場合，後々に何か問題が発生したときの利害調整が面倒になると考え，補助金の終了とあわせてこちらも撤退を決断した．3店舗とも補助金をもらっての出店であったため，切実感がそれほどなかったことも撤退要因としてあげられるだろう．

(2) 投入製品に課題（E社）

　E社は，67年に現社長が創業した，レディースシャツ・ブラウス等を製造する企業である．形態安定加工SSP（スーパーソフトピーチフェイズ）をいち早く実現するなど，独自の技術を有している．2005年には自社ブランドショップを代官山に開設．加工の難しい100％ガーゼ製品を主に販売し，ネッ

ト販売やカタログ販売と合わせ，自社ブランドの強化に注力している．

　E社は，2007年，社長個人の出資により現地法人を設立し，中国大連に小売店舗を出店する．品質の高いE社の製品を，成長著しい中国の富裕層にも販売したいと考え，かねてより交流のあった財団法人にいがた産業創造機構（NICO）のコンサルタントに相談した．そして，同人が大連につてがあったことや，E社自身も大連から研修生を受け入れていたことから，進出地を大連に決める．

　その後，何カ所か下見を重ねるなかで，高級マンション1階のテナントが見つかる．富裕層をターゲットとしたいE社には，うってつけの場所である．テナントにはまだ空きも多かったが，近くには人が集まる公園や水族館もあり，テナントが埋まりさえすれば，相応の集客が見込まれるだろうと判断する．

　店舗運営については，大連からの研修生3名を抜擢し，店を任せることとした．彼らが10万円ずつを出資し，社長が個人で70万円を出資して現地法人を設立した．出店は海外展開の試験的な位置付けであったことから，法人としてではなく，社長個人による少額出資とした．研修生を採用したのも，身内であれば信頼できるだろうとの意図があったという．運営は，一定の予算の範囲内で研修生に任せ，社長は月1回程度現地を訪問する形をとる．

　店舗で販売した商品は，形態安定シャツ・ブラウスやワンピース，ガーゼ製品などである．日本から輸出し，販売価格は，日本とほぼ同じ1〜2.5万円程度の価格帯に設定する．

　E社では，販売促進策の一つとして，会員制度を採用する．会員登録した顧客が新規会員を紹介したり，買い物をするとポイントが貯まり，値引きを受けられるというものである．口コミによる固定客の確保に一定の効果はあったものの，限界もあった．商品の回転率を上げ，新商品を次々と投入していかないと消費者は飽きてしまい，来店頻度は落ちていった．特に予想外だったのは，周辺の開発がなかなか進まなかったため，人の流れが想定ほど増えなかったことである．

　別の大きな課題にも直面する．中国人は赤色など派手な色を好む傾向が強いのに対し，当社製品は，白色や青色などシンプルなものが多い．こうしたギャップを埋めるためには，現地の嗜好に合わせた商品構成にするか，あるい

はあくまでも自社ブランドにこだわり，その訴求力を高めるかしかなかったが，E社ではいずれも十分にできなかった．

その後も，同店舗は，当初想定したほどの商圏とはならなかったため，出店から3年ほど経過した頃，大連市内のショッピングモール内に店舗を移転する．だが，その店舗も，移転から1年も経過しないうちに，オーナーから退去して欲しい旨の通達が届く．E社ではここを潮時と捉え，撤退することにする．出資金は全額放棄することとなったが，結果的に進出してからの損失は総額で2～3百万円程度で済んだ．

こうした経験を踏まえて，E社では，中国で当社製品のようなナチュラル志向が受け入れられるのはまだ先と考えており，その後は，そうした製品が受け入れられる欧米市場に焦点を絞って販売を強化している．

(3) 撤退事例を踏まえた考察

以上，2社の撤退事例を分析したが，現地市場開拓事例3社から得られた結果と比較すると，次の2点が指摘できる．

第一に，日本と同じ製品を投入することについて，すべての消費財で適用できるとは限らない点である．特に，色遣いや生活習慣など，現地消費者の意識変化がなかなか難しい分野については，何らかの改良が必要となる．

D社の事例では，日本向けの商品をそのまま供給している．だが，中国では，身長80～90cm向けの子供服の場合，トイレがしやすいようにお尻が開いているため，お尻が開いていないものを消費者は買わないという消費者ニーズに合致しなかったため，あまり売れなかった．中国では縁起の悪い言葉の意味になってしまうという緑の帽子なども，売れなかったとしている．こうした状況に対して，現地の販売員からは現地向け製品の必要性が指摘されたにもかかわらず，十分には対応できなかった．

E社の場合も同様である．E社製品は，白色や青色などシンプルなものが多い．だが，中国の消費者は，赤色など派手な色を好む傾向が強いという．こうしたギャップを埋めるためには，現地の嗜好に合わせた商品を投入するか，現地消費者の意識を変えるまでに自社ブランドの訴求力を高めるかしかないが，中小消費財メーカーであるE社では，いずれも十分には対応できなかった．

5 撤退事例との比較

　こうした結果を踏まえると，単に，日本と同じ製品を投入すればよいというわけではないことがわかる．撤退事例からは，色遣いや生活習慣など，現地消費者の意識変化がなかなか難しい分野については，現地消費者の意向を踏まえたうえで，何らかの改良がやはり必要と考える．

　実際，現地市場開拓を実現した3社をみると，日本向けと同じ製品投入をベースにしているものの，パッケージを現地向けに改良したり，現地では受け入れられない色遣いやサイズの製品投入を抑え，ニーズの高いサイズの製品を投入する事例もみられる．中国市場開拓では，日本と同じ製品を投入する戦略は有効と考えるものの，色遣いや生活習慣など，現地消費者の意識変化がなかなか難しい分野については，改良を検討する必要があるだろう．

　第二に，販売における現地企業活用の重要性である．撤退事例をみると，いずれも現地企業の活用はみられない．

　D社は，1号店，2号店については，自社単独で，3号店については，日系企業と共同で出店している．だが，D社には，小売業の経験・ノウハウがなく，価格設定を含めた販売方法については現地の販売員に委ねた．プロモーションについても，商品の品質は，買ってくれれば分かると考え，特に行っていない．こうした点についてD社は，「小売のノウハウを持つ現地パートナーあるいは現地人材が必要だったと考える．当社のようなメーカーが消費者の視点で値決めするのは難しい」と話している．

　E社の場合は，海外進出前に国内で自社ブランドショップを開設するなど，一定の小売ノウハウを有していた．中国では，大連からの研修生3名を抜擢し，店を任せることとしたものの，こうした人材は，現地の流通に精通しているわけではなく，販売能力も十分ではない．D社，E社とも，こうした販売能力の不足が，結果的に撤退の一因となっている．

　これらを踏まえると，現地市場開拓においては，やはり現地企業の活用が重要であると考える．ただし，現地企業を活用すればよいというわけではない．中小消費財メーカーの場合，販売能力の不足が課題である．したがって，現地流通に精通し，販売ノウハウを持つなど，中小消費財メーカーに不足する販売能力を補ってくれるような現地企業を活用することが中小消費財メーカーには必要といえよう．

6 小括

本章では，海外直接投資プロセスのなかでも，拡大に焦点を当てて，その変化を分析した．具体的には，中国市場開拓に取り組む中小消費財メーカー3社の事例研究を行った．合わせて，中国市場開拓から撤退した2社の事例研究も行うことで，前述3社の事例研究から得られた結論の妥当性を確認した．

まず，現地市場開拓に至った経緯をみると，海外進出後に事業目的が変化し，現地市場開拓に取り組む事例が多い．ただし，進出当初から現地市場開拓を意識していた先が多い．

製品戦略としては，①ニッチ市場に先行して高付加価値製品を投入，②日本向けと同じ製品（コンセプト）を投入，③日本製であることをアピールといった共通点がみられる．ただし，撤退事例からは，②が消費財すべてで適用できるとは限らず，色遣いや生活習慣など，現地消費者の意識変化がなかなか難しい分野については，何らかの改良が必要となる可能性を指摘した．

中国市場開拓を実現した中小消費財メーカーが採用する製品戦略は，大企業の製品戦略に近い．一方で，今後は拡大する中間層向けに新たな製品投入を計画する企業も存在するなど，大企業とは異なる製品多様化の動きもみられる．こうした事例はまだ少ないものの，現地市場開拓強化に向けた製品変化の動きとして注目される．

販売体制の特徴として，①現地企業の活用，②百貨店への直営店舗出店，③提供品質維持への取り組みの3点がみられた．特に，①現地企業の活用については，撤退事例の分析からも同様の結論が得られた．こうした方向性は，直営店舗中心の大企業とは異なっている．自社に不足する販売能力を補ってくれるような現地企業を活用することが中小消費財メーカーには必要と考える．

生産・調達体制については，供給製品に合わせた生産・調達体制の必要性が確認できた．

以上，本章では，中小消費財メーカーにおける現地市場開拓戦略を分析してきた．本章で示した結果は，中小消費財メーカーに特有なものなのだろうか．部品などの生産財を扱う中小企業においては，本章で示した中小消費財メー

カーの分析結果とは，どのような点で共通し，どのような点で違いがみられるのだろうか．
　次章では，中小自動車部品メーカーの事例研究を通じて，こうした点について分析してみよう．

第5章

中小自動車部品メーカーによる中国市場開拓

1 本章の目的

　前章では，中小消費財メーカーによる現地市場開拓を分析した．しかしながら，現地市場開拓には，財の種類の違いが影響することが想定される．

　そこで，本章では，生産財に焦点を当てて，中小企業がどのように現地市場開拓[40]に取り組んでいるのか，事例研究を通じてその実態を分析したい．ただし，生産財といっても，その中身はさまざまである．組み立てに必要な部品もあれば，工作機械のように生産に必要な機械もある（高嶋・南 2006）．これらをまとめて論じることは適切ではないだろう．また部品のなかでも，大量生産品から少量生産品まで多々あるため，いずれかに絞って分析することが適切と考える．

　以上を踏まえて，本章では，生産財のなかでも自動車部品に絞って分析を行うこととする．特に，直接投資によって中国に進出し，中国自動車メーカーとの取引を実現した日系中小部品メーカーの事例研究を行う[41]．

　中国自動車メーカーと取引する日系中小部品メーカーを採り上げる理由は，次のとおりである．

　第一に，日系中小部品メーカーにとって，中国メーカーを開拓する必要性が今後増加すると考えるためである．海外展開する中小企業の多くは，現地でも日系企業を主力販売先としてきた．だが，近年，そうした状況に変化がみられる．販売先である日系の大手企業は，新興国において，地場サプライヤーからの調達を増やそうとしている．また，中小企業の海外進出数が増加していることもあって，現地では日系同士の競争も激化している．中小企業はこれまでのように，日系企業を主力販売先とするだけでは，現地での競争に巻き込まれる可能性が高まっている．

---

40) 第1章に示したように，本書における現地市場開拓は，「海外直接投資により進出した国において，進出国現地の消費者あるいは進出国現地の企業への販売を行うこと」である．進出国に進出済みの日系企業や欧米系企業など第三国企業への販売に取り組むことは，本書における現地市場開拓の対象外である．

41) 本書では分析対象外としているが，中国に進出した日系中小部品メーカーと，日系自動車メーカー・大手自動車部品メーカーとの取引については，丹下（2009）を参照されたい．

こうした状況を踏まえて，中国を始めとする新興国市場では，現地企業が販売先として存在感を増している．海外展開する日系企業のなかには，そうした現地企業との取引を拡大しようとする企業も見られる．日本の中小企業も，今後は日系大手企業と同様に，現地企業を開拓する必要性がでてくるだろう．
　第二に，中国自動車メーカーを開拓するためには，製品や経営資源などにおいて，なんらかの変更が必要となる可能性があるためである．例えば，現地企業と取引するためには，大幅な製品価格引き下げを要求されるかもしれない．そうした要求に対処するためには，自社の生産体制や調達，開発などのサプライチェーン全体を変革しなければならないだろう．
　実際，日本の自動車業界においては，大手を中心に，新興国でそうした取り組みを行う企業が見られる．だが，中小企業が現地企業を開拓するために，生産や販売，調達などを実際にどのように変化させているのか，あるいは変化させていないのかについては，十分には明らかにされていない．
　本書の目的は，海外進出後の事業活動を明らかにすることであり，そうした目的に照らすと，中国自動車メーカーと取引する日系中小部品メーカーを事例として採り上げることは，一定の示唆が得られると考える．
　以上を踏まえて，本章では，中国において地場自動車メーカーとの取引を実現した日系中小自動車部品メーカーを採り上げて，進出から現地市場開拓を実現するまでにどのような変化がみられるのかについて分析を行う．
　本章の構成は次のとおりである．2では，中国自動車市場の現況と日系自動車部品メーカーの動向について概観する．3では，先行研究をレビューし，その意義と課題を整理するとともに，事例分析の枠組みを提示する．4で事例研究を行い，5で中国自動車メーカー開拓の特徴を分析する．6では本章の結論と課題について述べる[42]．

---

[42] 本章は，日本政策金融公庫総合研究所と株式会社船井総合研究所が行った共同研究の結果に，筆者自身の分析を加えて執筆した丹下（2015a）を大幅に加筆修正したものである．

2 中国自動車市場の現況と日系自動車部品メーカーの動向

(1) 中国自動車市場の現況

　図5-1は，中国の自動車生産台数推移をまとめたものである．中国の自動車生産台数は一貫して増加している．2008年の9,345千台から13年には22,117千台となっており，5年間で約12,772千台も増加している．

　表5-1は10年から13年の中国における乗用車生産台数を自動車メーカーの国籍別にまとめたものである．これをみると，中国メーカーが最も多く，13年には7,022千台，シェア39％を占めている．これに続くのがドイツメーカーで3,442千台（シェア19％），日本メーカーは第三位で3,092千台，シェア17％となっている．中国メーカーは，10年から13年にかけて継続的に40％前後と最大のシェアを占めており，その存在感は大きい[43]．それに対して，

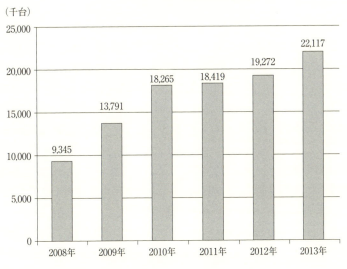

図5-1　中国の自動車生産台数推移

資料：一般社団法人日本自動車工業会「世界自動車統計年報」

---

43) 上山（2011）は，中国自動車メーカーのなかでも，特に中国民族系メーカーの発展が著しい点を指摘している．

表 5-1　中国における自動車メーカーの国籍別にみた乗用車生産台数推移

(単位：台)

年	2010		2011		2012		2013	
	台数	シェア(%)	台数	シェア(%)	台数	シェア(%)	台数	シェア(%)
中　国	6,346,189	41%	6,070,759	39%	6,358,694	41%	7,022,150	39%
日　本	2,694,343	17%	2,838,483	18%	2,602,812	17%	3,092,800	17%
ドイツ	2,006,730	13%	2,385,186	15%	2,879,248	19%	3,442,161	19%
フランス	376,331	2%	405,935	3%	443,463	3%	557,324	3%
米　国	1,430,687	9%	1,609,810	10%	1,879,832	12%	2,330,170	13%
韓　国	1,042,803	7%	1,175,153	8%	1,340,575	9%	1,589,008	9%
その他	0	0%	0	0%	19,034	0%	51,800	0%
合　計	13,897,083	90%	14,485,326	93%	15,523,658	100%	18,085,213	100%

資料：一般社団法人日本自動車工業会「世界自動車統計年報」

日系メーカーの構成比は17％前後にとどまっている．こうした状況を踏まえると，日系自動車部品メーカーは，中国自動車メーカーを販売先として考える必要があるだろう．

(2) 中国における日系自動車部品メーカーの動向

(1)で示した中国市場において，日系自動車部品メーカーはどのように事業を展開しているのだろうか．図5-2は，日系自動車部品メーカーの海外生産法人について，地域別の分布状況をまとめたものである．最大の進出地域は中国であり，527社，全体の27％を占めている．アセアン（519社，27％），その他アジア（219社，11％）と合わせると，アジアの占める割合は65％と高い．

日系自動車部品メーカーは，現地でどのような先に販売しているのだろうか．図5-3は海外生産法人の売り先別売上高比率を地域別に見たものである．まず，全体でみると，一番多いのが現地に進出している日系自動車メーカー向けであり，2013年度は56.8％となっている．次に多いのが，「日本以外向け輸出」で17.8％であり，それに次ぐのが「当該国自動車メーカー向け」である．これは，進出先の現地資本の自動車メーカーに現地で供給していることを意味する．当該国自動車メーカー向けの比率を見ると，2013年度は10.0％となっている．

2 中国自動車市場の現況と日系自動車部品メーカーの動向　　93

図 5-2　地域別にみた海外生産法人数（2013 年度）

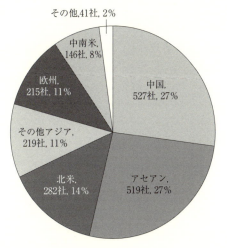

出所：一般社団法人日本自動車部品工業会「2014（平成 26）年度海外事業概要調査」

図 5-3　海外生産法人の地域別売り先別売上高比率（2013 年度）

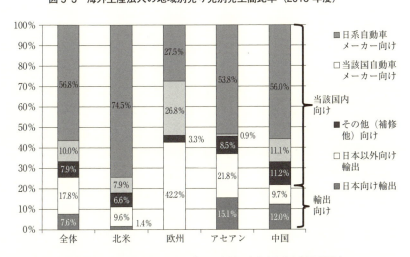

出所：一般社団法人日本自動車部品工業会「2014（平成 26）年度海外事業概要調査」

こうした状況を地域別に見ると，地域によって状況が異なることがわかる．アセアンでは，当該国自動車メーカー向けはわずか0.9%にとどまる．一方，中国では，当該国自動車メーカー向けの売上高比率が11.1%となっている．

図5-3の回答先である一般社団法人日本自動車部品工業会の会員企業は，大手自動車部品メーカーが多い．このグラフからは，中国において，大手自動車部品メーカーを中心に，一定の割合で中国自動車メーカーとの取引を実現していることがわかる．

3 先行研究

(1) 中国自動車メーカーにおける部品調達

ここでは，中国自動車メーカーの部品調達体制について，日系自動車メーカーの中国における部品調達体制と比較しながら，先行研究レビューを行う．

中国自動車メーカーの部品調達体制は，日系とは異なるとされる．朴（2007）は，中国における日系自動車メーカー，中国民営自動車メーカー，および中国国営自動車メーカーについて，部品調達体制をそれぞれ分析している．これをみると，取引システムについては，日系および中国国営がクローズド型であるのに対し，中国民営はオープン型であるとしている．

こうした指摘を踏まえると，日系部品メーカーが中国自動車メーカーと取引しようとした場合，困難に直面することが想定される．まず，中国国営自動車メーカーについては，クローズド型の取引システムが参入障壁となるため，新たに取引することは容易ではないだろう．オープン型である中国民営との取引においては，クローズド型の中国国営に比べれば，取引を始めやすいものの，競合企業が多いため，価格競争に直面する可能性がある．

このような取引システムを有する中国自動車メーカーと取引するには，どのような要素が必要なのだろうか．丸川（2003）は，中国478社の部品メーカーと乗用車メーカー11社の取引を分析し，中国において乗用車メーカーは，近隣地域から調達する傾向が強い点を指摘する．また，部品メーカーに対する外資の出資比率が高いほど，取引関係を作るうえで有利としている．こうした研究結果は，中国自動車メーカーと取引するうえで，外資系である日本の中小自

動車部品メーカーが有利であると解釈することもできる．

　呂（2010）は，中国国営自動車メーカーである第一汽車がアウディやVWの協力を得て，乗用車生産の品質管理制度を導入し，企業内に定着させていった点を指摘する．また，第一汽車では，自社傘下の部品メーカーに対して，先進国から技術や設備を導入させたり，外国メーカーと合弁企業を設立させたりして，積極的に技術能力と管理能力を高めようとしている（呂 2010，207 ページ）．こうした中国自動車メーカーの技術・品質向上ニーズに応えることも，日系自動車部品メーカーにとっては有効な戦略となりうる．

　実際，日系大手企業のなかには，中国自動車メーカーの開発設計能力不足と，技術・品質向上ニーズに対応することで，取引を実現している企業がみられる．国際経済交流財団（2009）によると，三菱自動車の中国エンジン工場[44]は，中国民営自動車メーカーに対し，自社のエンジンを供給するだけでなく，推奨するトランスミッションやシステムなどを組み合わせ，パッケージとして供給しているという．中国自動車メーカーにとって，こうした取引は，自社に不足する開発設計能力を補うとともに，日系メーカー製のエンジン搭載をアピールすることで，消費者からの信頼性獲得にもつながる．日系企業からのエンジン調達は，奇瑞汽車などの民族系と呼ばれる民営自動車メーカーで特に顕著となっている．

　部品メーカー自身の調達コストを低減することも，中国自動車メーカー開拓の重要な要素となる．清（2013）は，日系大手自動車部品メーカーの中国現地法人が取り組む「深層現調化」活動について調査分析している．これは，サプライヤーからの調達コストを引き下げることで，自社部品の価格競争力を強化しようとする取り組みである．

　そのために，中国現地法人は，二つのアプローチを想定しているという．一つが，現地日系サプライヤーのコスト構造を引き下げることである．型費や材料費，管理費，検査費を引き下げ，調達価格を目標値に抑え込むことを目指している．もう一つのアプローチが，地場サプライヤーに対してサポートを行い，品質・技術を確保することで，何とか使える部品にする方法である．

---

[44] 瀋陽航天三菱汽車発動機製造有限公司，出資比率25％．

清（2013）の研究からは，日系大手自動車部品メーカーが新興国において，コストを抑えながらも最低限の品質を実現するために，現地日系サプライヤーの生産コストを抑える，または地場サプライヤーをサポートしながら一定の品質を確保するといった取り組みをすでに行っていることがわかる．

(2) 中小部品メーカーによる現地市場開拓

ここまで見てきたように，中国市場開拓に関しては，大手企業を中心にその研究が進みつつある．では，中小企業に関しては，どのような状況なのだろうか．ここからは，中小企業に焦点を当てた先行研究をレビューしてみよう．

中小企業の現地市場開拓に関する研究をみると，現地企業開拓の重要性を指摘する研究がみられる．舛山（2012）は，中国に進出した中堅・中小企業の事例研究から，現地では日系向けからの顧客多角化が大きな課題となっている点を指摘する．中国国内販売で成功している中小企業の多くは，日系企業向けだけでなく，現地企業向けの販売も伸ばしており，現地企業を開拓していくことが，今後の売り上げ拡大にとって重要な課題になるとしている．

駒形（2014）は，中国経済の構造変化や市場の質的向上への対応が日系中小製造業に現地市場開拓のチャンスをもたらしていることを事例研究によって明らかにしている．日本の中小製造業は中国進出によって生まれる市場機会を重視する必要があると主張する．

湯（2009）は，中国自動車産業の状況を踏まえたうえで，「今後，日系のティア2，ティア3メーカーは，収益を確保するために，地場の完成車メーカー・ティア1メーカー向けの直接販売を徐々に増加させていく事が予想される」としており，日系中小自動車部品メーカーにとって，中国自動車メーカー開拓が重要であると指摘している．

このように，最近は，部品関連においても，中国市場の持つ機会に着目し，現地市場開拓に焦点を当てた研究が徐々に増えている．

ただし，研究蓄積は十分とはいえない．海外においては，日系サポート企業の進出増加にともない，日系サポート企業間の競争的様相を強めている（加藤2011，232ページ）．そうした点を踏まえると，中国に展開する中小製造業は，湯（2009）や舛山（2012）らが指摘するように，これまでの主力販売先であっ

た日系企業だけでなく，地場ローカル企業への販売に取り組む必要があるだろう．

だが，実際にそうした先に対して，日本の中小製造業がどのように取り組んでいるかといった点は明らかにはされていない．日系以外の現地企業開拓に着目した研究が求められる．

(3) 研究の視点と研究方法

以上，中国自動車市場の状況と，先行研究のレビューを行った．要点は次のとおりである．

中国の自動車生産台数は増加しているが，そのなかで，日系自動車メーカーのシェアは2割にも満たない．現地での部品メーカー間の競合が強まるなかで，日本の中小自動車部品メーカーもシェアの高い中国自動車メーカー開拓に目を向ける必要が今後高まるものと推測される．

一方で，中国自動車メーカーを開拓するために，中小企業がどのように対応しているのかについて，先行研究では十分には明らかにされていない．こうした点を明らかにするためには，これまで分析の中心であった現地日系メーカーとの取引ではなく，中国自動車メーカーとの取引に焦点を当てて分析する必要がある．

そこで，本書では，海外直接投資によって，中国自動車メーカーとの直接取引を実現した日系中小自動車部品メーカー3社の事例研究を行う．事例企業の概要は，**表5-2**のとおりである[45]．

研究対象として，中国自動車メーカーとの直接取引を実現した日系中小自動車部品メーカーを選択した理由は，以下の2点である．第一に，新興国市場のなかでは，中国に進出している日系中小企業が多いためである．第二に，中小企業のなかでも自動車部品メーカーの海外進出が進んでいるためである．

分析の枠組みとしては，前章と同様に，以下の点に着目する．第一に，新宅（2009）を援用し，現地市場に投入した製品に着目する．第二に，久保田

---

[45] インタビュー調査の概要は次のとおり．
　F社：2007年10月および2013年9月にF社本社において代表取締役社長に対して実施．
　G社：2013年8月にG社本社において常務取締役に対して実施．
　H社：2013年8月にH社本社，2015年3月にH社中国拠点において代表取締役社長に対して実施．

表 5-2　事例企業の概要

会社名	事業概要	海外拠点	販売先
F 社	ばね及び関連製品の製造販売 コイルばね・線ばね・うす板ばね・線加工品	中国 江蘇省無錫市	第一汽車 （中国国営）
G 社	ボールジョイント・ステアリングギア ASSY・ブレーキディスクドラム・エンジン部品の製造販売, 冷間塑性加工	中国 福州市	T自動車
H 社	金型製造・設計, 射出成形, 成形品組立, モデリング及び設計	中国 江蘇省常熟市	第一汽車 （中国国営）

(2007), 新宅・天野 (2009), 天野 (2010) らの議論を踏まえて, 販売体制と生産・調達体制に焦点を当てる.

4　事例研究

(1) F 社

　F 社（資本金3,000万円, 従業員53名）は, 1966年に創業したばねメーカーである.

　ばね業界は, 一般的に自動車などの輸送機器が主な顧客であり, F 社も創業以来, そうした業界向けにばねを供給し, 順調に業況を拡大してきた. 1987年頃からは, これまでの量産品だけでなく, 少量多品種製品にも取り組もうと考え, 日本国内でB to B向けのばねの通販を始める. カタログやインターネットを利用して, 5,000品目のばねを1個からバラ売りで即日全国に発送するものであり, 現在では全国1万8千社の顧客に利用されている.

　F 社による海外進出のきっかけは, 1992年に中国の公的機関であるP研究所から「一緒にばねを製造しないか」という誘いがあったことである. 1970年代に天津の機械工業局からF 社が招聘を受けて, 天津のばね工場に技術指導を行ったことが記録に残っており, それがきっかけでF 社へ話がきたという.

　P 研究所は, 当時中国に120ヶ所ほどあった国営ディーゼルエンジン工場の製品を検査したり, トラックやバスなどのディーゼルエンジンの試作・開発をしており, 型式認定を与える大きな権限を持つ企業であった. 日本国内ではエンジン用のばねは, 大手メーカーが手掛ける分野であり, 中小企業であるF

社が取り組むのは難しい．一方で，F社は，「中国は，これから本格的に自動車産業が発展する時期だったので，日本ではできなくても，まだ市場が小さい中国で取り組むならば価値があるだろう」と考えた．そこで，1993年にP研究所と合弁会社を設立し，エンジン用ばねの現地生産を開始する．

合弁先であるP研究所は，当社と合弁会社を設立する2年前から，研究所内にばね工場を持って生産を開始していたが，うまくいかなかった．合弁会社を設立した当初は，その工場を借りて製造を始める．F社は，ばねの製造方法を最初から教えるとともに，合弁会社から管理者2人に1年間，日本で研修を受けてもらうことで，F社の技術や管理，ものづくりの考え方を学んでもらう．

その後，中国の政策によって，P研究所が中国自動車メーカーである第一汽車のグループ研究所になる．それに伴い，合弁先がP研究所から，第一汽車へと変わった．その後，第一汽車の研究所が発展するなかで，F社中国拠点の受注製品にも変化が生じていく．第一汽車の研究所は当初，トラック・バス用ディーゼルエンジンの研究開発が主だったが，その後，ガソリンエンジンの研究開発も行うようになる．海外から高精度な設備なども導入し，拡大していく．それに伴い，F社中国拠点の主力製品は，当初のトラック・バス向けエンジン用のばねから，乗用車向けエンジン用ばねへと変化していく．

近年では，第一汽車の研究所は，高度な電子制御エンジン向け燃料噴射装置の開発・生産を始めている．F社中国拠点は，それに使う精度の高いばねも供給する．現在，F社中国拠点では，エンジンのバルブスプリングと電子制御エンジン向けの燃料噴射装置用ノズルのばねを主体に生産を行う．

中国自動車メーカーは，近年，高品質の部品を求める傾向にあり，F社もそうした動きに対応している．進出当初は，日本製設備を導入したものの，その後は台湾製や中国大陸製の機械を導入していた．だが，最近はドイツ製やイタリア製の高級ばね設備を導入し，生産能力を拡大するとともに，製品精度の向上をはかっている．ISOについても，自動車産業向けの品質マネジメントシステムや環境マネジメントシステムなどの認証を取得している．こうした取り組みもあって，現地拠点で生産される製品の品質は，大変よくなっているという．

ばねの設計・開発では，顧客が図面を作成し，図面のとおりにつくるというのがばね業界の基本スタイルである．F社中国拠点では，日常業務における図

面の検証は，現地で専門部隊が対応しており，日本では関与していない．日本本社では，時々技術的な問合せなどに対応している程度である．

　ばねの材料は，日本と韓国から購入している．以前は日本製材料が主体であったが，最近は価格の安い韓国製の材料が多くなっている．高品質のばね作りには，よい材料の使用が重要であるが，日本本社でも一部，韓国製材料を使っており，韓国製が必ずしも悪いわけではないという．

　中国拠点の管理について，F 社社長は，定期的に現地を訪問したり，毎月試算表で確認したり，董事会に出席し役員や管理者と意見交換をする程度で，ほとんどの日常業務は中国人の総経理に任せている．現地企業と取引をするうえでは，特に営業は中国人でなければ難しいとの考えから，海外拠点の経営方法は日本の考え方ややり方を押し付けるのではなく，基本的に現地に任せ，日本本社の考え方も理解してもらうということでやっている．

　一方で，F 社中国拠点には課題も存在する．機械設備は高度化されてきたが，その使い方や保守管理などでは，まだ課題が残るという．また，時々不良が発生するが，そうした場合，日本では原因を突き詰めて，二度と発生しないように改善を積み重ね，100% 良品を確保しようとする．だが，F 社中国拠点ではある程度不良は発生するものという考え方をまだしているなど，管理のしくみには課題がある．

　現在，F 社中国拠点の売上高は 5,000 万元であり，従業員数は約 90 名にまで成長している．顧客は中国資本の自動車メーカーがほとんどである．第一汽車関連の仕事が 2 割で，残りは長城汽車や，奇瑞汽車などの現地自動車メーカーやエンジン工場である．

　設立当初の 2 年間は赤字だったが，3 年目から黒字になり，以来ずっと黒字で現在まで継続している．5 年目位から順調になり，工場が手狭になったため，10 年後に現在の開発区工業団地に移して，工場を拡大して現在に至っている．

　進出当初，F 社の出資比率は 30% であったが，合弁会社の工場を移転するときに増資を行い，出資比率を 40% に高め，現在もそのままである．

　F 社中国拠点では，長期的なビジョンを作って，それを目指した継続的な取り組みを進めている．現在 90 名の従業員を，数年後には 200〜250 名くらいにして，売上高を 4 倍にする具体的な計画がある．生産能力向上のため，生

産のライン化などの大きな投資を近年は重点的に行っている．

現在の中国では，市場は拡大しているが，同業者との競争は日本以上に激しく，顧客の求める品質やコストに対する要求も高くなっている．日本同様，中国でも効率化，コストダウンを毎年顧客から求められている．

(2) G 社

G 社（資本金 8,000 万円，従業員 469 名）は 1944 年創業の自動車部品メーカーである．ボールジョイント[46]やエンジン部品，ステアリング部品などを製造販売する．

G 社は，鋳造品の生産を目的として，台湾企業である Q 機械との合弁によって，01 年に中国福州市に進出する．きっかけは，80 年代から付き合いのあった台湾企業 Q 機械から，合弁による進出要請があったことによる．G 社は，中国進出にはそれほど積極的ではなかったが，これからは日本国内よりも中国からの鋳物調達が重要になると考えていたことや，将来的に中国から鋳物を調達する際に，当該合弁会社が安定調達先になると考え，合弁に参画した．合弁会社の出資比率は，Q 機械 89％，G 社 11％ であり，Q 機械が主体となって運営している．

その後，G 社は，日本国内の主力販売先である日系自動車部品メーカー R 社から，「中国でボールジョイントを供給してほしい」との要請を受ける．だが，前述合弁会社が生産するのは鋳物であり，日系 R 社から話があったボールジョイントは生産していなかった．

ボールジョイントの生産を行うのであれば，新会社を設立した方がよいと判断し，新たに現地法人 S 社を 2006 年に中国福州市に設立する．出資比率は，G 社が 75％，Q 機械が 25％ と，G 社が主体となって運営している．設立時には，Q 機械から人材を 2～3 人派遣してもらうなど，さまざまなサポートを受けた．

現地法人 S 社は，2007 年頃に中国自動車メーカーである T 自動車への部品供給を開始する．これは，Q 機械の販売チャネルを活用したものであった．Q

---

46) サスペンションやステアリングのリンク間の結合に使用する部品．

機械の系列会社がサスペンションのアームをT自動車に納入するなど，Q機械とT自動車との間にはつながりがあった．そうした関係もあって，T自動車からQ機械に対して，「他社から購入しているボールジョイントの価格が高い」という相談が来る．そこで，Q機械は，G社に対して，T自動車へのボールジョイント供給を打診したものである．

ボールジョイントの用途は，T自動車の生産するワンボックスカー（日系自動車メーカーのコピー車）向けである．G社の中国現地法人S社は，日系向けには価格競争力があるが，現地ローカル向けには決して価格競争力があるわけではなかった．しかし，ボールジョイントは機能面でいろいろとノウハウが必要なことや，当時は早い段階だったこともあって，G社はT自動車との取引を実現する．

G社によると，T自動車は，日系メーカーに比べて要求品質は高くなく，T自動車の品質基準を充たすことは，それほど難しくないという．例えば，鋼材一つとっても，日系メーカーは現地製の鋼材使用を躊躇しているが，T自動車は現地の鋼材を使用する．日系の鋼材と現地ローカルの鋼材では価格が20～30%違うため，ローカルの材料を使えるか使えないかは，価格競争力に大きく影響する．

開発設計について，G社は日本で行っている．製品によって，G社が図面を書いて，顧客から承認を受ける場合もあれば，顧客から図面を渡される場合もある．ボールジョイントの場合は，G社が図面を書いて，試験を行い，顧客から承認を受けることが多い．ただし，T自動車向けボールジョイントの場合は，他社が納品していた部品からの置き換えなので，T自動車が当時使っていた他社部品をもらって，それを図面に落として，T自動車に提案している．

現地法人S社では，当初，日系R社向けボールジョイントの生産のみを行っていたが，その後，電動パワーステアリング部品の需要が増え，現在では電動パワーステアリング部品が生産の半分程度を占めている．現地法人S社の販売先は，日系向けが大半であり，今ではT自動車向け売上高は全体の3%程度である．

今後は，中国メーカーを直接ターゲットとするよりも，日系メーカーや欧米系メーカーとの取引を増やしてく方針である．T自動車のワンボックスカー

は，モデル末期の製品であり，G 社は新モデル向けの部品を積極的に受注しに行っている状況ではない．

(3) H 社

H 社（資本金 1,000 万円，従業員 45 名）は 1986 年設立の金型設計・製造および射出成型業者である．

創業当初は，固定費を少なくしようと，外注を活用して事業を手掛けてきた．ところが，当時，日本国内の金型業界は忙しく，H 社のような新参の会社を大手の金型メーカーは相手にしてくれなかった．そこで，韓国に目をつけ，1989 年から韓国の金型メーカーへの外注を開始する．1997 年には韓国に現地法人を設立し，自ら韓国での金型製作を開始する．

その後，もっとコスト要求に対応していかなければと考え，04 年に中国深セン，06 年に中国上海に工場を設置する．本格的に中国で金型を作り，日本への輸出を開始した．09 年には，中国の江蘇省常熟市に新工場を設立し，上海工場を統合する．常熟工場では，金型製作と部品成形の両方を行い，日本向け輸出と，現地日系メーカーへの供給を始める．合わせて，同敷地内に中国自動車メーカー向け部品を製造する現地法人を設立する．

現在，H 社の常熟拠点ではインテークマニホールドという吸気系の部品とシリンダーヘッドカバーというエンジン部品を計 2 ラインで量産し，第一汽車に対して納入している．第一汽車は，中国で最初にできた自動車メーカーで，VW，GM，トヨタなどと合弁企業を設立しているが，H 社はそれらの合弁企業ではなく，第一汽車本体と取引する．H 社の部品は，第一汽車の最高級車である紅旗にも採用されている．

07 年から第一汽車に営業をかけ，リーマンショックの影響で 3 年ほど量産開始が遅れたが，12 年から量産が少しずつ始まっている．現在[47]，第一汽車の製造する 1.0〜3.0 リットルエンジンの約 8 割のインテークマニホールドとシリンダーヘッドカバーを当社が受注し，生産する．

H 社が第一汽車との取引を開始するきっかけは，韓国企業の買収である．H

---

[47] 取材時点は 2013 年．

社は，韓国で金型を製造していた関係で，インテークマニホールドを開発する韓国企業と付き合いがあった．偶然，その企業からの依頼で，2005年に第一汽車向けの金型の製作依頼がH社にあり，H社の韓国現地法人でその金型を作った．インテークマニホールドを開発する韓国企業は，製品開発に特化した企業であった．一方，当時のH社は，日本国内では二次メーカーであり，開発から量産まで一気通貫で手掛けることで，自動車メーカーと直接取引する一次部品メーカーになりたいと考えていた．お互いの気持ちがあい，韓国企業側からの買収依頼もあって，H社韓国現地法人がインテークマニホールドを開発する韓国企業を買収する．

インテークマニホールドは，日本国内では大手部品メーカーが手掛けているため，H社が参入するのは難しい．だが，中国自動車メーカー向けであれば，一次部品メーカーとして参入できるとH社は考えた．その後，買収した韓国企業と第一汽車とのつながりを活用することで，第一汽車との取引を実現している．

こうした取引実現には，第一汽車による製品開発の変化も影響している．第一汽車はそれまでコピー車が多かったが，エンジン工場を新しく作り，10年〜14年にかけて，自社開発エンジンに切り替えている．そうしたタイミングにうまくH社が入りこんだといえる．

また，H社の製品は，大手部品メーカーと同等の品質でありながらも，価格面で競合に勝る点も第一汽車から評価された．インテークマニホールドに関しては，ロシュリン（ドイツ系），マレー（旧シーメンス），アメリカ系企業とH社の4社で常に競争している．競合はすべて大手企業である．こうした競合企業と比べて，H社の製品は，同等の品質を確保しつつ，価格は大手競合とローカル企業の真ん中に設定している．

このように，品質は大手と同等ながらも価格面で大手競合に勝る理由として，第一に，H社では，開発から金型製作，生産ラインの製作，量産まで，自社グループですべて手掛けうる点が指摘できる．開発は，韓国現地法人が行う．中国自動車メーカーから，エンジンの空間だけを与えられて，材料選定も形状の設計もすべて韓国現地法人が行う．中小企業ならではの小回りを利かせることで，大手部品メーカーでは6ヶ月かかる開発が，H社の場合は3ヶ月

でできるという．

　また，H 社では，金型製作や生産ラインの製作，量産も自社グループ企業でできる．それに対して大手競合は，開発を自社で行うものの，金型製作は金型メーカーに，成形は成形メーカーに外注するなど工程が分割されている．一方，H 社では，自社で後工程も考えて金型を作るため，大手競合がすり合わせに 8 〜 10 回かかるところが，4 回でできるという．

　こうした調整は，韓国の開発・成形のメンバーと中国の生産メンバーとの間で主に行われる．韓国現地法人と中国現地法人は垣根なく，開発からラインの立ち上げから量産までお互いに人的に移動をしながら立ち上げている．その一方で日本本社は関与していない．こうした積み重ねで，H 社は開発期間が短く，価格面で大手競合に勝るという差別化ができている．

　第二に，大手競合と比べて，間接経費が少なくて済む点が指摘できる．品質は大手企業と同じだが，大手はマージンが大きいうえ，さまざまな間接経費がかかる．H 社の場合は大手のような経費はかからない．こうした点も価格面で大手競合に勝るという差別化につながっている．

　H 社では，中国だから安い設備を使うのではなく，逆に最新鋭の設備を導入している．従業員は機械を動かすだけで，溶着も組み付けもすべて機械で行う．検査も自動化し，ラインで検査 OK とならなければ，すべて NG となる仕組みにしている．人間の判断ではなく，機械が判断するライン作りをしている．他社との差別化と将来の人件費の高騰を読んでの投資である．金型製作に用いる放電加工機や五軸加工機などの機械も日本製あるいはドイツ製である．

　その一方で，樹脂の接着に使用する振動溶着機は韓国製を使ってコストダウンをしている．振動溶着機はブロンソンというドイツ製を使うことが多いが，H 社の振動溶着機は韓国製なので，2 割くらい安い．治具も半値くらいで調達している．

　こうした取り組みもあって，H 社製品は，ローカル企業より価格が高いにもかかわらず，高く評価されている．ET3 というシリンダーヘッドカバーについては当初，第一汽車は中国ローカル企業と当社の 2 社に発注し，その比率は 50%：50% であった．だが，現在では当社が 60% となるなど，第一汽車からは非常に信頼を得ている．ローカル企業よりも H 社の部品価格は 10% も高

いが，それでもH社の製品が選ばれているという．こうした背景には，あえてローカル企業とは違う設備を使っていることが寄与している．

今後も，H社の中国自動車メーカー向け売上高は，増加する見込みである．第一汽車からの受注については，受注品目の増加が見込まれるなど，10年先までの話が来ている．現在，約1千万元の売上高が2019年ごろには2億元まで増加する見込みである．

一方で，受注拡大に伴い，設備投資が必要となる．一つの製造ラインが立ち上がると，約5億の投資が必要であり，建物建設も必要となる．こうした受注増加に伴う投資負担が課題となっている．

5 現地市場開拓にみられる特徴

ここからは，前節で提示した3社の事例について，(1) 現地市場開拓に至る経緯，(2) 製品，(3) 販売体制，(4) 生産・調達体制の視点から，それぞれ解釈する．

(1) 現地市場開拓に至る経緯

進出後，現地市場開拓に取り組む経緯をみると，自ら積極的に対応した企業と，合弁先からの依頼に対応した企業とに分かれる．

自ら積極的に対応した企業として，F社とH社があげられる．H社は，04年に中国深セン市に，06年には中国上海市に現地法人を設立する．これは，現地で金型を製作し，日本に輸出することを目的としたものである．金型製作にかかるコストの低減を図ることで，日本国内での競争力を確保しようとするものであり，生産が主な進出目的であった．

その後，H社は，中国での事業目的を生産から現地市場開拓へと変化させている．きっかけは，韓国企業の買収である．H社は，韓国でも金型を製造していた関係で，自動車部品であるインテークマニホールドを開発し，第一汽車と取引のあった韓国企業を買収する．

07年以降，H社は，買収した韓国企業を活用して第一汽車に対して営業を行う．09年には中国江蘇省常熟市に現地法人を独資で設立する．これは，第

一汽車向けにインテークマニホールドを生産するための工場である．これによってH社は，現地市場開拓を実現する．こうした過程では，第一汽車と取引のあった韓国現地法人が重要な役割を果たしている．

このようにH社の場合は，中国において，当初進出目的であった日本への輸出から，現地市場開拓へと目的が変化している．こうした過程では，H社が積極的に現地市場開拓に取り組んでいる．

一方，合弁先からの依頼に対応した事例としては，G社があげられる．G社の場合，長年付き合いのあったQ機械（台湾企業）から，「鋳造の加工工場を建設するので協力してほしい」との依頼があり，2001年に同社との合弁により現地法人を中国に設立する．G社は，「中国進出には積極的ではなかったが，これからは日本国内よりも中国からの鋳物調達が重要になるだろう」と考え，中国進出を決めたという．これは，主に中国から日本への輸出を目的とした進出といえる．

その後，05年頃にG社の主力取引先である日系R社から「ボールジョイントをG社の中国現地法人から現地調達したい」という打診があった．そのため，06年にG社75％，Q機械25％出資により，ボールジョイントを生産する現地法人S社を中国に新たに設立する．

現地法人S社は，07年頃に中国自動車メーカーであるT自動車への部品供給を開始する．これは，T自動車からQ機械経由で，ボールジョイント供給の打診があったものである．このように，G社の場合，当初の進出目的は日本への輸出であったが，その後，合弁先からの依頼に対して，現地市場開拓へと取り組んでいる．

なお，事例企業の特徴として，進出当初から現地市場開拓を意識していた企業が少ない点が指摘できる．進出当初から中国自動車メーカー開拓を明確に意識していた企業はF社のみと，3社中1社にとどまった．残りの2社は，生産コストの低減や，日本への輸出などが主な目的であった．こうした点は，進出当初から，将来的な現地市場開拓を意識していた先が多い中小消費財メーカーとは異なる傾向といえる．

(2) 製品
①先進国向けと同等品質を確保
　現地市場に投入した製品をみると，先進国向けと同等の品質を確保している企業が多い．こうした事例としては，F社とH社が該当する．
　F社は，電子制御エンジンの燃料噴射装置用のばねを供給している．これは，販売先である第一汽車が，自社製品力を向上させるため，新たに電子制御エンジンの燃料噴射装置の自主開発・生産を始めたのに対応したものである．
　こうした部品では，高い精度が求められるため，F社では，ドイツ製やイタリア製の高級ばね設備を導入することで，製品精度アップをはかっているという．この取り組みもあって，F社はエンジン燃料噴射装置向けばねのように，高い精度と耐久性を実現したばねを生産し，第一汽車に供給している．
　H社は，インテークマニホールドとシリンダーヘッドカバーを第一汽車に供給している．製品品質や機能は欧米系大手部品メーカーの製品と同等を確保しつつ，価格は欧米系大手メーカーと地場メーカーの真ん中に位置する水準に抑えている．こうした点が評価されて，H社は第一汽車との取引を実現している．
　このように，事例企業においては，先進国向けと同等品質の製品を投入している企業が多い．
　一方で，設計や仕様を実際に変更し，先進国向けよりも品質を下げた製品を投入した先もみられる．
　G社は，中国自動車メーカーであるT自動車にボールジョイントを供給している．同部品は，先進国向けと比べて，機能的に変えたところは特にない．ただ，部品の耐久性など，中国自動車メーカーが要求する品質水準は日系メーカーと比べて高くないことから，G社では，耐久性には劣るものの，価格の安い現地鋼材を使用したボールジョイントを供給している．
　こうした動きは，中国自動車メーカーが求める部品の低価格化に対応したものといえるだろう．このような事例はまだ少ないものの，現地市場開拓における投入製品多様化の動きとして注目される．
　ただし，G社は，こうした製品に対して，それほど積極的には取り組んでいない．今ではT自動車向けの売上高は，全体の3%程度にとどまっている．G社供給部品が採用されている自動車は，モデル末期の製品であるため，生産台

数は減少傾向にある．新しいモデルの開発が進められているが，新モデル向け部品の受注にG社は積極的ではない．G社は今後，中国自動車メーカーを直接ターゲットにするよりも，中国自動車メーカーに製品を供給している欧米系部品メーカーや日系部品メーカーをターゲットにしていく方針である．

こうした点を踏まえると，中小自動車部品メーカーによる中国自動車メーカー開拓においては，先進国向けと同等品質の製品投入が主流であり，品質引き下げへの動きは限定的と考える．

②重要保安部品がターゲット

投入製品には共通点もみられる．事例企業が供給する製品に共通するのは，重要保安部品[48]である点である．重要保安部品は，自動車の走る・曲がるといった重要な機能を支える部品であり，高い品質や耐久性能が求められる．

F社の製品は，乗用車向けのエンジン用ばねである．最近では，販売先である中国自動車メーカーの研究所が電子制御エンジンの燃料噴射装置の開発・生産を始めたのに合わせて，燃料噴射装置用のばねを供給している．G社の製品は，サスペンションやステアリングのリンク間の結合に使用するボールジョイントである．H社もインテークマニホールドという吸気系の部品と，エンジンの骨格となるシリンダーヘッドを覆うシリンダーヘッドカバーを中国で生産している．

こうした部品は，その不具合が重大な事故につながるため，高い信頼性が求められる．そのため，日系メーカーの強みである品質管理能力や技術力を生かすことができる．H社が指摘するように，現地企業がこうした部品を高い品質で量産することは簡単ではない．部品を調達する中国自動車メーカーも，こう

---

[48] 重要保安部品とは，「その部品の不具合によって保安基準に適合しなくなるものを保安部品と呼び，なかでもクルマの基本性能である，走る，曲がる，止まるに支障をきたす装置および火災など，重大な事故に至る装置を構成する部品を重要保安部品という．法令などで定められたものではなく，クルマの品質管理上で呼ばれている．保安上重要な装置には，動力伝達装置，かじ取り装置，制動装置，緩衝装置，燃料装置などがあり，これらの装置を構成する部品のすべてまたは一部が重要保安部品に該当する．例えば，クルマを止める機能をもつ制動装置では，それを構成するブレーキペダル，マスターシリンダー，パイプとホース，ホイールシリンダー，パッドとライニング，ディスクとドラムなどすべてが該当する」（『大車輪』三栄書房，http：//www.weblio.jp，閲覧日2015年4月16日）．本書でもこの定義に従うものとする．

した部品では価格とともに,品質面をも重視している.そのため,現地企業との価格競争に巻き込まれにくい.

事例企業は,これまで培ってきた強みを生かすべく,重要保安部品をターゲットとすることで,技術力に劣る現地企業との競合を防いでいる.

以上を踏まえると,中国自動車メーカーとの取引を目指す中小企業は,重要保安部品をターゲットとし,先進国向けと同等品質を確保した部品を投入することが有効と考える.

(3) 販売体制

中国自動車メーカーと取引するうえでは,海外企業の活用が重要な役割を果たしている.

ここでいう海外企業とは,現地企業だけでなく,第三国の企業を含んでいる.また,「活用」とは,合弁や連携だけでなく,買収をも含む概念として用いている.事例企業は,合弁先の現地企業や第三国企業といった海外企業を活用することで,中国自動車メーカーとの直接取引を実現している.

合弁先の現地企業を活用した事例としては,F社が該当する.F社の場合,合弁先の現地企業は,当時中国に120ヶ所ほどあった国営ディーゼルエンジン工場の製品を検査したり,トラックやバスなどのディーゼルエンジンの試作・開発をしたりしており,型式認定を与える大きな権限を持つ企業であった.そのため,第一汽車を始め,多くの中国自動車メーカーと取引があった.そうしたつながりによって,F社は中国自動車メーカーへのエンジン用ばねの供給を実現している.

合弁先の第三国企業を活用した事例としては,G社が該当する.G社は,1980年代から付き合いがあるQ機械(台湾企業)と合弁で,2000年,2006年と中国にそれぞれ進出した.中国自動車メーカーであるT自動車との取引を実現するうえでは,Q機械が間に入ってボールジョイントの供給をG社に打診し,そのことがT自動車への部品供給開始へとつながっている.

買収先の第三国企業を活用した事例としてH社があげられる.H社は,自動車部品であるインテークマニホールドを開発する韓国企業を買収することで,二つの利点を得ている.

第一に，部品を開発設計する能力を獲得したことである．H 社はそれまで，金型製作や貸与図による部品生産が中心であったため，自社では部品の開発設計能力を十分には有していなかった．だが，韓国に進出した際の縁があって，韓国企業を買収した．その韓国企業のもつ部品開発設計能力を H 社は中国拠点でも活用している．

　第二に，第一汽車とのつながりを獲得したことである．買収した韓国企業は，もともと，第一汽車向けのインテークマニホールドを開発設計する企業であった．そうした韓国企業を買収することで，H 社は第一汽車とのつながりを自社に取り込むことに成功した．以上の利点を生かして，H 社は第一汽車との直接取引に成功している．

　このように，中国自動車メーカー開拓において，海外企業活用が大きな役割を果たしている要因として，日系中小だけでは，中国自動車メーカー開拓への対応が難しい点が指摘できる．

　日系メーカーとの取引であれば，中国でも日本国内と同様の調達システムが構築されている（朴 2008）．製品設計や営業面など，日本国内の拠点同士で行うことも多いだろう．そのため，日系メーカーとの取引であれば，日系中小単独でも対応が可能なケースも多いと考える．

　一方で，中国自動車メーカーとの取引，特に本章で分析した第一汽車のような国営企業については，日系企業と同様にクローズドな調達体制を採用している点が指摘される（朴 2007）．こうしたケースでは，新たに取引に参入するのは容易ではない．そのため，中国自動車メーカーと既に取引がある海外企業を活用し，その販売先や調達先，人材を活用することが有効となるだろう．

　では，事例企業は，どのように海外企業活用を実現することができたのだろうか．

　第一に，海外企業と長年にわたって信頼関係を構築してきたことが指摘できる．G 社と，合弁先の台湾企業 Q 機械との付き合いは 1980 年代にさかのぼるほど，長い歴史をもっている．「Q 機械からは，『G 社は，昔は先生で今は親友』という話をいただいたこともある」と述べるように，長い付き合いのなかで，両社には信頼関係が構築されている．そうした信頼関係もあって，G 社は，Q 機械からの紹介によって，中国自動車メーカーとの取引を実現している．

第二に，海外企業が欲しがるような技術を日本側が持っており，それを提供したことである．F社の事例では，合弁先のG研究所は，研究所内のばね工場で生産を開始していたが，うまくいっていなかったという．そのため，F社は，合弁会社設立後，ばねの作り方を最初から指導し，さらに合弁会社から権限を持った管理者2人に1年間日本で研修をしてもらい，同社の技術や管理，ものづくりの考え方を自ら学んでもらったという．このように，日本側のもつ技術が自社にとって魅力的な場合は，合弁関係はうまくいくだろう．

　第三に，現地法人の運営を海外企業に任せたことである．F社は，現地法人の日常業務に関しては日本では関与しておらず，時々技術的な問合せなどに対応している程度である．現地法人の副董事長を兼務するF社社長は，定期的に現地法人を訪問したり，毎月試算表で業績を確認したり，董事会に出席し役員や管理者と意見交換をする程度で，ほとんどの日常業務は中国人の総経理に任せているという．すべての企業がこうした方式でうまくいくとは限らないが，現地法人の運営を合弁先に任せ，その力をうまく活用することも，中国自動車メーカー開拓においては選択肢となりうるだろう．

　第四に，海外企業を買収することで，自社内にその経営資源を取り込んだことである．H社は，韓国の部品開発企業を買収することで，韓国企業のもつ開発設計能力や，中国自動車メーカーとのつながりを自社内に取り込んだ．経営資源に乏しい中小企業において，こうした取り組みは主流とはいえないかもしれないが，海外企業の持つ経営資源を活用する方法としては，示唆に富む事例と考える．

(4) 生産・調達体制

　事例企業の生産・調達体制は，投入する製品によって異なっている．まず，先進国向けと同等品質の製品を供給する事例企業では，先進国製機械を積極的に活用している．

　F社では，ドイツ製やイタリア製の高級ばね設備を導入することで，製品精度アップをはかっている．これは，販売先である第一汽車が，自社製品力を向上させるため，新たに電子制御エンジンの燃料噴射装置の自主開発・生産を始めたのに対応したものである．この取り組みもあって，F社はエンジン燃料噴

射装置向けばねのように，高い精度と耐久性を実現したばねを生産し，第一汽車に供給している．

　H社では，1ライン約5億と多額の資金を投入し，設備投資を行っている．H社では，中国だから安い設備を使うのではなく，逆に最新鋭の設備を導入している．従業員は，動かすだけで，溶着も組み付けもすべて機械で行っており，検査も自動化し，ラインで検査OKとならなければ，すべて不良とする仕組みを構築している．人間が判断するのではなく，機械が判断するライン作りをしており，他社との差別化と将来的な人件費上昇を見込んでのことである．金型製作の機械も日本製やドイツ製で，ソディックの放電加工機やDMGの五軸加工機を使用している．こうした生産体制は，高品質製品の生産を支えるとともに，現地企業との差別化につながっている．

　ただし，こうした企業でも，低コスト化に向けた努力がみられる．H社では，製品品質を確保しつつ，価格の安い機械も導入している．樹脂の接着に使用する振動溶着機は韓国製を使用しており，先進国製と比べて2割ほど安いという．治具も半値くらいで調達している．調達では，韓国子会社を活用することで，製品品質を落とさない範囲で，低コスト化を実現している．

　また，開発設計から金型製作，量産，そして生産ラインの構築も自社グループ内で対応する体制を整えることで，大手部品メーカーに比べて，開発期間の短縮化を実現している．大手部品メーカーの場合は，金型製作や試作などの工程を外注するため，開発に6ヶ月程度かかるが，H社では3ヶ月程度で製品開発を行う体制を整えている．大手はマージンが大きく，いろんな間接経費がかかるが，H社の場合は大手のような経費はかからない．こうした取り組みによってコスト低減を実現している．

　このように，先進国と同等品質の部品を供給する事例企業では，先進国製機械を活用することで，品質確保に努めつつ，中国自動車メーカーからの価格引き下げ圧力に対応するために，低コストで生産する体制を構築している．

　一方，低価格部品を供給した企業では，異なる要因がみられる．それは，低価格な海外製設備の活用である．日本製設備よりも低価格な海外製設備を活用することで，投資額を圧縮している事例企業もみられる．

　G社では，「日本では台湾の機械は使用していないが，現地で使用している

NC機械などは台湾製である．現地で台湾製の機械を導入する最大の理由はコスト」と述べている．事例企業は，工程あるいは製品に応じて，日本製設備と海外製設備を使い分けることで，品質とコストのバランスをとろうとしている．

ただし，この点については，丹下（2011）において，現地で主に日系メーカー向けに部品を供給する日系中小部品メーカーでも同様の傾向がみられる点を指摘している．こうした点を踏まえると，海外製設備の活用は，中国自動車メーカーを開拓するために変化させたというよりも，既存の日系メーカー向けに構築した低コスト生産体制を中国自動車メーカー開拓に活用した側面が強いと考える．

また，低価格部品を供給した企業では，海外製材料の調達によるコスト低減にも取り組んでいる．原材料などを日本から輸入して調達するのではなく，現地で調達したり，日本以外のアジアから輸入調達したりすることで，製造コストを低減している．

G社は，日系メーカー向けに供給する部品については，現地の鋼材を使っていないが，中国自動車メーカー向け部品については，現地の鋼材を使用している．「ローカルの材料を使えるか，使えないかということが価格競争力に大きく影響する．日系の鋼材とローカルの鋼材では価格が20～30%違う」と述べるように，現地の原材料を使えるかどうかは，製造コストに大きく影響する．

以上，前節で提示した3社の事例について解釈を行った．製品については，高い品質が求められる部品をターゲットとしつつも，顧客ニーズによっては，投入製品の品質を下げている．また，海外企業の活用と新たな生産・調達体制の構築という2点で変化がみられる．

(5) 背景

現地市場開拓に日本の中小自動車部品メーカーが取り組んだ背景はどのようなものだろうか．事例からは，①中国自動車メーカーの多様なニーズ，②中小自動車部品メーカーにおけるレベルアップ志向の2点が指摘できる．

①中国自動車メーカーの多様なニーズ

事例企業のコメントをみると，中国自動車メーカーは，近年，品質向上に取

り組んでいる様子がうかがわれる．事例企業のなかには，こうした機会をとらえて，取引を実現した企業がみられる．

　H社は，販売先である第一汽車から高い製品品質を求められているという．第一汽車は今までコピー製品が多かったが，エンジン工場を新しく作り，自社開発エンジンに切り替えているという．そうしたところに，H社は，タイミング良く参入することができた．

　また，「中国の自動車メーカーも，安かろう，悪かろうという時代は終わり，品質が大事になっている．重要保安部品については，中国メーカーも日本メーカーを見ている」と述べている．中国自動車メーカーも自社開発エンジンの開発を進める中で，品質向上を目指しており，それにH社が対応したことがわかる．

　こうした第一汽車のニーズ変化については，F社のコメントにもみられる．第一汽車では，近年，電子制御エンジンにおける燃料噴射装置の自主開発・生産を始めるなど，品質向上に取り組んでいる．そうした過程で，F社はエンジン燃料噴射装置向けばねのように，高い精度と耐久性を実現したばねを生産し，第一汽車に供給している．

　F社やH社の事例からは，要求品質や技術の面で，中国自動車メーカーのニーズが変化していることがわかる．これまで中国自動車メーカーは，品質や技術で日系メーカーよりも劣っているとされてきた．だが，今回の調査結果からは，中国自動車メーカーも品質や技術を高めようとしている様子がうかがわれる．

　こうした背景にあるのが，中国自動車メーカーにおける「自主開発[49]」への取り組み強化である．国際経済交流財団（2009）によると，2001年の中国によるWTOへの加盟を契機に，奇瑞汽車などの民営自動車メーカーが次々に自主開発した新車を発売した．そうした動きに刺激されて，国営自動車メーカー

---

[49] 中国における「自主開発」について，公式な定義はないものの，国際経済交流財団（2009）では，①中国自動車メーカーによって生産され，②外国メーカーの商標がついていない車種を「自社開発」による自主ブランド車としている．なお，販売に占める自社ブランド車の割合は依然として低い．三井物産戦略研究所（2014）によると，第一汽車の2012年における乗用車販売構成をみると，外資ブランドが8～9割を占め，自主ブランド乗用車は1～2割にとどまるとしている．こうした状況は，他の国営自動車メーカーも同様である．

も近年,乗用車の自主開発に取り組み始めているという.

　事例企業は,こうした中国自動車メーカーのニーズに対して,これまで培ってきた自社の技術をうまく活用することで,取引につなげている.こうした状況は,今後,中国自動車メーカーとの取引を考える日系中小自動車部品メーカーにとって,チャンスとなりうるだろう.

　一方で,品質の高い製品であれば,中国自動車メーカーとの取引を実現できるわけではないことが,事例企業の分析からはわかる.

　H社の場合は,一貫生産体制によって,品質は先進国向けと同等ながらも,価格を引き下げている点が,中国自動車メーカーから評価されている.H社では,開発設計から金型製作,量産,そして生産ラインの構築も自社グループ内で対応する体制を整えた.そのため,大手部品メーカーよりも開発期間が短いという.また,大手はマージンが大きく,いろんな間接経費がかかるが,H社の場合は大手のような経費はかからない.こうした点も,コスト低減につながり,品質は競合する欧米系メーカーと同等ながらも,価格を引き下げて納入している.

　F社の場合は,現地人材を活用することで,低コストでの生産体制を構築している.中国合弁会社の経営は,基本的に現地に任せているため,日本人駐在員はいない.日本本社の社長が定期的に訪問したり,毎月試算表で確認したり,董事会に出席し役員や管理者と意見交換をする程度で,ほとんどの日常業務は中国人の総経理に任せているという.こうした体制は,日系企業の海外拠点で大きな割合を占めている駐在員コストの低減につながる.

　このように,中国自動車メーカーは,製品品質は先進国向けを確保しつつ,価格もある程度引き下げた供給を求めているのが現状である.こうした対応を求められるのが,中国自動車メーカーとの取引といえる.

　一方で,品質よりも価格を重視する中国自動車メーカーもみられる.G社の場合,T自動車から合弁先のQ機械に対して,「他社から購入している部品の価格が高い」という相談があった.そこで,Q機械は,G社の中国現地法人に対して,部品の供給を打診した.G社のケースでは,品質よりも価格が求められている.中国自動車メーカーのニーズは多様である.

②レベルアップ志向

　中国自動車メーカーの多様なニーズに対して，事例企業はなぜ取り組もうと考えたのだろうか．

　事例企業を見ると，「レベルアップ志向」が3社のうち2社で観察された．これは，日本国内では二次以下のサプライヤーである事例企業が，中国では一次サプライヤーへとレベルアップを実現し，自社の成長を目指そうとする志向である．こうしたレベルアップ志向をもっていたことが，中国自動車メーカーとの取引に取り組もうと考えた要因となっている．

　F社は，「日本ではエンジンのばね市場は成熟していて，大手ばねメーカーが手掛ける分野であり，当社が取り組むには無理があった．一方で，中国はこれから本格的に自動車産業が発展する時期だったので，まだ市場が小さい中国で取り組むならば価値があるだろうと考えた」と述べており，大手ばねメーカーが進出していない中国に進出している．

　H社も，同社が手掛けるインテークマニホールドなどの部品について，日本国内では，既にそうした製品を手掛ける大手メーカーが存在する．そのため，H社が日本で自動車メーカーと直接取引をするのは困難であったが，大手メーカーが狙わない中国自動車メーカー向けであれば，直接取引が可能と考え，H社は中国に部品工場を新設している．

　日本国内では，自動車メーカーを頂点として，系列の大手部品メーカーが部品を供給し，大手部品メーカーに中小部品メーカーが部品を供給するといった取引階層が存在する．そうした日本国内において，中小部品メーカーが系列の大手部品メーカーに代わって自動車メーカーに直接部品を供給する「レベルアップ」を実現することは容易ではない．

　そのため，事例企業は，日系以外との取引にチャンスを見出そうとした．中国自動車メーカーとの取引であれば，日系のような系列にとらわれずに，自動車メーカーと直接取引したり，日本国内では系列メーカーが担当したりしているため参入が難しいような部品にもチャレンジできると考えたのである．その結果，事例企業は積極的に中国自動車メーカーとの取引に取り組み，レベルアップを果たしている．

　なお，事例企業のうち，G社は，日本国内において，自動車メーカーと既に

直接取引する一次サプライヤーであるため，レベルアップ志向は観察されなかった．こうしたレベルアップ志向は，日本国内で二次以下のサプライヤーにおいて特に強いものと考える．

6 小括

本章では，中国自動車メーカーとの取引を実現した日系中小自動車部品メーカー3社の事例研究を行った．その結果，明らかとなった点は，次の4点である．

第一に，第4章で分析した中小消費財メーカーの事例と同様に，進出後に目的が変化し，現地市場開拓に至っている先が多くみられる．ただし，中小消費財メーカーとは異なり，進出当初から中国自動車メーカー開拓を意識していた企業は少ない．

第二に，現地市場開拓においては，海外企業の活用が重要な役割を果たしている．こうした点は，現地企業を活用していた中小消費財メーカーと同様である．事例企業は，合弁先の現地企業や第三国企業，買収先の第三国企業といった海外企業の経営資源を活用することで，中国自動車メーカーとの取引を実現している．

第三に，製品については，先進国向けと同等品質の製品を投入する企業が多い．また，高い品質や耐久性能が求められる重要保安部品をターゲットとすることで，技術力に劣る現地企業との競合を防いでいる．

一方で，実際に設計や仕様を変更し，先進国向けよりも品質を下げた製品を投入する事例企業もみられたが，こうした動きは限定的である．

第四に，先進国向けと同等品質の製品を投入した事例企業では，先進国製機械を活用することで，製品品質を確保している．一方で，低コストでの生産体制構築にも努めている．具体的には，品質にそれほど影響しない工程で韓国製の低価格機械を活用したり，開発設計から金型製作，量産，そして生産ラインの構築も自社グループ内で対応する体制を整えることで，開発期間を短縮したり，現地人材活用による日本人駐在員コストの削減などに取り組んでいる．中国自動車メーカーとの取引では，製品品質は先進国向けを確保しながらも，コ

6 小括

スト低減による価格引き下げにも対応せざるを得ないのが実情といえる．

一方，低価格部品を供給する事例企業では，すでに投資した海外製設備を活用したり，安価な海外製材料を活用することで，コスト低減を実現している．

本章で分析した事例企業は，わずか3社に過ぎない．中国自動車メーカー開拓を実現した中小自動車部品メーカーはいまだ少ないため，こうした手法をとらざるをえなかったものである．しかしながら，中小自動車部品メーカーによる中国自動車メーカー開拓における一つの方向性を示せたものと考える．

第6章

中小企業の海外撤退
― アンケートによる実態分析 ―

1 本章の目的

　前章までは，現地市場開拓に焦点を当てて，その実態を分析した．

　本章から第9章では，海外進出後の事業展開として，海外からの「撤退」に焦点を当てて分析を行う．前述のとおり，本書で撤退について分析するのは，中小企業による海外進出後の事業展開を多面的に明らかにするためである．

　なお，後述するように，中小企業の海外撤退について，定量的には十分には明らかとなっていない．そこで，本章では主に統計データとアンケートから中小企業による海外撤退の実態を定量的に分析したい．

　本章の構成は次のとおりである．2では中小企業の海外撤退の状況を統計データから分析する．3では，中小企業の海外撤退に関する先行研究をレビューし，意義と課題を整理する．4では，筆者らが所属先の日本政策金融公庫総合研究所において実施した「中小企業の海外事業再編に関するアンケート」の結果を用いて，中小企業の海外撤退について，定量的な分析を行う．最後に，5で本章の小括を行う[50]．

2 統計データにみる中小企業の海外撤退

(1) 各種統計データにおける制約の存在

　中小企業による海外からの撤退状況を理解するためには，客観的なデータによる検証が必要である．だが，後述するように，既存の統計データには，分析上の制約が存在する．そのため，中小企業による海外からの撤退状況を長期にわたって正確に把握することは困難なのが現状である．

　ここでは，まず各種統計データに存在する制約を確認したうえで，中小企業による海外からの撤退状況について，その制約の範囲内で分析してみよう．

　日本企業の海外展開・撤退状況を集計した代表的なデータが，経済産業省「海外事業活動基本調査」である．同調査は，大企業を含む日本企業による海

[50) 本章は，丹下・金子（2015）を大幅に加筆修正したものである．

外撤退について，その傾向を長期にわたって把握できる点で意義のあるものである．

ただし，同調査には，中小企業の海外撤退状況を把握するうえで，二つの制約が存在する．

第一に，すべての海外撤退企業を把握できているわけではない点である．同調査では，毎年3月末時点で海外に現地法人を有する我が国企業全社に対して調査を行い，撤退拠点数を公表しているが，回収率は最新の調査（第43回）で76.4％となっており，すべての企業を捕捉できているわけではない．

第二に，同調査では，中小企業の撤退数に関する数値の公表が一時期を除き行われていない．2004年から06年にかけてのみ，本社が中小企業の海外拠点撤退数が公表されたが，それ以降は公表されていない．こうした点を踏まえると，同調査から，中小企業の海外撤退状況を長期にわたって正確に把握することは難しい．

中小企業に絞って，海外からの撤退状況を把握するためのデータとしては，中小企業基盤整備機構「中小企業海外事業活動実態調査」がある．この調査は，1994年から行われており，中小企業の海外撤退状況をマクロ的かつ時系列で明らかにしている点に意義がある．

ただし，こちらにも二つの制約が存在する．第一に，すべての撤退企業を把握できているわけではない点である．最新の平成23年度調査では，民間企業のデータベース[51]から，海外事業活動[52]を行う中小企業を中心に50,000社を抽出し[53]，さらに，平成22年度に中小企業基盤整備機構の「中小企業国際化支援アドバイス制度」を利用した1,000社を加えた51,000社を調査対象としている（中小企業基盤整備機構 2012）．ただ，回収率は14.5％にとどまっており，すべての企業を捕捉できてはいない．

第二に，各年度の調査データ間に連続性がない点である．中小企業基盤整備機構（2012）によると，最新の平成23年度調査と，前回（平成20年度）調

---

51) どのようなデータベースかについては，中小企業基盤整備機構（2012）には示されていない．
52) この調査における海外事業活動とは，(1) 直接投資，(2) 業務・技術提携，(3) 直接貿易（販売および調達）である．
53) 50,000社の中には，海外事業活動を行わない企業を含む，なお，アンケート回答企業7,171社の内訳は，海外展開企業4,252社（59.3％），海外非展開企業2,919社（40.7％）となっている．

査の調査対象サンプリング方法には相違点があるため，海外展開企業の割合等の比較では，正確な結果が得られない可能性があるとしている．こうした点は，撤退に関する調査結果についても同様である．

以上，みてきたように，中小企業の海外撤退に関する既存の統計データには，分析上の制約が存在する．そのため，中小企業による海外からの撤退状況を既存の統計データから長期にわたって正確に把握することは困難なのが現状である．中小企業による海外撤退の状況を正確に把握し，政策立案等に反映させていくためにも，今後は中小企業の海外撤退に関する統計データの整備が求められる．

(2) 増加傾向にある中小企業の海外撤退

2 (1) で示した各種統計データの制約を認識したうえで，中小企業の海外撤退の状況を可能な範囲内で既存データから分析してみよう．

現時点で中小企業の海外撤退の状況を時系列で定量的に把握できるものとしては，中小企業庁 (2012) のコラムに掲載された「中小企業の撤退現地法人数の推移」である (表 6-1)．これをみると，00 年に 51 件だった中小企業の撤退現地法人数は，増減を繰り返しながらも，09 年には 163 件にまで増加しており，全体的には増加傾向にあることがわかる．特に，直近の 09 年は，08 年の 66 件から 163 件へと大きく増加している．08 年に発生した金融危機による世界的な需要減少によるものと推定される．

ただし，このデータは，前述の経済産業省「海外事業活動基本調査」の個票データをもとに，中小企業庁が再編加工したものである．そのため，表 6-1 に掲示した期間以外の撤退拠点数については，残念ながら把握することはできない．10 年以降，現在に至るまで，中小企業の撤退拠点数がどのように推移しているかは，このデータだけではわからない．

前述の中小企業基盤整備機構「中小企業海外事業活動実態調査」でみるとどうだろうか．表 6-2 は，中小企業基盤整備機構 (2012) に掲載されたアンケート結果から，中小企業の撤退状況を年代別にまとめたものである．これをみると，00 年代に入り，中小企業の海外撤退が増加していることがわかる．全撤退数に占める年代ごとの割合は，90 年代の 15.2％ (72 社) に対して，00 年

表 6-1 中小企業の撤退現地法人数の推移（地域別）

(単位：社)

年	00	01	02	03	04	05	06	07	08	09
中　　国	9	8	21	9	15	25	24	18	27	66
ＡＳＥＡＮ	9	8	15	17	14	24	12	20	12	35
北　米	13	24	15	18	26	23	17	17	15	33
ヨーロッパ	4	3	8	8	8	12	12	14	4	9
その他の地域	16	17	17	15	17	22	20	25	8	20
合　　計	51	60	76	67	80	106	85	94	66	163

資料：経済産業省「海外事業活動基本調査」再編加工
(注) 1. ここでいうASEANとは，マレーシア，タイ，フィリピン，インドネシア，ベトナム，カンボジア，シンガポール，ラオス，ミャンマー，ブルネイの10か国をいう．また，ここでいうヨーロッパとは，英国，ドイツ，フランス，イタリア，オランダ，ベルギー，ギリシャ，ルクセンブルク，デンマーク，スペイン，ポルトガル，オーストリア，フィンランド，スウェーデン，アイルランドの15か国をいう．なお，中国には香港を含む．
2. 国内本社が，中小企業基本法に定義する中小企業者と判定された企業を集計している．
3. ここでいう現地法人とは，日本側出資比率合計が10％以上の外国法人，日本側出資比率合計が50％超の子会社が50％超の出資を行っている外国法人および日本側親会社の出資と日本側出資比率合計が50％超の子会社の出資の合計が50％超の外国法人をいう．
4. ここでいう撤退とは「解散，撤退・移転」および「出資比率の低下（日本側出資比率が0％超10％未満となった．）」をいう．
出所：中小企業庁（2012）

以降は増加傾向を示し，「2000～2004年」が19.0％（90社），「2005～2009年」は37.4％（177社）と増加している．「2010年以降」については，わずか2年強ながらも22.8％（108社）となっている．中小企業による海外撤退が増加している可能性をうかがわせる．

ここで，「増加している可能性をうかがわせる」と表現したのは，このデータにも課題があるためである．中小企業基盤整備機構「中小企業海外事業活動実態調査」では，撤退拠点について，「最も直近に撤退・移転した海外拠点」について回答する形式となっている．こうした回答形式では，過去の撤退件数が少なくなる一方で，最近の撤退件数が増えることになる．このデータは，そうした回答形式の影響を受けている可能性が高く，このデータのみで10年以降の撤退が増えていると判断するのは早計と考える．

以上のデータをもとに，中小企業による海外からの撤退状況を分析すると，中小企業による海外からの撤退数は，00年代に入り増加傾向を示している．10年以降の推移については，その推移を確認できる十分なデータはないもの

表 6-2　中小企業の撤退現地法人数の推移（年代別）

撤退・移転時期	企業数（社）	構成比
1980年代（〜1989年）	26	5.5%
1990年代（1990〜1999年）	72	15.2%
2000〜2004年	90	19.0%
2005〜2009年	177	37.4%
2010年以降（2010年〜）	108	22.8%
合計	473	100.0%

出所：中小企業基盤整備機構「平成23年度中小企業海外事業活動実態調査」2012年，53ページ

(注) 1. 企業数については，各年代の構成比から推計したものを筆者が加筆．
　　 2. 上表は，最も直近に撤退・移転した海外拠点について回答したものであるため，直近が増えている可能性がある点には留意する必要がある．

の，増加している可能性をうかがわせる．こうした状況について，加藤（2011）は，大企業では00年代に撤退数が増加する傾向にはないことを確認したうえで，中小企業の海外展開を取り巻く環境が00年代に入り悪化していることを反映したものと分析している（加藤2011，147-148ページ）．中小企業の海外展開が進む中で，現地での競争環境が激化し，撤退する中小企業も増えている可能性が高い．

(3) 大企業より高い撤退比率

中小企業による海外からの撤退については，大企業よりも撤退比率が高い点が指摘されている．**表6-3**は，直接投資先からの撤退比率を規模別に示したものである．中小企業，大企業ともに2002年度以降は撤退比率が減少する傾向にあるが，中小企業の撤退比率は，03年度を除き，大企業を上回っている（中小企業庁 2010）．直近の07年度をみても，大企業の撤退比率が2.4％に対し，中小企業の撤退比率は3.6％と高い．このデータも前述の経済産業省「海外事業活動基本調査」の個票データをもとに，中小企業庁が再編加工したものである．そのため，**表6-3**に掲示した期間以外の撤退比率を規模別に把握することはできない．しかしながら，中小企業は大企業と比較して，撤退比率が高い状況が読み取れる．

一方で，撤退比率の水準そのものを解釈するに際しては，注意が必要であ

表6-3 規模別の直接投資企業の現地からの撤退比率

単位：％

年度	99	00	01	02	03	04	05	06	07
本社が大企業	2.8	4.8	3.2	4.9	4.2	3.3	3.3	2.7	2.4
本社が中小企業	4.6	8.3	4.4	5.6	4.0	4.1	4.1	3.4	3.6

資料：経済産業省「海外事業活動基本調査」再編加工
(注) 撤退比率＝撤退法人数／(撤退法人数＋年度末現地法人数).
出所：中小企業庁 (2010)

る．水準だけをみると，中小企業の撤退比率が07年度で3.6％というのは，それほど高くない印象がある．しかしながら，この撤退比率を求める算式は，当該年度の撤退法人数÷(当該年度の撤退法人数＋年度末の現地法人数) であり，過去に進出し，当該年度まで存続している現地法人が母集団に入っている．そのために，撤退の発生頻度がそれほど高くないようにみえてしまうのである．

撤退率の解釈について，加藤 (2011) は，「当該年における撤退状況を，撤退率の数値を生かす形で，過去10年の進出数の平均と関係づけると，おおよそ次のようになる．たとえば，撤退率3％という場合，その年度において5社進出したとすると3社が撤退したというような関係を導き出すことができる」としている[54]．こうした分析を踏まえると，中小企業の撤退状況は，撤退率が示す印象よりも，実感的には多く撤退が発生しているといえる．

3　先行研究

ここからは，中小企業の海外撤退に関する先行研究を概観し，その意義と課題を明らかにする．

中小企業の海外展開プロセスは，①進出 (進出前の準備段階を含む)，②拡大，③撤退の三つに分類できる．こうした視点から先行研究をみると，すでに海外展開を実現した中小企業を調査対象として，進出あるいは拡大に焦点を当

---

54) この分析について，加藤 (2011) は，進出と撤退の関係を正確に示したものではなく，イメージ化させたものでしかない点を断っている．

てた研究が多く蓄積されている．

　一方で，海外から撤退した中小企業に関する研究蓄積は十分ではない．これは，①海外からの撤退経験を有する中小企業にアクセスするのが困難であることや，②海外からの撤退を公表したがらない経営者もいること，などが影響しているものと考える．

　実際，海外からの撤退に関する研究が少ないのは，中小企業，そして日本に限った話ではない．McDermott（2010）が指摘するように，海外からの撤退に関する研究は，国際的にも十分に行われていないのが現状である．

　そうした中，数少ない先行研究をみると，アンケートによって，中小企業の海外撤退状況を明らかにした調査として，中小企業基盤整備機構（2012）がある．これによると，撤退経験および撤退移転経験を持つ中小企業は，合わせて634社，有効回答に占める割合は8.8％である．このなかで，撤退移転を経験した中小企業515社の傾向をみると，その主な機能は，「生産機能」が55.0％と過半数を占める．

　撤退事例を分析した研究としては，足立（1994，1995），鷲尾（1996），中小企業事業団（1996，1997），山邑（2000），米倉（2001），加藤（2011）がある．

　足立（1994）は，撤退に至るケースの多くは，当初の意思決定，とりわけパートナーの選定にかかる問題が多い点を指摘する．そして，社長や派遣駐在員，パートナーなどの「人的要因の重要性」が最も重要な教訓であるとしている．鷲尾（1996）も撤退要因として，現地パートナーとの不調和が多く，特にアジアでこの傾向が強いとしている．中小企業事業団（1997）は，撤退理由として，パートナーとの不調和に加えて，①製品需要の不振，②外部経営環境の変動を撤退要因として指摘している．

　これらに対して，米倉（2001）は，国際経営論の枠組みを用いて，マクロ環境とミクロ環境の非好意的な変化が企業の戦略的対応を促し，海外からの撤退につながるとのモデルを提示し，外部環境の変化が撤退につながる点を指摘している．

　以上の先行研究は，中小企業の海外撤退をテーマにした数少ない研究である．そして，海外撤退の要因を明らかにしている点で大変意義のある研究とい

える．

　一方で，先行研究は，以下の課題を有する．第一に，定量分析が少ない点が指摘できる．先行研究としてあげたような事例研究だけでなく，定量的な研究も蓄積される必要があるだろう．また，分析内容の深掘りも重要な課題である．例えば，撤退拠点の進出国や機能，撤退理由といった先行研究で明らかにされている点だけでなく，撤退拠点における進出前の準備状況や撤退拠点の成果などについても，定量分析により明らかにする必要があるだろう．

　第二に，海外からの撤退にのみ焦点が当てられており，撤退後の事業展開が明らかにされていない．特に，海外からの撤退経験がその後の事業展開にどのように活用されているのかという視点は重要と考える．

　第三に，研究時期が古い．先行研究の多くが90年から00年代前半に行われたものである．現在，中小企業の海外展開を取り巻く環境は大きく変化している．海外展開する中小企業は増加しており，海外への進出目的も生産コスト低減から，現地市場開拓へと変化している．こうした変化を踏まえたうえで，分析を行う必要がある[55]．

　第四に，加藤（2011）を除き，一次情報を活用した事例研究が少ない．先行研究としてあげた事例研究の多くが，中小企業基盤整備機構（旧中小企業事業団を含む）の報告書に掲載された事例などの二次情報を分析したものである．事例研究では，多様な情報源を活用することが必要とされる．二次情報だけでなく，より詳細な一次情報をも活用した事例研究の蓄積が必要だろう．

　そして，最後に，先行研究の多くが撤退を「失敗[56]」ととらえ，そこから海外展開を目指す中小企業への教訓を導き出そうとしている点である．もちろん，そうした取り組みは重要である．しかしながら，撤退を単純に失敗ととらえてよいのだろうか．

　撤退を失敗ととらえる見方に対して，今木（1987）は，撤退を国際戦略の一環のなかに位置付けて，戦略的撤退を模索する必要性を主張する．小山（2013）は，日本企業の海外撤退が2000年代以降，大企業を中心に「戦略性」

[55) 最近の研究としては，加藤（2011），中小企業庁（2015）がある程度である．
[56) 三省堂『大辞林』では，「失敗」を「やりそこなうこと．目的を果たせないこと．予期した効果をあげられないこと．しくじり」としている．本書でも，同様の意味で用いるものとする．

を持った形に変化している点を指摘する．具体的には，グローバルな企業間競争を繰り返すなかで，現地法人の再編を進めていることなどをあげている．加藤（2011）も，大企業を中心とする製造業の撤退理由のうち，「組織再編，経営資源の見直し等に伴う拠点統廃合」をあげる割合が01年度の35.0％から09年度には50.0％にまで上昇している点に着目し，「2000年代においては，大企業を中心とする製造業の海外展開がさらなるグローバル化の中で地域的な戦略性を強めていった」（加藤2011，154ページ）と分析している．

中小企業の海外展開が進んだ現在では，中小企業においても，今木（1987）や小山（2013）が指摘するような戦略性を持った撤退も存在する可能性があるだろう．実際，中小企業庁（2014）では，撤退を経験した企業のうち4割以上の企業が，現在も海外直接投資を実施している点をあげて，「経営戦略として撤退を選択し，海外事業に再挑戦している企業もいることが伺える」としている．

一方で，小山（2013）が指摘するように，こうした研究では，どのような基準で撤退の戦略性を判断するかについては，明確に示すことができておらず，今後の課題となっている．

中小企業の海外撤退をどのようにとらえ，どのように評価するのか．撤退事例を単純にすべて失敗ととらえるのではなく，より詳細に撤退の実態を分析することで，新たな示唆を得ることが重要と考える．

4 アンケートにみる中小企業の海外撤退

ここからは，アンケートをもとに，中小企業による海外撤退の実態を定量的に明らかにしていく．

(1) データ

ここでは，第2章と同様に，日本政策金融公庫総合研究所にて筆者らが実施した「中小企業の海外事業再編に関するアンケート」（以下，アンケート）を用いて分析を行う．アンケートは，中小企業による海外撤退の事態を明らかにするために実施したものであり，実施要領を**表6-4**に再掲する．

表 6-4 アンケート調査の概要（再掲）

名　称	中小企業の海外事業再編に関するアンケート
調査時点	2014 年 10 月
調査対象	日本政策金融公庫中小企業事業の取引先のうち，海外進出（海外直接投資のほか，支店の設立や技術供与を含む）の経験を有する企業 945 社（うち 440 社は撤退経験を有する先）
調査方法	調査票の送付・回収ともに郵送．調査票は無記名
回収数	298 社（回収率 31.5％）

図 6-1　回答先における海外直接投資先からの撤退経験有無の割合

A　海外直接投資先からの撤退経験あり 88 社（35.5％）	B　海外直接投資先からの撤退経験なし 160 社（64.5％）

(n=248)

　調査対象は日本政策金融公庫中小企業事業の取引先のうち，海外進出の経験を有する企業 945 社で，うち 440 社は海外直接投資からの撤退経験を有する先となっている[57]．

　次に，分析のフレームワークを確認しておこう．まず，アンケート回答企業 298 社のなかから，海外直接投資経験があると回答した 248 社をまず抽出した．そのうえで，248 社を「A　海外直接投資先からの撤退経験がある企業」と「B　海外直接投資先からの撤退経験がない企業」とに分類した．内訳は，「A　海外直接投資先からの撤退経験がある企業」が 88 社（35.5％），「B　海外直接投資先からの撤退経験がない企業」が 160 社（64.5％）である（図 6-1）．

　ここで興味深いのは，海外直接投資経験がある企業のうち，35.5％もの企業で撤退経験があるという事実である[58]．この比率は，決して低くない．中小企業にとって海外からの撤退は，決して他人事ではなく，自社にも起こりうることを常に意識しておく必要があると考える．

---

[57] 当然ではあるが，海外から撤退した後に倒産・廃業した企業は，調査対象には含まれていない．そのためアンケート結果にはサバイバルバイアスが存在することに留意する必要がある．

[58] 中小企業庁（2015b）のアンケートでは，海外直接投資を実施した企業の 25.6％が撤退経験があることが示されている．

図 6-2 撤退経験を有する企業の業種

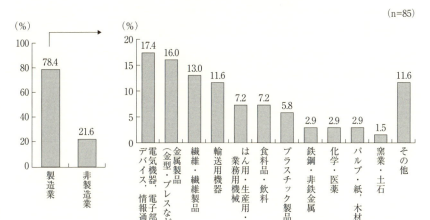

資料：日本政策金融公庫総合研究所「中小企業の海外撤退の実態〜『中小企業の海外事業再編に関するアンケート』から〜」（2015 年 1 月）（以下断りのない限り同じ）
(注) 複数事業を営んでいる場合，売上高が最も多いもの．

(2) 撤退拠点の概要

　ここからは，本書の目的に従い，主に「A　海外直接投資先からの撤退経験がある企業」について，その実態を分析する．

　まず，海外からの撤退経験を有する中小企業について，その業種を見ておこう（図 6-2）．注目されるのが，「製造業」が 78.4％を占める点である．一方で「非製造業」は 21.6％にとどまっている．中小企業の海外直接投資は，これまで製造業が中心であり，近年になって，非製造業による海外展開が増加しつつある．製造業の撤退割合が高いのは，非製造業に比べて，製造業の海外進出が早くから進んでいたことを反映しているものと考える．

　製造業の業種をもう少し詳細にみると，「電気機器，電子部品・デバイス，情報通信機器」が 17.4％と最も多く，以下，「金属製品」（16.0％），「繊維・繊維製品」（13.0％），「輸送用機器」（11.6％）と続いている．電気機器関連の大企業は，当初，シンガポールやマレーシアなどの ASEAN に進出し，生産コ

スト低減を図った．その後，進出国の賃金水準が上昇するのに伴い，更なる生産コスト低減を図るべく，中国などへと生産拠点を移してきた．中国においても，現地ローカルメーカーとの競合などから，プラスチック成型などの付加価値の低い分野を中心に，撤退を余儀なくされる企業もみられる．こうした動きが，「電気機器，電子部品・デバイス，情報通信機器」および「金属製品」に関連する中小企業の撤退や移転に影響を及ぼした結果と考える．

近年は，中国を始めとするアジアからの撤退問題が話題となることが多い[59]．ここで，撤退拠点[60]が所在した国・地域の分布をみておこう（図6-3）．

撤退拠点が所在した国・地域として最も多いのが「中国」で，全体の45.3％を占めている．撤退拠点が所在した国・地域の上位10カ国をみても，第2位の「北米」12.8％を除き，すべてアジアが占めている．特に，ASEANが，25.6％を占めている．

この結果をみると，中小企業の海外撤退は，アジア，特に中国からの撤退が中心であることがわかる．この結果は，中小企業が一番多く海外展開している国が中国であることを反映している[61]とともに，中国での事業展開が中小企業にとって，容易なものではないことを示していると考える．

次に，撤退拠点について，進出年，撤退年，そして活動年数をみてみよう（図6-4）．第2節でみたように，各種統計データからは，中小企業による海外撤退が近年増加しているのかどうかについては，必ずしも明確にはならなかった．ここでは，この点について分析してみたい．

まず，撤退拠点の進出年をみると，「2000年代」が40.2％と最も高く，「1990年代」が36.6％で続く．

一方，撤退拠点の撤退年は，「2010年以降」が45.1％と最も高く，「2000年代」が43.9％となっている．これらを合わせると，撤退経験があると回答した企業の約9割が2000年代以降に撤退していることがわかる．また，「2010年以

---

59) 例えば，「事業撤退にアジアリスク」『日本経済新聞朝刊』2013年1月14日付などがある．

60) 同アンケートにおける「撤退拠点」の定義は，「株式売却や休眠や清算・破産などにより撤退した海外直接投資先のうち，ピーク時の従業者数が最も多かった拠点（他拠点への移転および合併を含む）」である．

61) 中小企業庁（2012）は，経済産業省「企業活動基本調査」により，中小企業の海外子会社の地域構成を明らかにしている．これをみると，中国が全体の42.8％を占め，一番多くなっている．

4 アンケートにみる中小企業の海外撤退

図6-3 撤退拠点が所在した国・地域

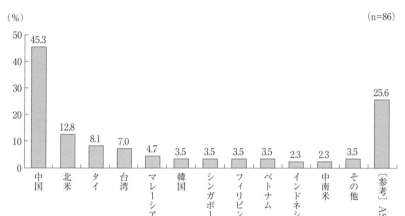

(注) 中国は,香港・マカオを含む（以下同じ）.

図6-4 撤退拠点の進出年, 撤退年, 活動年数

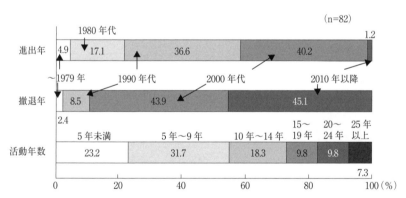

降」は，約5年しか経過していないにもかかわらず，その割合が高い．
こうした点を踏まえると，2010年以降，中小企業の海外撤退が大きく増加していると考えてよいだろう[62]．もちろん，このアンケート結果は，すべての

---

[62] 2010年以降,中小企業の撤退が増加している背景として何が起こっているのか,今後注目すべき点である．

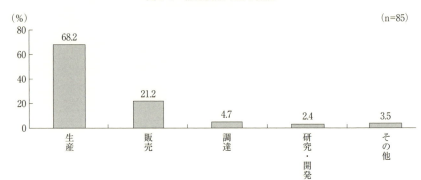

図 6-5　撤退拠点の主な機能

撤退拠点を網羅できてはいない．しかしながら，既存統計データでは，各種制約から，中小企業の海外撤退数の推移が十分には明らかとなっていないなかでは，中小企業の海外撤退の傾向を示すことができたものと考える．

撤退拠点が稼働していた「活動年数」をみると，「5～9年」が31.7％と最も多く，「5年未満」が23.2％，「10～14年」が18.3％となっている．「5年未満」と「5～9年」を合わせると，54.9％となっており，約半数の企業は，10年経過しないうちに撤退を余儀なくされている[63]．

その一方で，「20～24年」が9.8％，「25年以上」が7.3％と20年以上操業した拠点が合わせて17.1％存在する点は注目される．10年未満で撤退した拠点と，20年以上操業した拠点とでは，その内容が大きく異なる可能性がある．一口に海外撤退といっても，その中身は多岐にわたることが想定されるだろう．

なお，撤退拠点の主な機能は，図6-5のとおりであり，「生産」が68.2％と最も高く，「販売」（21.2％），「調達」（4.7％），「研究・開発」（2.4％）と続いている．従来，中小企業の海外展開目的は，国内の親企業からの進出要請に応えることを目的とした「下請型」と，自社製品の生産コストの低減を目的とした「自立型」がその中心であった（加藤 2011，141ページ）．すなわち，中小企業による海外直接投資は，生産目的の進出が多いため，必然的に生産拠点の撤退が多いものと考える．

---

[63] なお，撤退拠点が稼働していた「活動年数」の平均値は10.7年，中央値は8.5年である．

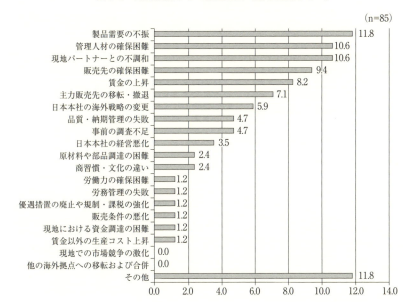

図6-6 海外拠点からの撤退理由（最も重要なもの）

(3) 撤退の経緯

中小企業は、どのような理由で海外直接投資先から撤退したのだろうか。図6-6は、海外拠点からの撤退理由のうち、最も重要なものを回答してもらった結果をまとめたものである。まず、回答企業が最も重要な撤退理由と考えた選択肢をみてみると、「製品需要の不振」が11.8％と最も高くなっている。「現地パートナーとの不調和」「管理人材の確保困難」がそれぞれ10.6％と続いている。

この結果を、経済産業省「海外事業活動基本調査」と比較してみよう。同調査の結果は、大企業の撤退理由を強く反映しているものと考える[64]。

---

[64] 同調査では、海外現地法人ごとに撤退理由を聞いているが、当該現地法人の日本本社が大企業か中小企業かまでは、一時期を除き把握することはできない。把握可能な期間（2004年〜06年）のうち、最新時点（06年）でみると、撤退現地法人224社の内訳は大企業の現地法人が206社（約92％）、中小企業の現地法人が18社（約8％）となっており、大企業が多いことがわかる。

表 6-5 大企業製造業の解散・撤退要因

(単位:上段 社,下段 %)

主たる要因(一つのみ)	07年度	10年度	13年度
1. 製品需要の見誤りによる販売不振・収益悪化	42 10.1	28 5.5	56 10.4
2. 現地企業との競争激化による販売不振・収益悪化	19 4.6	14 2.8	35 6.5
3. 日系企業との競争激化による販売不振・収益悪化	1 0.2	1 0.2	4 0.7
4. 第三国系企業との競争激化よる販売不振・収益悪化	6 1.4	6 1.2	6 1.1
5. 為替変動による販売不振・収益悪化	1 0.2	4 0.8	4 0.7
6. 現地パートナーとの対立	2 0.5	8 1.6	8 1.5
7. 組織再編,経営資源の見直し等に伴う拠点統廃合	242 58.5	293 57.6	244 45.1
8. 地域内関税自由化等の動きに対応した拠点統廃合	— —	4 0.8	2 0.4
9. 税制上の優遇措置の見直し等に伴う拠点統廃合	4 1.0	4 0.8	3 0.6
10. 短期的な事業目的(ホテル,マンション,ゴルフ場建設等)の完了	7 1.7	2 0.4	5 0.9
11. その他	90 21.7	145 28.5	174 32.2
合計	414 100	509 100	541 100

資料:経済産業省「我が国企業の海外事業活動(海外事業活動基本調査)」各年度版より作成.

表6-5をみると,中小企業の撤退理由との違いがよくわかる.最も多いのが「組織再編,経営資源の見直し等に伴う拠点統廃合」で13年度は45.1%を占めている.

一方で,**図6-6**のアンケートをみると,中小企業においては,同様の理由に該当する「日本本社の海外戦略の変更」が5.9%にとどまっている.加藤(2012)も指摘するように,大企業の撤退理由と,中小企業の撤退理由の所在は異なっていることがわかる.

次に,アンケート結果を中小企業基盤整備機構(2012)の結果と比較してみよう.中小企業基盤整備機構(2012)では撤退・移転の理由として,「受注先,販売先の開拓・確保の困難性」が27.6%で最も多く,次いで「生産・品

質管理の困難性」が 24.5％,「現地パートナーとのトラブル」が 23.6％などと続いている．中小企業基盤整備機構（2012）で指摘された「受注先，販売先の開拓・確保の困難性」と「現地パートナーとのトラブル」については，今回のアンケート調査でも「製品販売の不振」「現地パートナーとの不調和」として上位にあげられている．

　一方で，中小企業基盤整備機構（2012）では，「生産・品質管理の困難性」が上位となっているが，今回のアンケート調査では，「管理人材の確保困難」が上位となっている．選択肢が異なるため，必ずしも単純比較はできないが，中小企業基盤整備機構（2012）で示された「生産・品質管理の困難性」の要因が，海外拠点における管理人材の確保困難に起因している可能性をうかがわせる．その点では，中小企業による海外撤退理由は，販売，現地パートナー，人材が多いといえる[65]．

（4）撤退時の課題と撤退完了の要因

　中小企業は，撤退する際，多くの課題に直面することが想定される．図 6-7 は，撤退する際に直面した課題をまとめたものである．これをみると，「特になし」と回答した割合は 15.7％に過ぎず，多くの撤退企業が何らかの課題に直面したことがわかる．

　直面した課題をみると，「パートナー企業との交渉」が 39.8％,「現地従業員の処遇」が 38.6％と，高い割合となっている．そのほか，現地税務当局や取引先との交渉や，必要資金の調達など，さまざまな課題に直面している[66]．こうした点については，海外進出前から対策を考えておく必要があるだろう[67]．

　こうした課題に直面した際に，中小企業はどのような相手に相談したのだろうか．撤退する際に相談した相手を図 6-8 でみると，「誰にも相談していない」が 34.1％で最も多い．

---

65) 販売面での理由から撤退を余儀なくされた事例として，第 4 章で採り上げた D 社や E 社が該当する．現地パートナーに起因する撤退事例としては，第 9 章で採り上げる N 社などが該当する．
66) 安積（2014）は撤退に伴う経営課題として資産売却，従業員の解雇，納税の三つを指摘している．
67) パートナー企業との交渉に苦労した撤退事例としては，第 9 章で採り上げる N 社が該当する．

図6-7 撤退する際に直面した課題（複数回答）

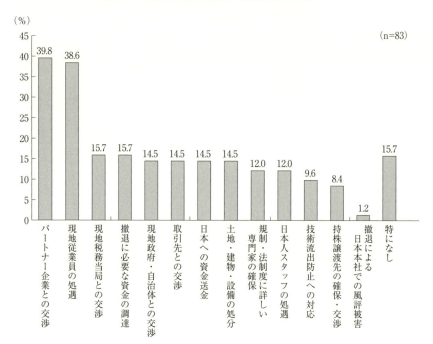

　この結果については，慎重に解釈する必要がある．なぜなら，中小企業が誰にも相談せずに，海外から撤退手続きを行うことは難しいからである．撤退する際には，現地での法律面や税務面において，自社のみでは対応困難な手続きが多く存在する．そうした手続きを中小企業が誰にも相談せずに行うことは難しいと思われる．一方で，本当に誰にも相談せずに撤退した中小企業が本当に多いとすれば，撤退時の支援体制を強化する必要性をこの結果は示しているといえるだろう．

　なお，「誰にも相談していない」に次ぐのは，「税理士・会計士」が31.7％，「海外の弁護士」が19.5％，「取引金融機関」が15.9％となっている．

　海外からの撤退を完了できた要因について，中小企業はどのように分析しているのだろうか．図6-9は，撤退経験を有する中小企業に対して，自社が撤退を完了できた要因をあげてもらった結果である．これをみると，「独資での

図6-8 撤退する際に相談した相手（複数回答）

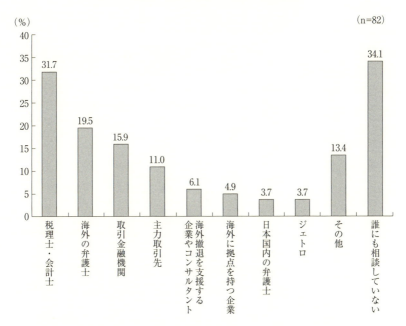

進出」が37.0％と最も高い．独資で進出した場合には，撤退にかかるパートナーとの交渉は不要となるため，自社の判断のみで撤退することが可能である．そうした点が，「独資での進出」が上位となった要因だろう．

一方で，「現地パートナーの協力」が30.9％と高い点にも注目したい．一般的には，独資での進出を志向する中小企業が多いが，合弁で進出した場合も，現地パートナーとの関係をしっかりと構築しておけば，撤退時の障害となることなく，撤退を円滑に進める要因となりうることをこの結果は意味している．パートナーとの関係構築は，海外進出後の事業展開を円滑に進めるうえで，重要な要因と考える．

その他の要因をみると，「撤退の決断が早かった」が33.3％，「日本本社に余力があった」が28.4％と高い点も注目される．撤退を無事に完了させるためには，早期に撤退を決断するとともに，日本本社に余力のあるうちに撤退することが，その後の企業存続にとって，重要となる点を示唆しているものと考

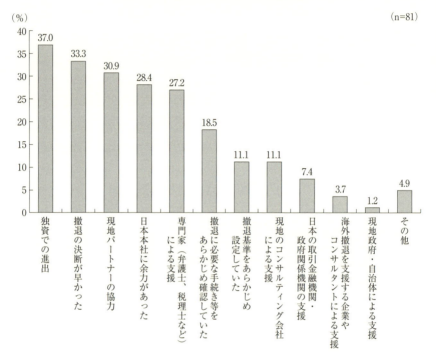

図6-9　撤退を完了できた要因（複数回答）

(5) 進出前の取り組み

　第3章では，フィージビリティ・スタディの実施や撤退基準の設定について，進出年代が新しいほど，実施割合が増加している点を明らかにした．撤退拠点について，進出前の準備状況は，どのような状況なのだろうか．

　まず，撤退拠点について，進出前にフィージビリティ・スタディ（F/S）を実施したかどうかを聞いてみた．その結果，「十分に実施した」が17.3％，「多少実施した」が30.9％となっており，約半数の企業が実施している．主に実施した人物は「社内の人材」が最も多く，79.5％となった（図6-10）．

　第3章では，F/Sを実施した方が海外拠点で成果を上げている割合が高い点を指摘した．一方，図6-10をみると，撤退企業のなかにもF/Sを実施し

4 アンケートにみる中小企業の海外撤退　　143

図6-10 フィージビリティ・スタディ（F/S）の実施状況

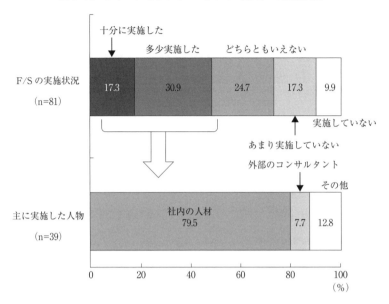

た企業も多く存在する．この結果は，F/S実施の有無と撤退とは，直接的には結び付かない可能性を示唆しているものと考える．このことは，撤退のなかにも，さまざまな撤退が含まれていることを意味している可能性がある．

次に，撤退手続きの確認状況をみると，「確認した」が46.1％となった．撤退基準の設定については，「設定しなかった」が70.5％と，高い割合となった．一方，「書面にして設定した」は9.0％，「書面にはしていないが設定した」は20.5％と，約3割の企業が何らかの形で撤退基準を設定していることがわかる（図6-11）．

こうした企業は，どのような撤退基準を設けているのだろうか．道路建築，建設現場関係の保安用品を製造するXA社は，中国市場の開拓を狙って，2006年に合弁会社を河北省に設立した．出資比率は当社が35％，T有限公司（2000年に設立した中国現地法人）が25％，現地パートナーが40％であった．

同社は，合弁契約書について日本語版と中国語版を作成した．また，撤退時の取り決めについても契約書に記載し，「秘密保持契約の違反」「3期連続で赤

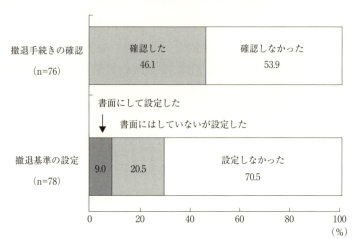

図6-11 進出前の撤退に対する備え

字」などの詳細な撤退基準を設けている．こうした取り組みを行ったのは，以前に中国で知財関係のトラブルに巻き込まれた際に支援してもらった現地弁理士のアドバイスによるものであるという．

撤退基準の設定について，アンケートでは，撤退企業の3割しか撤退基準を設定しておらず，少ないと考える．一方で，第3章でみたように，進出年代が最近になるにつれて，撤退基準を設定している企業も増えている．中小企業の海外展開を取り巻く環境が変化するなかで，どのような状態になったら撤退を検討するのか，XA社の事例のように明確に決めておくことは，海外事業見直しの契機となるものと考える．

(6) 海外直接投資を成功に導く要因

最後に，回答先に対して，自社の経験を踏まえて，海外直接投資を成功させるために最も重要と考える項目についてきいてみた．

図6-12はその結果であり，これをみると「フィージビリティ・スタディの実施」が21.0％と最も高い割合となっている．特に，撤退経験を有する企業では23.5％となっており，撤退経験がない企業の19.7％を上回っている．撤退経験を有する企業の方が回答割合が高い点を踏まえると，F/S実施は，撤

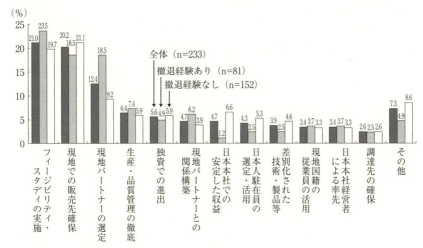

図 6-12 海外直接投資を成功させるために最も重要と考える項目（複数回答）

退企業からの教訓ともいえる．また，第 3 章でみたように，F/S の実施は，海外拠点の成果に寄与している．F/S をしっかりと行うことは，中小企業が海外拠点で成果を上げるために重要な項目といえるだろう．

その他の項目では，「現地での販売先確保」が 20.2％，「現地パートナーの選定」が 12.4％となっている．「現地パートナーの選定」では，撤退経験を有する企業の回答割合が，撤退経験がない企業よりも特に高い．こうした指摘は，今後海外展開を考える中小企業にとって参考となるものと考える．

5 小括

本章では，撤退に関する各種統計データには制約が存在するため，中小企業による海外からの撤退状況を長期にわたって正確に把握することは困難であることをまず明らかにした．次に，中小企業の海外撤退に関する先行研究をレビューし，その意義と課題を指摘した．特に，定量的な分析が少ない点に対して，本章では，主にアンケートを用いて，中小企業による海外撤退の実態を分析した．その結果，明らかとなった点は，次の 4 点である．

第一に，中小企業の海外撤退数は，00 年代に入って増加しており，10 年以

降はさらに増加傾向にある．本章で得られた示唆は，アンケートに基づくものではあるものの，中小企業の海外撤退数について大まかな傾向を示すことができたと考える．

　第二に，撤退拠点を地域別にみると，アジアからの撤退が多い[68]．この点については，中小企業による海外進出がアジア中心であることを反映しているものであり，特定の国からの撤退率が高いことを必ずしも示すものではないが，中小企業による海外直接投資の難しさを示すものといえる．

　第三に，海外拠点からの撤退理由としては，「製品需要の不振」「現地パートナーとの不調和」「管理人材の確保困難」が上位となっている．こうした理由については，大企業の撤退理由とは異なる点を指摘した．

　第四に，中小企業は，撤退する際に，何らかの課題に直面したとする企業が多く，「パートナー企業との交渉」「現地従業員の処遇」が高い割合となっている．一方で，撤退する際に相談した相手としては，「誰にも相談していない」が最も多く，こうした点を改善することは今後の課題といえる．

---

68) これは，中小企業全体の傾向を表しているものであり，当然ながら業種によってその様相は異なる．大企業を含めた分析ではあるが，加藤（2015）は，工作機械メーカーによる海外撤退が欧米でみられるものの，中国からは1拠点も撤退していない点を指摘する．業種別にみた海外撤退の詳細な分析については，今後の課題である．

第7章

中小企業の
海外撤退に影響する
要因は何か

1 本章の目的

　前章では，中小企業の海外撤退をアンケートから定量的に分析し，海外撤退の理由として，「製品需要の不振」「現地パートナーとの不調和」「管理人材の確保困難」が多い点などを明らかにした．
　一方で，中小企業の海外撤退には，これら以外にもさまざまな要因が影響することが想定される．親会社の属性や海外拠点の管理体制など，さまざまな要因が海外拠点の存続・撤退に影響している可能性がある．海外拠点の存続・撤退要因を明らかにすることは，海外展開を目指す中小企業にとって示唆となりうるだろう．
　そこで，本章では，中小企業の海外撤退に影響する要因について実証分析を行う．すなわち，海外直接投資による進出から拡大を経て，存続する企業と撤退に至った企業を分析し，どのような要因が海外拠点の存続・撤退に影響しているのかを探るものである．
　本章の構成は次のとおりである．2 では海外からの撤退要因に関する先行研究をレビューする．3 では，分析に使用するデータの概要と仮説を示す．4 では，分析結果とそれにもとづく考察を行う．5 で本章の結論と課題を示す[69]．

2 先行研究

(1) 企業の海外撤退要因

　第 6 章でみたとおり，海外撤退に関する研究は，国際的にみても十分には行われておらず，更なる蓄積が求められている (McDermott 2010)．そうしたなか，海外撤退に関する数少ない研究を発表してきたのが Boddewyn である．
　Boddewyn (1979) では，撤退に影響する要因として，①財務上の理由，②投資前の分析不足，③不利な環境条件，④適合性およびリソースの不足，⑤構造的および組織的な要因，⑥外的な（撤退）着手への圧力，⑦国の違いを指摘

---

[69] 本章は，丹下・金子 (2016) を加筆修正したものである（初出：『日本中小企業学会論集 35』）．

する.

　Boddewyn（1983）では，次の三つの条件のうち，いずれか一つが当てはまると，撤退が起こるとする．第一に，直接投資を行っている企業が他国企業に対する競争上の優位性を持たなくなること．第二に，仮に競争上の優位性を保持していたとしても，自社で内部化しているよりは，外国企業に売却したり賃貸したりした方が，利益があがること．第三に，企業が，母国外でそうした内部化された競争上の優位性を利用しても利益が上がらなくなる，すなわち，外国市場に対しては輸出で，自国市場に対しては自国生産で供給した方が有利か，または外国，自国のどちらか一方ないしはその双方を放棄した方が有利な場合である．これは，企業の海外進出を説明するDunningの折衷理論（eclectic theory）を逆転させたものであり，撤退要因を論理的に導き出している（洞口1992）．

　日本企業の海外撤退については，洞口（1992）の研究が先駆的である．Boddewyn（1983）らの議論を踏まえて，日本企業の海外撤退を規定する要因について分析している．その結果，①親会社が保持する経営資源の優位性を示す研究開発能力と，親会社の企業規模は，海外子会社の撤退と有意な負の相関を持つこと，②立地条件については，「原材料資源確保」を進出目的とした日本企業の撤退比率は，他の要因を目的とした場合よりも高く，「原材料資源確保」という要因以外で進出した場合は，立地条件とは独立した要因が撤退を引き起こしている可能性が高いことなどを明らかにしている（洞口1992，144ページ）．洞口（1992）の議論からは，日本企業の海外撤退には，親会社の企業規模と経営資源が影響していることがわかる．

(2) 中小企業の海外撤退

　以上の先行研究は，大企業を主な研究対象としている．では，中小企業の海外撤退要因に絞ると，どのような研究が行われてきたのだろうか．

　中小企業の海外撤退要因に関連したものとしては，足立（1994），鷲尾（1996），中小企業基盤整備機構（2012）などがある．足立（1994）は，事例研究によって，撤退に至るケースの多くは，当初の意思決定，とりわけパートナーの選定にかかる問題が多い点を指摘する．そして，社長や派遣駐在員，

パートナーなどの「人的要因の重要性」が最も重要な教訓であるとしている．鷲尾（1996）も撤退要因として，現地パートナーとの不調和が多く，特にアジアでこの傾向が強いとしている．中小企業基盤整備機構（2012）では，撤退・移転の理由として，「受注先，販売先の開拓・確保の困難性」が27.6％で最も多く，次いで「生産・品質管理の困難性」が24.5％，「現地パートナーとのトラブル」が23.6％などと続く．

　中小企業の海外撤退には，販売面やパートナーとの関係，海外拠点の管理といった要因が影響している可能性が指摘できる．

　一方で，こうした先行研究の課題として，統計的検証が行われていないことがあげられる．中小企業の海外展開を取り巻く環境が変化するなかで，撤退にどのような要因が影響しているのかを分析することが必要と考える．

3　分析の概要と仮説

(1) 仮説

　以下では，先行研究を踏まえながら，中小企業の海外撤退要因に関する仮説を提示する．分析のフレームワークは，①親会社の属性，②海外子会社の属性，③海外進出前の準備，④海外拠点の管理体制，といった四つの視点から中小企業の海外撤退を規定する要因を探るものである．

①親会社の属性に関する仮説

　大企業を研究対象とした先行研究では，（イ）親会社の規模と，（ロ）経営資源の優位性を示す研究開発能力の二つが，撤退比率と有意な負の相関を持つ点が指摘されている（洞口 1992）．企業規模が大きければ，信用リスクが少ないとみなされるため，資金調達が容易であるなど，海外拠点を維持できる可能性は高い．逆に，企業規模が小さい場合には，信用リスクが高いとみなされ，資金調達が難しくなり，海外拠点を維持できる可能性は低くなることが想定される．

　また，親会社がもつ経営資源の優位性が失われた場合，大企業だけでなく，中小企業においても海外拠点が撤退を余儀なくされる可能性は高いことが想定

される．したがって，以下の仮説を設定する．

　仮説1：親会社の規模が小さいほど，撤退しやすい
　仮説2：親会社がもつ経営資源の優位性が少ないほど，撤退しやすい

②**海外拠点の属性に関する仮説**
　Boddewyn（1979）では，海外拠点の属性のうち，撤退に影響する要因として，財務上の理由と，国の違いを指摘している．ここでは，財務上の理由として，海外拠点の業況を採り上げる．Boddewyn（1979）に従えば，海外拠点の業況悪化は，撤退を促す方向へ影響することが想定される．
　また，進出国によって法規制や労働コストの変化などが異なっており，こうした点が撤退に影響するものと想定される．ただし，先行研究では，進出国によって，撤退にどのような影響があるのかについてまでは議論されていないため，進出国の違いが撤退にどのような方向で影響するのか，事前に仮定することは難しい．したがって，以下の仮説を設定する．

　仮説3：海外拠点の業況が悪いほど，撤退しやすい
　仮説4：進出国によって，撤退が発生する確率が異なる

　先行研究では，進出する際のパートナーとの関係が撤退に影響する可能性が指摘されている（足立 1994）．パートナーとの関係性を直接観察できる代理指標はないものの，海外拠点に対する親会社の出資比率を活用することが可能である．出資割合が100%に近づくほど，親会社が海外拠点の主導権を握ることが多いため，パートナーとのさまざまな調整はそれほど必要ではなくなる．一方，出資比率が低いほど，パートナーが主導権を握ることが多いため，利害調整が難しくなるだろう．すなわち，出資比率が低いほど，撤退が発生することが想定される．したがって，以下の仮説を設定する．

　仮説5：親会社の出資比率が低いほど，撤退しやすい

3 分析の概要と仮説

③海外進出前の準備

　Boddewyn（1973）では，撤退に影響する要因として，投資前の分析不足を指摘する．また，第6章でみたように，「海外直接投資を成功させるために最も重要と考える項目は」との問いに対して，「フィージビリティ・スタディ（F/S）の実施」が最も高い割合となっている．特に，撤退経験を有する企業ではこの割合が高かったことは，F/S の実施の有無が撤退に影響している可能性が指摘できるだろう．

　実際，投資前には，さまざまな分析が必要とされるものの，中小企業の場合には十分な調査を行わずに海外進出を決めてしまうケースも散見される．もちろん，準備をどの程度行えばいいのかを厳密に明示することは難しいが，少なくともまったく行わないよりは，準備をしっかりした方が撤退に至る確率は低くなるだろう．そこで，以下の仮説を設定する．

　仮説6：F/S が不十分な海外拠点ほど，撤退しやすい

④海外拠点の管理体制

　最後に，海外子会社の管理体制が撤退に影響するとの仮説を設定する．足立（1994）は，社長や派遣駐在員などの「人的要因の重要性」が最も重要な教訓であるとしている．中小企業基盤整備機構（2012）では，「生産・品質管理の困難性」が撤退理由の上位にあげられている．こうした点を踏まえると，海外拠点の管理体制が十分でなければ，撤退につながることが想定される．

　仮説7：海外撤退には，海外拠点の管理体制が影響している

(2) データの概要と推計方法

　以上の仮説を検証するため，本章では，第3章，第6章と同様に，日本政策金融公庫総合研究所が実施した「中小企業の海外事業再編に関するアンケート」（以下，アンケート）のデータを使用する．

　調査対象は，日本政策金融公庫中小企業事業の取引先であり，回収数298社（回収率31.5％）のなかから，海外直接投資経験があると回答した248社

を抽出した．内訳は，「海外直接投資先からの撤退経験がある企業」が 88 社（35.5％），「海外直接投資先からの撤退経験がない企業」が 160 社（64.5％）である．

以下では，中小企業の海外撤退に影響する要因を探るため，二項ロジスティック回帰分析を行い，仮説を検証する．

被説明変数の海外撤退は，アンケートの回答に基づく．アンケートでは，回答企業に対して，①撤退した海外拠点の有無と概要，②現存する海外拠点の有無と概要，について，回答してもらっている．これに基づき，ある海外拠点が撤退していれば「1」，存続していれば「0」とするダミー変数を拠点ごとに割り当てた．

したがって，回帰分析によって導き出された各説明変数における係数の符号がプラスであれば撤退確率を高める方向に，マイナスであれば撤退確率を低める方向に，それぞれ影響することを意味する．

(3) 変数

回帰分析に用いた説明変数の記述統計量を表 7-1 に示す．それぞれの定義は以下のとおりである．

①親会社の属性

仮説 1 で示した「企業規模」の代理変数には，親会社の国内従業者数（10 年前）の対数を用いた．

仮説 2「経営資源の優位性」には，親会社における差別化製品・サービスの有無を採用している．これは，親会社に対して，差別化された技術や製品・サービス，ビジネスモデルの有無を尋ねた設問に基づく．この設問に対する選択肢は，「大いにある」「多少ある」「ほとんどない」「まったくない」の四つであり，「大いにある」「多少ある」に該当する場合を「1」，それ以外に該当する場合を「0」とするダミー変数である．

なお，コントロール変数として業種および業歴の対数を説明変数に加えている．

3 分析の概要と仮説

表 7-1 説明変数の定義と記述統計

説明変数	定　義	平均値	標準偏差	最小値	最大値
親会社の属性					
国内従業者数（人，対数）	国内従業者数（10年前．常勤役員，正社員，非正社員の合計）の対数	4.150	1.095	0.693	7.508
差別化ダミー	「大いにある」「多少ある」＝1，「ほとんどない」「まったくない」＝0	0.682	0.466	0	1
業種ダミー	「食料品・飲料」「繊維・繊維製品」「パルプ・紙，木材」「化学・医薬」「プラスチック製品」「鉄鋼，非鉄金属」「金属製品」「はん用・生産用・業務用機械」「電子部品・デバイス，電気機器等」「輸送用機器」「非製造業」のそれぞれについてのダミー変数．参照カテゴリーは「製造業その他」．	―	―	0	1
業歴（年，対数）	業歴の対数	3.945	0.465	1.792	5.024
海外拠点の属性					
赤字ダミー	「赤字」＝1，「トントン」「黒字」＝0	0.408	0.492	0	1
進出国ダミー	「北米（アメリカ・カナダ）」「台湾」「中国（香港・マカオを含む）」「韓国」「インドネシア」「マレーシア」「フィリピン」「タイ」「ベトナム」「インド」のそれぞれについてのダミー変数．参照カテゴリーは「その他」．	―	―	0	1
進出時の出資比率（％）	進出時における親会社から海外子会社への出資比率	81.945	26.940	2	100
進出年（年）	海外子会社の進出年	2000	8.971	1952	2014
海外進出前の準備					
F／S実施ダミー	「十分に実施した」「多少実施した」＝1，「どちらともいえない」「あまり実施していない」「まったく実施していない」＝0	0.581	0.494	0	1
海外拠点の管理体制					
海外子会社の経営責任者					
経営者・後継者ダミー	現在（撤退拠点の場合は撤退直前）における海外子会社の経営責任者が「経営者自身」「後継者・後継者候補」＝1	0.244	0.430	0	1
本社役員・従業員ダミー	現在（撤退拠点の場合は撤退直前）における海外子会社の経営責任者が「進出前から勤めていた日本本社の役員・従業員」「海外に派遣するために採用した日本本社の役員・従業員」＝1	0.439	0.497	0	1
その他ダミー	上記以外＝1（参照カテゴリー）	0.317	0.466	0	1
財務データ提出ダミー	「日本本社への財務データの提出」を実施＝1	0.787	0.410	0	1
経営管理者訪問ダミー	「日本本社から経営管理者が定期的に訪問」＝1	0.604	0.490	0	1

（注）集計対象企業数は217社である．

②海外拠点の属性

海外拠点属性については，海外拠点の業況，進出国，親会社の出資比率を説明変数としている．

海外拠点の業況については，仮説3を検証するために説明変数に加えている．設問では，海外拠点の最近の業況（撤退拠点は撤退直前の業況）について，「赤字」「トントン」「黒字」に分けて回答してもらっている．「赤字」に該当する場合を「1」，それ以外に該当する場合を「0」とするダミー変数を採用した．

進出国については，仮説4を検証するために説明変数に加えた．「北米（アメリカ・カナダ）」「台湾」「中国（香港・マカオを含む）」「韓国」「インドネシア」「マレーシア」「フィリピン」「タイ」「ベトナム」「インド」「その他」に分け，該当する場合を「1」，該当しない場合を「0」とするダミー変数を採用し，「その他」を参照カテゴリーとした．これによって，進出国の違いが撤退に影響するかを分析する．

親会社の出資比率については，仮説5を検証するために説明変数に加えた．その他，コントロール変数として，海外拠点の進出年を説明変数としている．

③進出前の準備

「進出前の準備」については，F/S 実施の有無を説明変数として加えた．「十分に実施した」「多少実施した」に該当する場合を「1」，該当しない場合を「0」とするダミー変数とした．これは，仮説6を検証するために説明変数に加えたものである．

④海外拠点の管理体制

最後に，仮説7で示した海外拠点の管理体制である．「海外拠点の経営責任者」「日本本社への財務データ提出」「日本本社から経営管理職が定期的に訪問」の三つを説明変数に加えている．

海外拠点の経営責任者については，「経営者・後継者」「本社役員・従業員」「その他」という三つのダミー変数を説明変数に加えた．それぞれ該当する場合を「1」とするダミー変数とし，分析では「その他ダミー」を参照カテゴ

リーとした.

「日本本社への財務データ提出」「経営管理職が定期的に訪問」については,それぞれ実施している場合は「1」,そうでない場合は「0」の値をとるダミー変数である.

4 推計結果と考察

以上を踏まえて,回帰分析を行った.回帰分析の結果は,**表7-2**のとおりである.以下,仮説1～7に関連した説明変数を中心に分析を行う.

①親会社の属性

まず,親会社の属性についてみてみると,有意となった説明変数はみられなかった.「企業規模」の代理変数である「国内従業者数」は,有意ではなく,「仮説1:親会社の規模が小さい企業ほど,撤退が発生しやすい」は,支持されなかった.また,「経営資源の優位性」の代理変数である「差別化ダミー」についても,有意ではないため,「仮説2:経営資源の優位性が少ない企業ほど,撤退が発生しやすい」も支持されなかった.ただし,「国内従業者数」「差別化ダミー」とも,係数の符号は仮説のとおりマイナスとなっている.

「企業規模」「経営資源の優位性」の代理変数がいずれも有意とならなかった理由として,先行研究と代理変数が異なる点が影響した可能性がある.洞口(1992)では,企業規模の代理変数として売上高を採用しており,優位性の代理指標としては,売上高研究開発費比率を採用している.本書ではそれぞれ国内従業者数と差別化ダミーを用いており,そうした点が影響した可能性が考えられる.

また,データの制約が影響した可能性も指摘できる.特に,撤退拠点に関して,本来は,「国内従業者数」「差別化ダミー」ともに,撤退拠点が稼働していた期間のデータを分析に用いる必要がある.しかしながら,データ入手の制約から,本書では「国内従業員数」については10年前の数値を,「差別化ダミー」については現在の値を用いて分析を行った.こうした点が分析結果に影響している可能性もある.

②海外拠点の属性

次に，海外拠点属性についてみてみよう．ここでは，二つの説明変数が有意となった．まず，海外拠点の業況を示す「赤字ダミー」が有意にプラスとなっている．したがって，「仮説3：海外拠点の業況が悪いほど，撤退が発生しやすい」は支持される．

海外拠点の業況が赤字である場合，赤字を補てんするために資金調達が必要となるケースが多い．中小企業では，現地金融機関から資金調達をするのは難しく，多くの場合，親会社からの調達に頼らざるをえない．しかし，資本力に乏しい中小企業では，親会社から支援するにも限界がある．そのため，海外拠点が赤字になると，親会社は支援しきれずに，撤退を選択せざるをえないものと考える．

「進出時の出資比率」も有意にマイナスとなっている．したがって，「仮説5：親会社の出資比率が低いほど，撤退が発生しやすい」は支持される．

この結果は，親会社の出資比率が低い，すなわち合弁による進出のほうが，撤退が発生しやすいことを意味する．また，出資比率が高い進出のほうが，撤退が発生しにくいという解釈も可能である．合弁のほうが，パートナーとの関係悪化などによって，撤退につながりやすいことが要因として考えられる．

例えば，家具製造業者のN社[70]は，国営家具会社と合弁で1996年に中国上海市に進出した（出資比率55％）．合弁先から現地従業員を供給してもらったが，モラルが低く，合弁先に改善を求めたが一向に改善しなかった．そのため，2001年に合弁を解消し撤退，同年に独資で再進出する．再進出後は，優秀な人材を自由に採用できたことや，日系企業として認識されることが多くなったことなどから，業況は堅調に推移している．

出資比率と撤退との関係を分析するうえで留意しなければならない点が二つある．第一に，進出年の違いが出資比率に影響している可能性である．

表7-2をみると，進出年は撤退に対して有意にマイナスである．仮に，進出年が出資比率に影響していると，撤退と出資比率との間に見せかけの関係性が見出されてしまう可能性が考えられる．実際，アジア各国では，自国の産業

---

70) N社については，先方希望により，資本金および従業員数などは非公開．なお，N社の海外事業展開については，第9章で詳細に採り上げる．

表7-2 海外撤退に影響を与える要素

説明変数		係数	オッズ比	有意確率
親会社の属性				
国内従業者数（人）			0.705	0.234
差別化ダミー			0.596	0.276
業種ダミー	食料品・飲料ダミー	0.203	1.225	0.872
	繊維・繊維製品ダミー	0.562	1.753	0.596
	パルプ・紙，木材ダミー	1.418	4.128	0.420
	化学・医薬ダミー	2.664	14.358	0.082 *
	プラスチック製品ダミー	0.598	1.818	0.589
	鉄鋼，非鉄金属ダミー	0.223	1.250	0.892
	金属製品ダミー	0.195	1.215	0.846
	はん用・生産用・業務用機械ダミー	0.164	1.178	0.873
	電子部品・デバイス，電気機器等ダミー	1.419	4.133	0.128
	輸送用機器ダミー	0.548	1.730	0.597
	非製造業ダミー	0.247	1.281	0.792
業歴（年，対数）		0.201	1.223	0.748
海外拠点の属性				
赤字ダミー			10.558	0.000 ***
進出国ダミー	北米（アメリカ・カナダ）	0.465	1.593	0.686
	台湾	2.484	11.987	0.074
	中国（香港・マカオを含む）	1.003	2.727	0.306
	韓国	0.200	1.221	0.880
	インドネシア	0.746	2.107	0.752
	マレーシア	2.987	19.824	0.055 *
	フィリピン	0.652	1.920	0.611
	タイ	0.847	2.333	0.463
	ベトナム	0.753	2.123	0.564
	インド	−0.188	0.829	0.925
進出時の出資比率（%）		−0.018	0.982	0.015 **
進出年（年）		−0.145	0.865	0.000 ***
海外進出前の準備				
F／S実施ダミー		−0.210	0.811	0.633
海外拠点の管理体制				
海外子会社の経営責任者				
経営者・後継者ダミー		−0.186	0.830	0.748
本社役員・従業員ダミー		0.998	2.713	0.049 **
財務データ提出ダミー		−0.449	0.638	0.368
経営管理者訪問ダミー		−0.277	0.758	0.505
定数項		289.145		
−2対数尤度		178.5		
Nagelkerke R2乗		0.478		
観測数		217		

(注) 1. 二項ロジスティック回帰分析による推計.
   2. ＊は有意水準が10%，＊＊は同5%，＊＊＊は同1%を意味する．

振興を目的として，現地企業との合弁による進出しか認められないなど，過去には出資比率に関する規制が多く存在していた．一方，近年は，アジア各国の発展に伴い，こうした規制は徐々に減ってきている．こうした動きも勘案すると，出資比率と進出年との関係性を確認しておく必要がある．

そこで，進出年と出資比率との相関関係をみると，相関係数は，0.100であり，相関関係にあるとはいえない．進出年と出資比率は独立した関係にあることから，撤退には出資比率が影響していると判断してよいだろう．

第二に，将来的な撤退を意識し，進出当初から出資比率をあえて低く抑えていた企業が存在する可能性である．出資比率が少ない場合，出資額も少ないことが想定される．こうした場合には，撤退による負担も少ないことから，撤退が発生しやすくなる可能性があるだろう．

「進出国」ダミーは，マレーシアで，10％水準ながら有意にプラスの係数をとっている．マレーシアについては，過去，電気機器産業を中心に中小企業の進出が相次いだが，その後の人件費高騰などから，多くの中小企業が撤退を余儀なくされた．そうした経緯が影響しているものと考える．

一方で，マレーシア以外の国については，いずれも有意ではない．したがって，「仮説4：進出国によって，撤退が発生する確率が異なる」は，支持されない．進出国の違いは，中小企業の海外撤退には影響しているとはいえない．

なお，仮説に関連する変数以外では，進出年が有意にマイナスとなっている．進出年が最近であるほど撤退が発生する割合が低いといえるだろう．

③進出前の準備

進出前の準備については，どうだろうか．フィージビリティ・スタディ（F/S）実施ダミーは，有意ではないため，「仮説6：F/Sが不十分な海外拠点ほど，撤退が発生しやすい」は支持されない．

第3章では，F/S実施の有無が海外拠点の成果に影響していることを明らかにした．一方で，本章の結果は，F/S実施の有無が撤退そのものには影響していないことを意味する．こうした結果となるのはなぜだろうか．想定されるのは，撤退が必ずしも，海外拠点の成果とは直接的に結びついていない可能性である．この点については，第8章で焦点を当てて，分析したい．

④ 海外拠点の管理体制

　海外拠点の管理体制はどうだろうか．これをみると「本社役員・従業員ダミー」のみが有意にプラスの係数をとっている．現地経営責任者が日本本社から派遣された役員や従業員である場合，撤退が発生しやすいということになる．「財務データ提出ダミー」「経営管理者訪問ダミー」については，いずれも有意ではないものの，係数の符号はマイナスとなっている．これらを踏まえると，「仮説7：海外撤退には，海外拠点の管理体制が影響している」は概ね支持される．

　「本社役員・従業員ダミー」が有意にプラスの係数をとっている点に関しては，三つの解釈が可能である．第一に，日本本社の役員・従業員ではなく，日本本社の経営者自らが経営責任者として海外拠点の経営に関与した方がよいとの解釈である．実際，日本本社の経営者が長期にわたって海外拠点に駐在し，積極的に経営に携わる事例もみられる[71]．ただし，こうした取り組みは，経営者が長期にわたって不在でも対応可能なように，日本本社の管理体制を構築していなければ難しい．そのため，すべての中小企業が採用できるものではないだろう．

　第二に，日本本社の役員・従業員ではなく，現地の人材を経営責任者とした方がよいとの解釈である．国際経営研究をみると，吉原（2011）は，日本企業の海外拠点について，経営者の現地化が進んでいないとしている．寺本ほか（2013）は，海外拠点のマネジメント人材を，従来の本社日本人人材のなかから育成するのではなく，現地人材など，国籍を問わず幅広い人材から育成・登用することで，海外拠点の経営現地化を進めることを主張する．このように国際経営研究では，海外拠点における経営現地化の必要性が指摘されている．

　一方で，寺本ほか（2013）では，海外拠点の経営現地化をどこまで進めるべきかについて，共通解は存在しないとし，経営の現地化は，①海外事業の規

---

71) こうした事例として，前述および第9章で採り上げるN社があげられる．中国で業務用家具を製造するN社は，現地企業との合弁企業において，経営を合弁相手に任せ，失敗した経験を持つ．そのため，その後に進出した中国拠点では，日本本社の社長が一年間の3分の1以上を上海で生活して自ら陣頭指揮を執っている．

模,海外拠点数,②企業グループ内の協業・分業関係や現地法人に期待される役割,③製品・サービスを作る情報・技術・資源の特徴,④市場の特徴,⑤操業年数や事業のステージといった五つの要素に応じた個別解であり,経営現地化は必須ではないとしている.

こうした議論を踏まえると,「本社役員・従業員ダミー」が有意にプラスの係数をとる点については,海外拠点の経営を現地人材に任せたほうがよいとする方向性を示したものと解釈することもできるが,実際に海外拠点の経営を現地化するか否かは,個別企業の置かれた状況を考慮して,実施することが必要と考える.

第三に,現地経営責任者が日本本社から派遣された役員や従業員であることが問題なのではなく,派遣される役員や従業員の質が影響しているとの解釈である.

日本で建設業を営むXB社(資本金1,000万円,従業員15名)は,2001年に中国大連にコーヒーショップを出店したが,2003年に撤退した.現地法人の総経理は,XB社で技術者として勤務していた人材であり,経営経験はほとんどなかった.結果的に,XB社が中国から撤退した要因は,当時流行したSARS(重症急性呼吸器症候群)による影響と,総経理による売上や仕入れのごまかしと横領であったという.

XB社の事例を踏まえると,日本本社から派遣された役員や従業員だからだめという問題ではなく,派遣される役員や従業員の質が影響していると考える.派遣される役員や従業員に対しては,日本国内において,事業運営経験を積ませたうえで派遣するなどの取り組みが必要だろう.

以上,三つの解釈について分析を行った.これらを踏まえると,中小企業における海外拠点の管理体制については,①自社の置かれた状況を踏まえたうえで,必要に応じて現地人材の活用など経営の現地化を進める,②日本人人材を派遣する場合は,国内で事業運営経験を積ませるなど,派遣する人材の質を高めておく,といった取り組みが有効と考える.

5 小括

　本章では，中小企業の海外撤退に影響する要因について分析を行った．その結果，三つの要因が影響していることが明らかとなった．

　第一に，海外拠点の業況である．赤字であるほど，撤退が発生しやすい．第二に，進出時の出資比率である．出資比率が低いほど，撤退が発生しやすい．最後に，現地の経営責任者である．日本本社の役員・従業員が現地の経営責任者であるほうが，撤退が発生しやすい．

　ただし，事例研究を踏まえると，この点については，日本本社の役員・従業員だからというよりも，日本本社から派遣される役員や従業員の質が大きく影響している可能性がある．一方で，進出国の違いや進出前の準備状況は，撤退に影響しているとはいえない．

　本書の結論からは，中小企業は出資比率を高くして進出した方が，撤退が起こりにくい，という示唆が得られる．一方，第4章や第5章では，現地市場開拓を進めるためには，合弁を含む海外企業の活用が重要との示唆が得られている．この二つの示唆をどのように関係づければよいのだろうか．この点については，第10章で改めて検討したい．

　なお，本章の分析では，海外撤退に影響する要因すべてを分析に組み入れることができていない．撤退の決定には，進出国の景気動向や産業構造，今後の需要見通し，親会社の業績などさまざまな要因が影響する[72]．本書で撤退要因の一つとして示した出資比率についても，自社や合弁相手先の技術力，資金力など，さまざまな要因が影響している可能性がある．Boddewyn (1979) で示された撤退要因についても，データの制約から一部しか分析できなかった．こうした点を考慮した研究が今後は求められる．

---

[72] 例えば，縫製業のように安価な労働力確保を目的とした海外拠点では，現地の人件費上昇が主な撤退要因となるだろう．業種や進出目的ごとの分析については，今後の課題である．

第8章

海外直接投資の
成果と撤退

― 撤退は本当に失敗か ―

1 本章の目的

本章では,撤退について,海外拠点の成果との関係に焦点を当てて,分析を行う.

第6章で示したように,先行研究の多くが,撤退を意識的あるいは無意識的に,成果が上がらなかった拠点とみなして分析している.こうした見方に対して,今木(1987)や小山(2013)らは,撤退を失敗としてのみとらえるのではなく,戦略性を持った撤退,すなわち戦略的撤退をとらえる必要性を指摘する.こうした指摘は,中小企業の海外撤退を考えるうえでも有効と考える.

しかしながら,小山(2013)自身が指摘するように,先行研究では,どのような基準で撤退の戦略性を判断するかについては,明確に示すことができておらず,そうした戦略的撤退については,十分な整理がなされていない.

一方,撤退を分析する視点として,自発的撤退(voluntary divestment)と非自発的撤退(involuntary divestment)といった視点も提示されている.今木(1987)によると,自発的撤退は,企業の自主的努力によって克服可能な撤退である.一方,非自発的撤退は,企業の力の範囲を超えたものとして,企業の意図と無関係な撤退であり,国有化や収用による撤退がこれに該当するとしている.しかしながら,こうした分析視点と,前述の戦略的撤退がどのような関係にあるのかについて,先行研究では十分な言及がなされていない.

こうした先行研究に対して,筆者は,「撤退拠点の成果」に着目することが,これらの課題を解決するとともに,中小企業の海外撤退を分析するうえでも有効と考える.投資期間にわたって成果を上げながらも撤退した海外拠点は,今木(1987)や小山(2013)らが指摘するような戦略的撤退の要件を満たすものと考えるためである.

そこで,本章では,先行研究を踏まえつつ,撤退分析に「撤退拠点の成果」を取り入れることで,新たな視点を提示することを試みる.

本章の構成は次のとおりである.2では,まずアンケートをもとに,撤退と海外拠点の成果との関係について分析を行う.ここでは,成果を上げながら,撤退に至った海外拠点が多いことを明らかにする.3では,成果を上げながら

も海外から撤退した中小企業の事例研究を行う．4 では，そうした事例企業がなぜ成果を上げながらも撤退を選択したのか，また成果を上げながらも撤退できたのは，どのような要因なのかの 2 点を分析する．そのうえで，海外撤退をとらえるための枠組みを仮説的に提示する．最後に 5 で本章の小括を行う[73]．

2　アンケートにみる海外直接投資の成果

　まず，前述のアンケートを用いて，撤退拠点の成果について，存続拠点と比較しながら分析を行う．

　先行研究では，撤退拠点の成果に着目して分析したものは見られない．これは，前述のように，撤退拠点＝成果を上げられなかった拠点という前提が暗黙的に存在することによるものであると考える．一般的に撤退には，失敗のイメージが付きまとう．

　では，実際にはどうなのだろうか．ここでは，撤退拠点の成果を三つの視点から分析することを試みる．それは，(1) 撤退拠点の業況，(2) 撤退拠点における繰越欠損の有無，(3) 撤退拠点の成果である．以下，それぞれについてみてみよう．

　まず，撤退拠点について，撤退直前の業況をまとめたものが**表 8-1** である．これをみると，「赤字」が 68.3％ と高い割合になっていることがわかる．存続拠点では，「黒字」が 45.0％，「トントン」が 25.9％ を占めており，「赤字」は 29.1％ に過ぎない．存続拠点と比較すると，撤退拠点の業況は，撤退直前にはあまりよくないことがわかる．こうした傾向は，一般的な考えと合致するため，それほど違和感はないだろう．

　一方で，撤退拠点の業況をみると，「黒字」が 12.2％，「トントン」が 19.5％ となっており，あわせて約 3 割の撤退拠点は，撤退直前でも一定の成果をあげている．存続拠点と比べるとこの割合は低いものの，撤退直前でも黒字あるいはトントンの企業が存在する点は，注目される．

---

[73] 本章は，日本政策金融公庫総合研究所金子昌弘研究員と，筆者との共著である日本政策金融公庫総合研究所（2015b）を大幅に加筆修正したものである．

2 アンケートにみる海外直接投資の成果

表8-1 海外拠点の業況

		海外拠点の業況			
		黒字	トントン	赤字	合計
撤退拠点	拠点数	10	16	56	82
	構成比	12.2%	19.5%	68.3%	100%
存続拠点	拠点数	85	49	55	189
	構成比	45.0%	25.9%	29.1%	100%
合計		95	65	111	271
		35.1%	24.0%	41.0%	100%

(注) 1. Pearson のカイ 2 乗値：0.000
2. 撤退拠点については，撤退時の業況を，存続拠点については，直近時の業況を聞いたもの．

表8-2 海外拠点の繰越欠損の有無

		繰越欠損の有無		
		あり	なし	合計
撤退拠点	拠点数	47	33	80
	構成比	58.8%	41.3%	100%
存続拠点	拠点数	80	102	182
	構成比	44.0%	56.0%	100%
合計		127	135	262
		48.5%	51.5%	100%

(注) 1. Pearson のカイ 2 乗値：0.027
2. 撤退拠点については，撤退時の繰越欠損の有無を，存続拠点については，直近時の繰越欠損の有無を聞いたもの．

次に，撤退拠点について，撤退時における繰越欠損の有無をみてみよう．先ほどみた業況は，撤退直前の状態を示しているものであり，必ずしも撤退拠点の投資期間中の成果を反映しているとは言い難い．撤退直前は，赤字ではあるが，投資期間全体では成果を上げていることも想定される．海外拠点の成果は，撤退直前の1期のみの成果ではなく，投資期間全体を通じた成果でみる必要があると考える．

そこで，撤退時における繰越欠損の有無を表8-2でみてみよう．撤退時に繰越欠損があった拠点は，58.8％となっている．これは，存続拠点の44.0％と比較しても高い割合となっている．撤退拠点は存続拠点と比べると，その成果は劣っているのが現実である．

一方で，撤退時に繰越欠損がなかったとする撤退拠点が41.3％も存在する点が注目される．このことは，投資期間中で見れば，撤退拠点で一定の成果を

表8-3 海外拠点の成果に対する評価

		海外拠点の評価				
		予想を上回る成果を上げた	予想通りの成果を上げた	予想を下回る成果にとどまった	予想をかなり下回る成果にとどまった	合計
撤退拠点	拠点数	5	28	19	30	82
	構成比	6.1%	34.1%	23.2%	36.6%	100%
存続拠点	拠点数	28	73	63	23	187
	構成比	15.0%	39.0%	33.7%	12.3%	100%
合計		33	101	82	53	269
		12.3%	37.5%	30.5%	19.7%	100%

(注) 1. Pearson のカイ2乗値：0.000
2. 撤退拠点については，撤退時の評価を，存続拠点については，直近時の評価を聞いたもの．

上げたことを意味する．また，先ほど見た撤退拠点の業況と比較すると，黒字（12.2％）とトントン（19.5％）の合計31.7％を上回っている．撤退直前は，業況が悪化したものの，投資期間全体でみると，一定の成果を上げた撤退拠点も多いことがわかる．

最後に，撤退した拠点について，投資期間中の成果を別の視点からも分析しておこう．**表8-3**は，アンケート先に対して，海外拠点の成果をどのように評価しているのか聞いたものである．これをみると，「予想をかなり下回る成果にとどまった」が36.6％と，最も高い割合となっている．「予想を下回る成果にとどまった」（23.2％）と合わせると，59.8％の企業が海外拠点で成果を上げられずに，撤退していることがわかる．

一方で，注目したいのは，撤退拠点で一定の成果を上げた企業が40.2％も存在する点である．「予想を上回る成果を上げた」が6.1％，「予想通りの成果を上げた」が34.1％となっており，これらを合わせると，撤退拠点の約4割が一定の成果を上げていたことがわかる．

ここでは，回答企業が当初の成果予想をどの程度の水準に設定していたのかによって，回答が異なってくる．しかしながら，投資期間中の成果について，当初から悪く予想する企業は少ないだろう．予想が悪い場合には，海外直接投資を実施しないという結論に至るためである．先ほどの繰越欠損の有無でみた分析結果も踏まえると，4割近い撤退拠点は，投資期間全体でみると一定の成果を上げたと判断してよいだろう．こうした結果は，海外からの撤退＝失敗と

表8-4 事例企業の概要

会社名	事業概要	資本金	従業員数	海外拠点	進出年	撤退年
I社	ウレタンの成型・加工,ソファーや座椅子などの家具を製造・販売	9,450万円	161名	中国 昆山市	1985年	2007年
				中国 上海市	1989年	2009年
				中国 青島市	2011年	
				中国 恵州市	2012年	
				タイ	2013年	
				台湾(支店)	2013年	
				ベトナム	2014年	
J社	車載関連などのプラスチック部品製造	6,787万円	133名	中国 深セン市	1994年	2014年
				フィリピン	1996年	
				中国 昆山市	2004年	
				タイ	2011年	
K社	電子機器部品ならびに精密機器部品に対する各種機能金属表面処理	9,700万円	342名	シンガポール	1979年	2010年
				マレーシア	1985年	
				タイ	1994年	
L社	自動車部品の製造	6,150万円	110名(子会社含む)	ベトナム	1994年	1998年
				中国 上海市	2004年	
				スロバキア	2013年	

いう考えが,必ずしも当てはまらない可能性を示していると考える.

3 事例研究:成果を上げながらも撤退した中小企業

アンケートによる分析では,撤退拠点の約4割が一定の成果を上げていたにもかかわらず,撤退していることを明らかにした.では,こうした企業はなぜ成果を上げながらも撤退したのだろうか.成果を上げながらも撤退した企業を分析することは,現在海外展開中の中小企業や,今後海外展開を目指す中小

企業にとっても，海外事業を見直す際の示唆となりうるだろう．

ここでは，アンケートにおいて，投資期間全体では，撤退拠点で成果を上げたとする事例企業について，その撤退要因を分析する[74]．事例企業の概要は，**表8-4**のとおりである．

(1) 日本本社との関連性を考慮し撤退（I社）

I社（資本金9,450万円，従業員161名，非正社員含む）は，1967年の創業以来，ウレタンの成型・加工を主力の事業としている．ウレタンフォームメーカーから仕入れた端材を粉砕し，成型・加工しており，創業当初は，自動車や新幹線のシートなどを手掛けていた．その後，ホームセンター向けにソファーや座椅子などの家具を製造・販売したものの，価格競争の激化から業績は次第に悪化していく．

そうしたなか，社長は，自分で価格が決められる商売がしたいとの思いを持ち，自社ブランドによるソファーの製造販売に取り組む．「家族のだんらんに向けた場を提供する」をコンセプトとしたソファー製品シリーズを2006年に立ち上げる．当初は，思うように売り上げが伸びなかったものの，2009年にインターネット販売を開始すると成果があらわれ始める．日本国内で販売されるソファーの大半が輸入品であるなか，当社製品は国内生産による品質の高さと，比較的手ごろな価格設定が評価されている．楽天市場で常に上位にランキングしており，口コミによる影響もあって安定した事業基盤を構築している．

I社が海外進出を考え始めたのは，1980年代中頃のことである．当時，当社が材料を供給していた健康寝具が大ヒットし，年商は54億円まで急拡大した．一方で，こうした状態がいつまでも続くわけがないと考えた社長は，次の収益の柱として，中国への進出を考え始める．

計画を練っていると，知り合いの社長が中国江蘇省昆山市に現地法人を設立したとの話を耳にする．そこで，成功事例をみようと現地を訪れてみると，たまたま，ウレタンフォーム工場の立ち上げ準備をする地場企業に出会った．当時の中国では，産業が育っていなかったこともあり，日本でウレタンの成型・

[74) 事例企業に対するインタビュー調査は，2014年12月～2015年3月に実施した．

加工を手掛けるI社に地場ローカル企業も興味を持つ.

その後,健康寝具のブームが去り,I社の売上高が急減したことから,中国昆山市への進出を決意する.前述の地場企業と複数回話し合った後,1985年8月に合弁契約を調印する.出資比率は50％ずつで,I社が資金を拠出し,現地企業は土地と建物を用意した.

中国拠点の事業内容は,ウレタンフォームの製造であり,製品は現地の企業に販売していた.I社ではウレタンフォームを製造した経験はなかったが,中国では今後,ウレタンフォームの需要が拡大していくと確信したため,進出したものである.当時,現地では競合企業がいなかったため,うまくいくと社長は感じていたという.

海外展開については,社長が主導する.進出前の準備としてのフィージビリティ・スタディは,詳細には行わなかったという.また,会社は永続するものという考えを持っていたため,進出前は撤退のことを考えておらず,撤退基準の設定や,撤退に必要な手続き等の確認も行っていない.

当該拠点の稼働後は,生産しただけ売れるような状態が続き,業績は予想通り順調に推移する.江蘇省のなかでも,優良企業のモデルケースとなり,政党幹部が視察に来るなど,当時は有名な会社であった.

当該拠点では,日本本社から駐在する専務が総経理を務め,合弁先の出身者が副総経理を務めた.現地での従業員教育や労務管理については,日本のやり方をベースとしたが,なかなかうまくいかなかった.日本人との考え方の違いを理解しておらず,しっかりと教育しなかったことが問題だったとI社では考えている.

市場拡大の好機をとらえ,他社に先駆けて参入したことで,先行者利益を獲得することができたが,次第に後発企業との競争が激しくなり,I社の優位性は失われていく.他のメーカーが力をつけてきたこともあるが,I社が成長に向けた投資をしてこなかったことも原因の一つといえる.当該拠点は,事業内容や取引関係の面で日本本社との関係が薄く,本社にとっての重要度が低かったことも影響している.

そうしたなか,当該拠点は,昆山市から立ち退きの要請を受ける.工場があった地域の宅地化が進んだためである.競争が激化するなかで,当該拠点は

一定の役割を果たしたことや，当初の合弁契約期間が既に経過していたことも踏まえて，潮時と感じた社長は，立ち退き要請を機に当該拠点の閉鎖を決断する．従業員からの反発は特になかったという．その時点で解雇になったほうが，退職金の条件が良かったためである．また，昆山市から立ち退きの補償金を受けたことも，資金負担を軽くする．合弁相手とは，資産配分の交渉があったが，機械と売掛金が，現金と同額程度になったため，大きな混乱もなかった．これらの交渉の際には，現地の事情に精通している弁護士がとても頼りになったという．撤退手続きが完了し，2007年に当該拠点を閉鎖したが，当該拠点については予想通りの成果を上げたと評価している．

当該拠点からの撤退後，I社は，調達コストの引き下げのため，再度中国へ現地法人を設立する．I社の主力商品である自社ブランドのソファーは，本社工場で製造しているが，カバーの縫製やフレームの加工など一部は中国の現地企業に委託していた．

しかし，人件費の高騰などを背景に，委託先からの値上げ要請が相次ぐ．委託先が上海市近郊にあったことや，1社のみに発注していたことも，コスト負担を重くした要因であり，調達先を再検討することにする．

そうしたなか，今後の展開を考えて，受注量の増加などに柔軟に対応できるよう自社で工場を持つことを決意し，2011年に山東省青島市に単独出資で会社を設立する．2012年には，青島市に設置した工場と同様の縫製工場を広東省恵州市にも単独出資で設立する．互いの拠点を競争させたほうが管理しやすいと考えたためである．その結果，従業員のやる気が高まり，生産性を向上することができたという．

I社では，撤退経験を踏まえ，海外子会社は，日本本社にとってプラスでなければならないと考えるようになった．そうした考えのもと，海外への販売を行うため，2013年にタイ現地法人を，台湾には支店を設立した．両国では，日本で製造した日本向けの商品を輸出し，販売している．日本製というブランドや実際の品質の高さにより，タイでは日本の2倍の価格で売れる商品もある．月商は100万円程で多くはないが，収支はとれている．これらを含め，現在ある海外拠点については，予想通りの成果を上げていると評価している．

(2) 撤退に向けて海外拠点の体制を整備（J社）

 J社（資本金6,787万円，従業員133名，非正社員含む）は，1986年に県下トップクラスの射出成形加工業者であるU社の分工場として操業を開始，2000年にU社から独立し，車載関連などのプラスチック部品を製造している．J社では，金型の設計・製作から射出成形，組み立てまでを一貫して手掛けており，生産設備開発も独自に行っている．生産工程の自動化も進めており，生産設備を自社で開発し，改良を重ねることで生産コスト低減を実現してきた．

 現在，車載分野とともに，力を入れているのが医療分野への取り組みである．J社では，輸液関連製品の部品を生産している．10年後も国内生産として残るものを考えたら，命にかかわる医療はなくてはならないと考えた．医療関連もコストと品質が大事であり，必要な生産体制を構築していたところ，取引のチャンスが訪れて，J社は参入できた．

 J社は，U社の分工場時代の1994年に中国の深センに進出する．進出理由は，主要取引先が生産の一部を深センに移すことを決めたためであり，J社もそれに追随して進出することにした．また，海外でのビジネス経験を積みたかったことや，社員に刺激を与え，自分で考えることのできる人材を育成したかったこと，海外とのネットワークを広げたかったことなども，進出した理由である．

 1994年に進出した当初は，日本本社の資金負担を減らすため，日系企業と合弁会社を設立する．その後2000年にJ社がU社より独立した際に，中国深センの拠点をJ社が引き継いでいる．しかし，合弁形態での運営は，責任の所在があいまいになり，思いどおりにならないことが多かったため，その後，合弁パートナーが持つ株式を買い取り，J社単独出資としている．

 その他の海外拠点については，1996年にはフィリピンに，2004年に中国江蘇省の昆山市に，2011年にタイに進出している．すべて単独出資による設立である．

 J社では，進出前のフィージビリティ・スタディとして，現地での日系取引先を確保したり，工場および住居付近が安全かどうかの確認，現地での材料調達が可能か，輸送費がいくらかといった点を調べている．

 一方で，中小企業がフィージビリティ・スタディを十分に行うのは難しく，

実際には進出しないとわからないことも多いと考えている。そのため，海外事業では最初からお金をかけすぎず，小さく始めて大きく伸ばすことが大事だと社長は考える。また，海外事業を円滑に運営するためには，現地での顧客を確保しておくことが必要と考えている。

海外拠点の管理については，日本から駐在員を多く派遣するのではなく，海外拠点での指揮命令系統をしっかりと作るようにしている。日本人駐在員が多いと，日本人同士で固まってしまい，管理が難しくなるためである。

従業員教育や労務管理については，日本のやり方を通すようにしている。ただし，従業員が理解していなければ，命令されても従わない。そこで，日本本社で研修を行い，仕事のやり方を学ばせている。現地では，慣れるまでは日本人による管理を行い，徐々に現地に任せるようにしていく。こうしたことも，合弁会社ではなかなかできないため，独資の利点であるという。

J社が2004年に中国昆山市に進出したころは，すでに深センの拠点では円滑に業務が運営されるようになっていた。そのため，昆山の工場が稼働したばかりの頃は，深センの従業員が応援に行っており，日本人駐在員は進出当初から工場長のみだった。

J社では，海外拠点について，特別な扱いはしていない。日本本社も中国拠点もフィリピン拠点も同様に，工場ごとに月次業績を出させ，販売計画の進捗状況を本社で管理している。細かな運営・管理方針は，生産拠点ごとに顧客が異なるため同じではない。共通しているのは，社長が年に1回，その仕事がその地域でいつまで続くのかを判断することである。そうした方針のもとで，生産スタイルや人材配置・育成，日本本社と現地法人とのかかわりなどをどうするかを決めている。

日常的には，総経理や現地法人の営業マンが現地の取引先を毎月訪問するほか，社長が年に2，3回，現地の取引先に挨拶しにいく。そのなかで，取引先の今後の目標や必要な技術を把握し，自社ができる提案を考える。その地域で製品需要が伸びるか伸びないかの見極めが大事で，社長は，2，3年後のことを常に考えているという。

そうしたなか，J社は，2014年9月に深セン現地法人の株を同現地法人の役員ほか幹部社員に売却し，J社は現地法人の経営から手を引く。現地法人の

取引先は日系企業の中国法人約 30 社であるが，取引関係などはそのまま維持している．以前から，現地の経営陣に運営は任せていたため，実態はそれほど変わりない．J 社からは，技術支援のために従業員を 1 名出向させており，副総経理を務めている．

J 社が現地法人を売却した理由は，中国において法律や規制などが前触れもなく変わることや，対日感情の悪化に伴うリスクなど，事業運営における不確実性の高まりを危惧したためである．一方，現地法人の従業員とは良好な関係を築けていた．現地法人の業績については，予想通りの成果を上げたと評価している．しかし，今後のことを考えると，日本人が経営するよりも，中国人が経営するほうが事業運営が円滑に進むと考え，現地に任せることが良いと考えたという．

J 社では，幹部社員に経営を任せるといっても，会社に魅力がなければ株を買ってはもらえないと考え，5 年ほどかけて売却できる体制を整えた．具体的には，①黒字を出すこと，②繰越欠損をなくすこと，③内部留保を高めること，④会社の特徴や強みを作ること，⑤幹部社員の育成をすること，⑥顧客との取引方針を確立させることなどに取り組んだ．

また，社員には情報を包み隠さず伝えることが大事だと考えている．そのため，会社の運営を任せたいと考えていることや，そのために体制づくりをしており，社員が頑張れば配当により儲かることができることを現地社員には伝えている．こうした取り組みの結果，社員も納得したという．

株の売却価格については，香港の会計事務所に株式価値を算定してもらった．社員が納得したうえで売買しているので，問題は起こらなかった．高く売ることが目的ではなく，オーナーが変わった後で持株を持たない末端の社員が暴動を起こさないよう，誰もが納得する形で売却するよう心掛けたとしている．以上のような取り組みの結果，売却可能な体制が整ったと判断し，14 年に幹部社員に株を売却したものである．

J 社では，最近，海外でも品質・精度に関する要求がますます高まり，自動化がこれまで以上に求められていると感じている．中国や東南アジアでは，人件費の上昇が進んでおり，人件費が安いからといって海外に出る時代はすでに終わったと考えている．そうしたなかでは，市場が「いつまで」「どれだけ」

あるのかを常に精査しなければならないとしており，J社では，現在のところ海外拠点を増やす意向はない．日本国内でも自動化がポイントになると考えている．日本で勝ち残るためには，品質が保証できて，かつコスト競争力を高めることが必要であり，そのためには自動化が必要で，投資採算を考えると量産部品である必要がある．簡単なものはどこでもできるので，高度で，かつ世の中に必要なものとなると，自動車分野と医療分野が柱になるものと考えている．

現在，J社では，生産設備を自社で開発するなどして，最適な生産体制を進めている．人がかかわる工程を極力排除しており，現在は本社工場が最も生産コストが低くなっているという．今後は，本社で改良した設備を，海外工場にも導入していく方針である．

(3) 現地経営環境の変化を踏まえて撤退（K社）

K社（資本金9,700万円，従業員342名，非正社員含む）は，創業以来，電気めっきによる表面処理技術を開発し続け，多様な分野，素材へと活躍の場を拡げてきた．1970年代半ばに電子部品のめっきに注力して以降，全国展開を進め，現在では，半導体部品のめっきなどエレクトロニクス分野の表面処理では，高いシェアを誇る．国内では，九州から北海道まで5カ所に工場を持っており，海外では，マレーシアとタイに現地法人がある．めっき専業メーカーとして，超高光沢めっきや低反射率の黒色めっきなどの技術を保有していることに加え，客先のニーズに合わせて，納期や小回りを利かせた対応を行うことで，大手企業との差別化を図っている．

K社は，1974年に，日系企業のシンガポール法人V社への技術指導を開始する．V社の親会社とは，大手電機メーカーの下請企業同士として出会う．V社からの依頼を受け，5年間の技術援助契約を結び，K社から技術者を1名派遣した．

その後，K社は，V社との技術援助契約を1年残した状況で，1979年にV社の土地の一部を購入し，シンガポールに現地法人を設立する．V社の隣に進出したのは，V社が保有する排水処理設備を共有できることになったからである．V社からは進出に際して，さまざまな支援を受ける．V社としてもK社から技術援助を受けた経緯もあり，お互いの協力関係を生かせることでメリッ

トがあるため，進出に協力してくれたものとK社では考えている．特に，排水処理設備をV社と共有できる契約を締結したおかげで，初期投資を大幅に削減することにK社は成功している．

当時，シンガポールとマレーシアには日系企業が進出しており，K社は，そうした日系企業との取引関係構築に取り組む．シンガポール内の外資系企業とは，V社が取引関係を既に構築していたため，すみ分けを図る意味でも取引は行わなかった．そのようなお互いの立場を尊重した関係維持に努めた結果，V社とは良好な関係を築くことができたという．

シンガポールへの進出当初，K社は，現地法人のゼネラルマネージャーに，V社の元マネージャーであった中国系マレーシア人を雇用する．それによって，日本人と現地人とのコミュニケーションにはそれほど苦労はしなかった．シンガポール拠点の従業員は未経験者ばかりであったので，3～5年間位は客先への安定した供給体制の確立や現地従業員の労務管理などで苦労したものの，半導体後工程の発展途上国への生産移管が進むなかで，何とかシンガポール工場を軌道に乗せることができた．

人材育成については，日本の5Sのビデオを見せて学ばせる．また，シンガポールでは，社外でリーダー研修が多く開かれており，安い値段で受講できたため，外部研修も活用した．従業員は，QCサークルにも積極的に参加していた．従業員のモチベーションを向上させるために，業績が良い時は，毎年1人を日本での研修旅行に招待している．QCサークルで優れた成果を出したチームには，京都で発表する機会を設けたこともあった．

1980年代になると，K社シンガポール拠点の取引先であったマレーシア進出の日系企業も，価格競争力向上のために部材の現地調達率を高める施策に力を入れ始める．当時，K社シンガポール現地法人では，マレーシア向けの売上高比率が高まりつつあったことや，マレーシア国内での半導体産業の成長性などから，マレーシア進出のためのF/Sを1982年頃から日系商社と始める．その時はいろいろな課題があり，一旦は断念したが，マレーシア国内の客先からの要請やシンガポールの労働賃金上昇，マレーシアでの現地調達政策を考慮し，1985年にはマレーシアの現地企業との合弁で現地法人を設立，1986年に工場を稼働する．

1990年代になると，シンガポールの事業環境に変化が生じてくる．生活水準の向上に伴い，製造業などの労働環境が厳しいといわれる仕事への就労を嫌がるようになり，シンガポール人の生産現場への採用が困難になる．マレーシアの現地法人で採用した人材を研修生として派遣したり，マレーシアから従業員を採用したりするなど，人材の確保と賃金の上昇への対応に苦慮する．そこで，1995年頃から，労働集約型の製品群について，マレーシア法人に移管し，段階的に縮小する一方，シンガポール法人は付加価値の高い製品群にシフトすることで，業績は一時的に改善する．

　2000年代に入ると，近隣国の経済成長に伴い，シンガポール現地法人がマレーシアや中国などから受注していた付加価値の高い仕事も，それぞれの国に進出した企業が対応できるようになっていく．シンガポールに生産拠点を設置した取引先企業も，労働賃金の安い国に拠点を移す動きが進む．

　こうした動きを背景に，K社シンガポール現地法人の受注先をみると，シンガポール以外への売上高比率が高くなっていく．その一方で，シンガポールドル高を背景に，現地通貨での取引では為替差損も発生していた．シンガポールのオペレーションコストが上昇していく割には，受注獲得のために安い価格での対応を余儀なくされる．シンガポール現地法人では，2005年以降赤字が続き，受注先の選別と人員削減を進めるなど，製造原価低減による縮小均衡を図ったが，状況の改善は見込めないと判断し，撤退を決意した．

　撤退時の対応として重要なのは，取引先への供給責任である．シンガポールの現地法人で行っていた仕事のうち，客先の承認を得て移管できる製品はマレーシアに移すことにした．移管する際には事前に取引先の承認を得る必要があった．

　また，従業員との関係については，定年退職を除き，現地の法律や社内規定により，勤続年数に応じた退職金支給が定められていた．撤退当時のシンガポールは景気も良く，従業員は退職後の仕事探しに苦労することがなかったことや，規定どおりに対応することで，従業員との問題は発生しなかった．

　工場建物および敷地については，V社に買い取ってもらった．これは進出に際して，さまざまな契約書を作成したことが役立つ．V社から土地と建物を購入するにあたり，K社が将来撤退する場合に，土地の売却についてどうするか

を事前に検討し，手続きを明確にしておいたことや，V社の経営者が進出当時と同じで，進出当時のことを覚えていてくれたこと，両者の関係が良好であったこと等により，比較的スムーズに撤退手続きを進めることができた．

K社では，撤退によって技術流出が起きないように配慮している．具体的には，シンガポールの現地法人の技術部長をマレーシアの現地法人で引き続き雇用した．シンガポール現地法人に長く勤務し，技術的なノウハウを有している重要な人物であったので，現地人材であっても相応の待遇を用意し，引き続き勤務させている．

会計上の理由から最終的な閉鎖には時間を要したものの，これらの対応により特に大きな問題もなく，10年に撤退を完了する．シンガポールに投下した資本は概ね回収することができ，マレーシアなど，その後の海外取引にもつながった．そのため，シンガポール拠点については，予想通りの成果を上げたと評価している．

K社では，早い段階で海外に進出し，生産拠点を拡げたことで，グローバルな供給体制を構築することができたと考えており，今後も海外の成長を取り込む方針である．

一方，新たな拠点を設けることは，慎重に行うべきと考えている．表面処理業は，初期投資が高額になるため，投下資本の回収をいつまでに，どのように行うかを見極める必要がある．海外企業への技術支援など，投資負担を抑えたやり方も選択肢になると考える．

(4) 合弁先の方針転換を踏まえて株式を売却（L社）

L社（資本金6,150万円，従業員110名，子会社含む）は，自動車のエンジンに搭載されるターボチャージャーのシャフトを主力製品とする部品メーカーである．

ターボチャージャーは，エンジンの出力を高めるためのもので，主にディーゼル車に搭載されている．ディーゼル車の主戦場であるヨーロッパを中心に普及が進んでいるほか，最近では，CO_2排出量の削減を目的としたエンジンのダウンサイジング化により，ガソリン車にも搭載車種が増えている．最も伸びているのは中国で，自動車市場の拡大に加え，政府がエンジンのダウンサイジ

ングを推奨していることから，ターボチャージャーの需要は増加基調にある．

L社は，乗用車向けターボチャージャーのシャフトで，世界シェア約50％を占めており，世界のターボチャージャーメーカー大手4社すべてと取引している．同部品の製造は，熱処理，切削，研磨という三つの工程からなる．L社では，切削加工や研磨加工に強みをもっており，非常に精巧な加工が要求されるなか，量産体制を確立してきた．製造拠点は，国内・海外に2ヵ所ずつあり，海外生産製品については，材料調達と熱処理を国内拠点で行い，海外拠点では切削加工と研磨加工のみを行っている．

L社が成果を上げながらも撤退したのは，ベトナムの拠点である．当時のL社は，大手自動車メーカーの一次サプライヤーであるW社からの受注が100％であり，現在主力のターボチャージャー向けシャフトは，まだ主力事業ではなかった．

そうしたなか，L社は，1994年にベトナムに進出する．W社からの依頼もあって，W社および大手商社X社とともに合弁会社を設立したもので，L社の出資比率は50％であった．現地の調査等はX社が主導した．

ベトナムで手掛けたのは，ハーネスの組み立てである．当時，L社の国内拠点で行っていたハーネスの組み立てを一部ベトナムに展開し，日本へ輸出するもので，主に人件費の削減が目的であった．合弁会社の従業者数はピーク時で約30名と規模は小さく，労働集約的な作業が多いため，設備投資は約1億円に抑えた．滑り出しは比較的順調だったといえる．

海外進出から数年後に転機が訪れる．W社が日系電機メーカーのグループ傘下に入ると，同社の意向により，W社は海外事業の方針を転換させた．ハーネスの組み立てから，新たに機械加工へと参入することで，ベトナム事業を拡大しようとするものであった．

機械加工への参入には，多額の設備投資が必要となるため，L社も増資への協力を求められた．こうした方針は，合弁会社設立時の方針とは大きく異なるものであり，L社は，自社の資金力では増資に応じることはできないとの決断に至る．そのため，W社などの合弁先に持株を買い取ってもらい，1998年にベトナム現地法人の経営から退いた．ただ，当該拠点については，撤退直前の業績はトントンであり，繰越欠損もなく，予想通りの成果を上げたと評価して

いる.

　ベトナム事業からの撤退はやむを得ないことであったが，現地で採用し，日本で育成したベトナム人の労働者を手放すことはL社にとって損失だった．第一期生は，L社の国内工場で3ヵ月間研修し，育成した．当時のL社専務夫妻が世話をし，技術だけでなく作法も教え込んだ．とても勤勉で，優秀な人材ばかりだった．

　その後，L社は2004年に中国上海市に進出する．これは，日本で取引のあったターボチャージャーメーカーY社の中国現地法人から引き合いがあったことがきっかけである．

　当時，L社では，Y社の日本，中国および韓国拠点向けのシャフトを日本で生産していたが，月産約6万本と数量は多くなかった．そのため，当初は日本から輸出するとして，Y社からの進出要請を断る．その後，Y社のヨーロッパ法人からも引き合いがあり，月産36万本の受注を確保できた．

　採算がとれると判断したことから，2004年にL社グループによる実質単独出資によって中国に現地法人を設立する．中国拠点については，黒字であり，予想通りの成果を上げている．

4　考察

(1) なぜ成果を上げながらも撤退したのか

　投資期間全体では成果を上げながらも撤退した事例企業について，その理由をまとめたのが，**表8-5**である．これをみると，さまざまな要因が撤退に影響しているものの，多くの事例に共通するのが，外部環境の変化を踏まえたうえで，日本本社が主体的に撤退を選択している点である．

　I社は，1985年に中国昆山市にウレタンフォームの製造会社を現地企業と合弁で設立したが，2009年に撤退している．当該拠点は，他社に先駆けて拡大する中国国内市場に参入したことで，先行者利益を獲得することができた．だが，次第に後発企業との競争が激しくなり，同社の優位性は失われていく．他のメーカーが力をつけてきたことに加え，同社が成長に向けた投資をしてこなかったことが原因と，I社では分析している．

表8-5 成果を上げながらも撤退した事例企業とその要因

事例企業	進出年	撤退年	進出形態 進出国	理　由
I社	1985年	2007年	合弁 中国昆山市	①後発企業との競合激化 ②日本本社の戦略変更 ③昆山市からの立ち退き要請 ④当初の合弁期間終了 →現地法人清算
J社	1994年	2014年	日系との合弁 →独資化 中国深セン市	①進出国における事業運営上のリスクの存在 ②業績黒字化など売却できる体制が整った →株式を現地法人幹部社員に売却
K社	1979年	2010年	独資 シンガポール	①生活水準向上による人材確保難 ②販売先の国外移転 ③当社マレーシア拠点の存在 ④為替相場の変動（シンガポールドル高） ⑤2005年以降の赤字化 →現地法人清算
L社	1994年	2001年	日系との合弁 ベトナム	日系合弁パートナーにおける海外事業の方針転換 →株式を合弁パートナーに売却

　また，当該拠点は，事業内容や取引関係の面で，日本本社との関係が薄く，本社にとっての重要度が低かったことも大きな要因となっている．I社の日本国内拠点は，ウレタンフォームメーカーから仕入れた端材を粉砕し，成型・加工し，ソファーとして販売している．一方で，中国昆山の拠点ではウレタンフォームそのものを製造しており，そうした事業は，I社の日本国内拠点では手掛けた経験がなかった．

　こうした点を踏まえて，I社では，日本国内事業にとってプラスとなる事業に集中する戦略に変更し，当該拠点の撤退を決める．その後は，日本国内事業と関連性の深いソファーカバーの縫製拠点を中国に設置したり，ソファーの販売拠点をタイや台湾に設置している．

　なお，I社の事例では，昆山市からの立ち退き要請といった非自発的な要因も撤退に影響している．だが，I社の場合は，そうした要因のみに依拠して撤退を決めたのではなく，そうした要因は，一つのきっかけにすぎない．前述のように，同業他社との競合状況や経営資源の比較，本業回帰を目指す日本本社の戦略変更などを踏まえたうえで，撤退を決めたのであり，収用は撤退のきっ

4 考察

かけにすぎなかったものと考える．

　J社の事例は，より主体的な撤退といえる．同社は，1994年に中国の深センに日系企業と合弁会社を設立する．だが，2014年9月に，幹部社員に株を売却し，同社は現地法人の経営から手を引いている．取引先は日系企業の中国法人約30社であるが，取引関係などはそのまま維持している．以前から，現地の経営陣に運営は任せていたため，実態はそれほど変わりがないとしている．J社からは，売却後も技術支援のために従業員を1名出向させており，副総経理を務めている．

　現地法人を売却した理由は，中国において法律や規制などが前触れもなく変わることや，対日感情の悪化に伴うリスクなど，中国での事業運営における不確実性の高まりを危惧したためである．業績については，予想通りの成果を上げていた．だが，今後を考えると，日本人が経営する外資系の会社よりも，中国人が経営する会社のほうが，事業運営が円滑に進むと考え，現地に任せることが良いと考え，現地法人の株式を売却したという．

　J社の事例では，将来的な撤退可能性を視野に入れて，早い段階から，従業員が株主になりたいと思える魅力のある会社をつくることに力をいれていたことが，成果を上げながら撤退できた要因となっている．幹部社員に経営を任せるといっても，会社に魅力がなければ株を買ってはもらえない．そこで，5年くらいかけて，売却できる体制を整えたという．具体的には，黒字を出すことや繰越欠損をなくすこと，内部留保を高めること，会社の特徴や強みを作ること，幹部社員の育成をすること，顧客との取引方針を確立させることなどに取り組んだ．また，社員には，売却に向けた方針などの情報を包み隠さず伝えていたという．

　K社の事例も，シンガポール拠点を取り巻く外部環境変化を踏まえて，主体的に撤退を選択していると判断できる．K社は，1979年にシンガポールに生産現地法人を設立する．進出後，生活水準向上による人材確保難や，販売先の国外移転，為替相場の変動など，シンガポール現地法人を取り巻く外部環境は大きく変化する．シンガポール現地法人の業績は，2005年以降，赤字を余儀なくされたこともあって，K社は2010年にシンガポール現地法人を清算する．K社の事例は，前述3社の事例と比べると，直近の赤字が撤退の判断に強く

影響している．

　だが，K 社シンガポール拠点は，投資期間全体では成果を上げている．成果を上げながら，シンガポールから撤退できた要因として，1985 年に設立したマレーシアの生産現地法人の存在が指摘できる．

　K 社は，シンガポールの労働賃金上昇や，マレーシアでの現地調達政策などの外部環境を考慮し，1985 年にマレーシアの現地企業との合弁で現地法人を設立する．そして，1995 年頃から，労働集約型製品の生産をシンガポール現地法人からマレーシア現地法人に移管し，シンガポール現地法人の生産品目を付加価値の高い製品へとシフトさせていく．これによって，シンガポール拠点の業績は，2004 年まで改善する．

　また，シンガポール拠点清算時には，取引先への供給責任が問題となる．K 社では，シンガポールの現地法人で行っていた製品生産のうち，客先から生産移管の承認を得られた製品についてはマレーシア現地法人に生産を移すことで，こうした問題を解決している．

　このように K 社の事例では，シンガポール現地法人を取り巻く環境変化を早いうちから認識して，マレーシアに現地法人を設立するとともに，マレーシア現地法人への生産移管を計画的に進めている．こうした点を踏まえると，K 社の事例も計画的かつ主体的に撤退を決めた事例と判断してよいだろう．

　L 社の場合は，合弁先の方針転換に対し，自社の経営資源などを考慮し，主体的に撤退を選択している．L 社は，1994 年にベトナムに進出している．当時の主力販売先であった大手自動車部品メーカー W 社，大手商社 X 社とともに合弁会社を設立しての進出であった．ベトナムではハーネスの組み立てを行っていたが，その後，W 社が日系電機メーカーのグループ傘下に入ると，親会社の意向により，海外事業の方針を転換させた．ベトナム事業を拡大しようとするもので，機械加工への参入に伴う設備投資が必要となるため，同社も増資への協力を求められた．設立時の方針とは大きく異なるもので，同社の資金力では増資に応じることはできないとの判断に至る．そのため，合弁パートナーに当社の持株を買い取ってもらい，2001 年に経営から退いている．

　これらの事例にみるように，成果を上げながらも撤退した海外拠点では，外部環境の変化を踏まえたうえで，撤退を主体的に選択している．

4 考察

　この傾向は，第6章の図6-6でみた中小企業の撤退要因とは大きく異なっている．アンケートでは，「製品需要の不振」が最も多く，「現地パートナーとの不調和」「管理人材の確保困難」がそれぞれ続いていた．しかしながら，本章で分析した事例企業の撤退要因は，こうしたものとは異なり，自社を取り巻く環境変化を踏まえたうえで，日本本社が主体的に撤退を選択している．成果を上げながらも撤退した事例企業の撤退要因は，撤退中小企業全体の傾向とはかなり異なっている．

　成果を上げながらも撤退した事例企業の撤退は，むしろ大企業の撤退に近いと考える．第6章の表6-5に示した大企業の撤退理由をみると，最も多いのが「組織再編・経営資源の見直し等に伴う拠点統廃合」となっている．事例企業の撤退理由は，これに近いだろう．こうした点を踏まえると，中小企業による海外撤退のなかにも，大企業の海外撤退に近いものが出始めているものと考える．

(2) 成果を上げながら撤退できた要因は何か

　(1) でみたように，成果を上げながらも撤退した事例企業は，自社を取り巻く環境変化を踏まえたうえで，日本本社が主体的に撤退を選択している．では，事例企業が海外拠点で成果を上げながらも撤退できた要因は，どのようなものだろうか．事例研究からは，次の3点が指摘できる．

　第一に，経営者の果たす役割が大きい．典型例は，J社である．同社では，海外拠点のある地域で，海外拠点の手掛ける仕事がいつまで続きそうなのかを社長が分析し，海外拠点存続の意思決定する機会を年に1回必ず設けている．そこで決めた方針のもと，国内外の生産体制や人材配置・育成，日本本社と現地法人とのかかわりなどをどうするかを決めているという．

　こうした決定を行うために，現地法人の総経理や営業マンが現地の取引先を毎月訪問することで得られる情報だけでなく，社長が自ら年に2, 3回，現地の取引先を訪問し，実際に情報収集を行う機会を設けている．そのなかで，取引先の今後の目標や必要な技術を把握し，その地域で製品需要が今後伸びるか伸びないかを見極めるという．

　経営者が海外事業を取り巻く環境変化を客観的に分析し，自社が手掛けるべき範囲を決定し，海外拠点存続の判断を行う．こうした取り組みは，I社やL

社の事例でもみられる.

　第二に，初期投資の抑制である．J社は，海外事業については，初期投資を極力抑える方針をとっている．こうした方針は，多額の投資を行って進出する企業と比べて，撤退の判断がしやすくなるだろう．K社は，1974年に，日系企業のシンガポール法人V社への技術供与を経て，V社の土地の一部を購入し，シンガポールで現地法人を設立した．V社の隣に進出したのは，V社が保有する排水処理設備を共有できることになったからである．排水処理設備を共有することができる契約を締結したおかげで，初期投資を大幅に削減することに成功している．L社は，ベトナムにハーネスの組み立て工場を設置した．合弁会社の従業者数はピーク時で約30名と規模は小さく，労働集約的な作業が多いため，初期の設備投資は約1億円に抑えた．その後，合弁先がベトナム事業を拡大し，機械加工への参入に伴う多額の設備投資が必要となった際，合弁会社設立時の方針とは大きく異なるものであり，L社の資金力では増資に応じることはできないとの決断に至り，合弁先にL社の持株を買い取ってもらい，撤退した．このように，投資を抑制していたことが，結果的に成果を上げながらの撤退につながった一要因と考える．

　第三に，撤退を意識した体制整備である．K社では，現地の法律や社内規定により，勤続年数に応じた退職金支給を定めていた．撤退時には，規定に従って対応することで，従業員との退職金問題は発生しなかったという．また，工場建物および敷地については，合弁先のV社に買い取ってもらった．これは進出した工業団地への入居にあたり，さまざまな契約書を作成したことが役立っている．V社から土地と建物を購入するにあたり，当社が将来撤退する場合に，土地の売却についてはどうするかを事前に検討し，手続きを明確にしておいたため，撤退時も比較的スムーズに手続きを進めることができたという．こうした撤退する際の課題を意識し，あらかじめそれに対応できる体制を整備しておくことは，撤退の判断をしやすくするだろう．

　第四に，撤退時に複数の海外拠点を有していたことが，成果を上げながらも撤退できた要因となっている．K社では，生活水準向上による人材確保難や，販売先の国外移転，為替相場の変動（シンガポールドル高）などが撤退要因として影響している．だが，撤退当時，マレーシアに自社拠点をもっており，そ

こにシンガポール拠点の生産品目を移管できたからこそ，撤退を決めることができた．このように，海外拠点を一つしか持たない企業と，複数の拠点を持つ企業とでは，撤退への対応が異なる可能性がある．

(3) 撤退後に設置した海外拠点の成果と要因

なお，成果を上げながらも撤退した企業は，その後，別の海外拠点でも成果を上げている先が多い．ここで，その状況と理由を分析しておく．

I社の場合，2007年に中国昆山市の拠点を閉鎖し，中国から撤退した．その後，調達コストの引き下げや，受注量の増加などに柔軟に対応できるようにするため，2011年に山東省青島市に，2012年には広東省恵州市に単独出資で工場を設立した．I社では，撤退経験を踏まえ，海外子会社は，日本本社にとってプラスでなければならないと考えるようになった．そのため，2007年に撤退した中国昆山市の拠点では，日本本社でも行ったことがなかったウレタンフォームの製造を手掛けていたが，こうした拠点では，日本本社の事業に結びつきの強いソファー用カバーの縫製やフレームの加工を手掛けることで，I社の強みであるソファー製造に国内外拠点で集中する体制を構築している．

こうした海外拠点には，日本人の駐在員を配置せず，日本で採用した中国人を現地責任者として派遣することで，コストを低減している．本社による管理についても，撤退拠点よりも強化しているという．具体的には，日本本社の品質責任者が出張し，現地の従業員を集めて，品質指導を目的とした会議を現地で実施している．

また，各拠点には，ネットワークカメラを設置し，日本本社の社長などが常時様子を確認できるようにすることで，海外拠点の管理を強化している．スカイプを通じて会議を機動的に行ったり，賄賂を受け取らないような社内に啓発ポスターを貼ったりするなど，現地拠点の管理を行っている．こうした取り組みの結果，両拠点は，予想通りの成果を上げているとしている．

L社は，合弁先の方針展開により，1998年にベトナム現地法人の経営から退いた．その後，2004年に中国上海市に進出している．きっかけは，日本で既に取引のあったターボチャージャーメーカーY社からの引き合いである．月産36万本の受注を確保できたため，2004年に当社グループによる実質単独

出資によって現地法人を設立した．

　こうした過程では，ベトナム拠点から撤退した経験が役に立ったという．例えば，独資で会社を設立したことである．合弁先の大手企業の方針転換により撤退に至ったベトナムでの経験や，当社の資金力を勘案し，中国では実質独資により進出した．また，取引先が少ないこともリスクになると考え，いろいろな会社と取引することを念頭に置いて，進出場所を上海市にしたり，工場の大きさを決めている．将来的な撤退・移転も視野に入れて，工場もレンタルにしたという．

　加えて，中国拠点では，従業員の定着率が高いことも成果につながっている．こうした要因として，第一に，地元出身者を優先して採用している点が指摘できる．以前は，地方出身者を採用していたが，離職率が高い傾向にあったため，地元出身者を優先して採用するように切り替えた．人件費負担は重くなるものの，地元出身者のほうが，まわりの目を気にして悪さをしないことや，働きやすいというメリットもあるため，退職者も少ないという．従業員が定着したことで，採用コストは低下し，生産性も上昇したという．

　第二に，中国拠点の管理では，日本的な管理を積極的に取り入れている．こうした取り組みでは，2代目となる日本人総経理の果たした役割が大きいという．総経理は，日系メーカーの中国現地法人に長く勤めた人材である．従業員の心のケアを重視しており，普段から従業員への声かけをしたり，休み時間にイベントを企画したりしているという．社員食堂の一角には，総経理の発案により，書や模型など，各自の趣味を披露する場が設けられている．こうした取り組みも，社内の雰囲気を明るくすることに一役かっている．

　また，日本の製造現場との交流機会も設けており，毎年，成果が認められた従業員を日本への研修旅行に招待している．社員食堂には，研修旅行の写真も貼られており，従業員のモチベーションの向上にもつながっている．こうした取り組みにより，中国拠点については，黒字であり，予想通りの成果を上げているとしている．

　このように，成果を上げながらも撤退した企業は，その後の海外拠点でも成果を上げている先が多くみられる．

図 8-1　海外撤退を分析するための仮説的枠組み

```
              撤退要因 ↑ 自発的
    ┌─────────────────┬─────────────────┐
    │ Ⅰ 成果なし・自発的 │ Ⅱ 成果あり・自発的 │
    │                 │  →戦略的撤退     │
    │                 │                 │  撤退拠点の
←───┤                 │                 ├───→  成果
なし │                 │                 │  あり
    │ Ⅲ 成果なし・非自発的│ Ⅳ 成果あり・非自発的│
    └─────────────────┴─────────────────┘
                    ↓ 非自発的
```

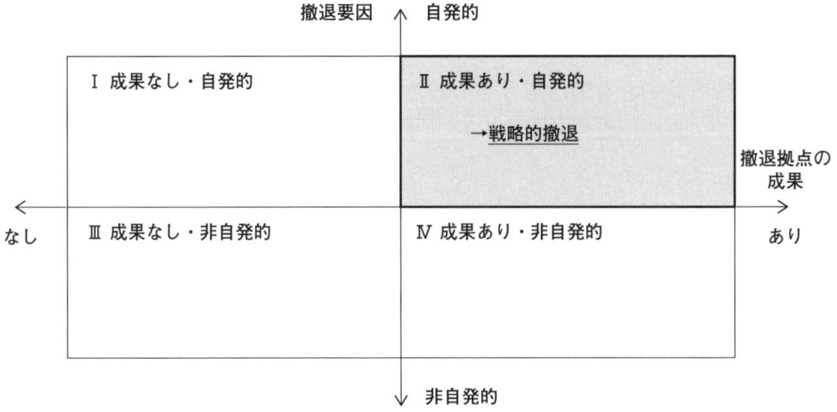

(4) 海外撤退を分析するための仮説的枠組み

　以上の分析結果を踏まえて，ここでは，先行研究では示されなかった戦略的撤退と，自発的・非自発的撤退との関係に，「撤退拠点の成果」を取り入れることで，両者の関係を整理するとともに，中小企業の海外撤退分析に新たな分析視点を提示することを試みたい．

　図 8-1 は，自発的・非自発的撤退を縦軸に，撤退拠点の成果を横軸にとって四象限に分類したものである．ここでいう撤退拠点の成果とは，投資期間全体でみた成果である．また，自発的撤退とは，企業の自主的努力によって克服可能な撤退である．一方，非自発的撤退は，企業の力の範囲を超えたものとして，企業の意図と無関係な撤退であり，国有化や収用による撤退がこれに該当する（今木 1987）．

　ここでは，右上のⅡ象限に該当する，「海外拠点で成果を上げながらも自発的に撤退すること」を「戦略的撤退」と定義することを提言したい．本章で分析した事例企業はいずれもこの象限に該当するものと考える[75]．こうした定義

---

75) ここでは，最も撤退に影響している要因をもとに，事例企業の分類を判断した．ただし，事例企業の中には，収用などの非自発的要因も影響している事例がある．こうした事例は，「成果あり・自発的」象限のなかでも，右下の「成果あり・非自発的」象限に近いところに位置するものと考える．

に基づくと，本章で示した結論は，中小企業においても戦略的撤退が存在することを示したといえるだろう．

もちろん，成果を上げられずに自発的に撤退した拠点（左上のⅠ象限）にも，一定の戦略的な意図はあるものと考える．しかしながら，成果を上げられずに撤退する場合には，成果が上がっていないため，赤字補てんなどから資金的に追い込まれるケースが多い．そうした場合には，自社が主体的に選択できる余地は，成果を上げながらも撤退した拠点と比べて必然的に小さいだろう．したがって，Ⅰ象限に該当する撤退は，戦略的撤退とはいえないと考える．

また，成果を上げながらも非自発的に撤退した拠点（右下のⅣ象限）も存在する．しかしながら，非自発的な撤退は，収用のような自社ではコントロールできない要因による撤退であり，戦略的な意図があるとは言いにくい．

以上を踏まえると，「成果ありかつ自発的な撤退」こそ，「戦略的撤退」としてとらえることができると考える．

もちろん，撤退には，自発的，非自発的要因が絡み合うこともあるため，厳密に区分することは難しいのも事実である．しかしながら，撤退拠点の成果を分類に取り入れることで，戦略的撤退と自発的・非自発的撤退との関係が，これまでよりも明確になるものと考える．また，これまであいまいだった「戦略的撤退」を厳密に明らかにすることにもつながる．さらに，こうした分類を行うことで，中小企業の海外撤退における多様性がより明らかになると考える．

5　小括

本章では，海外拠点の成果に着目して，アンケートと事例研究によって，撤退を分析した．その結果，中小企業の海外撤退には，成果不振による撤退だけでないことを明らかにした．一定の成果を上げていたにもかかわらず撤退したとする企業が4割存在する．先行研究では，中小企業による海外撤退は「失敗事例」として分析されることが多かった．だが，本書の分析結果からは，中小企業の海外撤退は，必ずしも失敗事例ばかりではないことがわかる．

成果を上げながらも撤退した中小企業の撤退理由を分析した結果，外部環境の変化を踏まえたうえで，撤退を主体的に選択している．こうした理由は，第

5 小括

6章でみた中小企業全般の海外撤退理由とは大きく異なり，むしろ大企業が撤退理由の上位にあげた「組織再編・経営資源の見直し等に伴う拠点統廃合」に近い．中小企業の海外撤退が大企業の海外撤退に近づき始めている可能性をうかがわせる．

もちろん，中小企業による撤退の多くは，アンケートでみたように，大企業とは異なる撤退理由である．しかしながら，一部で，海外拠点で成果を上げながらも自発的に撤退する「戦略的撤退」を行う中小企業の存在が明らかとなった．

事例企業が，成果を上げながらも撤退できた要因として，①経営者が大きな役割を果たす，②初期投資の抑制，③撤退を意識した体制整備，④複数海外拠点の存在を指摘した．また，成果を上げながらも撤退した中小企業をみると，その後設置した海外拠点でも成果を上げている企業がみられる．

一方で，成果を上げられずに撤退した中小企業が多いことも忘れてはならないだろう．本章で示したように，約6割は成果不振による撤退である．このように中小企業の海外撤退を分析するうえで，海外拠点の成果に着目することは，撤退の多様性を明らかにするうえで有効と考える．

なお，**表8-1，表8-2，表8-3**からは，存続拠点と撤退拠点を合わせた海外直接投資全体の成果を把握することもできる．ここでは，中小企業による海外直接投資の成果についても試算しておきたい．

表8-1で，撤退拠点と存続拠点を合わせた海外拠点の業況をみると，「黒字」が35.1％，「トントン」が24.0％となっており，合わせて59.1％の海外拠点が一定の成果を上げている．また，**表8-2**で海外拠点における繰越欠損の有無をみると，「繰越欠損なし」が51.5％を占めている．**表8-3**で海外拠点の成果をみても，「予想を上回る」が12.3％，「予想通り」が37.5％となっており，合わせて49.8％の海外拠点が一定の成果を上げている．中小企業の海外直接投資では，半数前後の海外拠点が一定の成果を上げており，残り半数が成果を上げられていないことがわかる．

ただし，ここで留意しなければいけないのは，アンケートの回答先に，海外からの撤退後に，日本本社の存続が困難となった企業が含まれていないことである．海外直接投資の成果を正確に評価するためには，そうした企業も含んで

考えなければならない．

　この点について，加藤（2011）は，94年の時点で海外進出していた東京の中小企業85社について，その後2010年時点の状況を追跡調査している．その結果，企業存続が困難になった企業と困難になったと考えられる企業が合わせて3割に達した点を明らかにしている[76]．

　もちろん，こうした企業のすべてが，海外拠点で成果を上げられなかったとは限らないが，成果を上げて撤退したにもかかわらず，企業存続が困難となることはあまり考えられないだろう．そうした点を考慮すると，撤退後，企業存続が困難となった企業の多くは，海外拠点で成果を上げられなかった先が多いものと考える．

　こうした前提に立って，海外拠点の成果を考えると，まず海外進出企業の約30％が成果を上げられなかった拠点と想定することができる．海外進出企業の残り70％がアンケートの対象企業であり，前述のとおり，そのうちの50.2％[77]が海外拠点で成果を上げられていない．この比率は，海外進出企業全体の約35％[78]に相当する．したがって，撤退後，企業存続困難となった先を海外拠点で成果を上げられなかった企業と仮定すると，海外拠点の約65％[79]で成果を上げられていないものと推計される．

　もちろん，こうした推計は，あくまでも概算である．また，海外直接投資を実施してからそれほど年数が経過していない拠点がアンケートに含まれている点も考慮しなければならない．しかしながら，中小企業の海外拠点における成果に関するデータがないなかでは，中小企業による海外直接投資の成果を考えるうえで，参考になると考える．

　中小企業の海外直接投資による海外拠点において，約65％が成果を上げら

---

[76] 残りは，94年以前の海外工場を今なお継続している企業が半数，国内本社は存続しながらも海外からの撤退を余儀なくされた企業が2割程度としている．なお，加藤（2011）では，企業存続が困難となった企業がなぜそうなったのかについてまでは，触れていない．

[77] 「表8-3 海外拠点の成果に対する評価」において，「予想を下回る成果にとどまった」（30.5％）と「予想をかなり下回る成果にとどまった」（19.7％）の合計．

[78] 70％ × 50.2％ ≒ 35％

[79] 加藤（2011）における企業存続が困難となった企業の割合（3割）と，アンケートにおいて海外拠点で成果を上げられていない企業の割合（約35％）の合計．

5 小括

れなかったという推計からは，やはり中小企業の海外直接投資は，決して簡単ではないことも事実である．

第 9 章

撤退後の事業展開
―撤退経験活用の視点から―

1 本章の目的

　前章では，中小企業の海外撤退分析に，「海外拠点の成果」を取り入れることで，新たな分析を試みた．

　一方で，海外直接投資の成果と撤退との関係をとらえるためには，撤退そのものを分析するだけでなく，撤退後の事業展開についても分析する必要があると考える．撤退拠点そのものは，成果を上げられなかったとしても，そうした過程で得た経験などをその後の事業展開に活用しているのであれば，海外直接投資は結果的に意義があったということもできる．

　そこで，本章では，撤退後の事業展開についても分析を行うことで，海外直接投資の成果と撤退との関係について考察する．

　本章の構成は次のとおりである．

　2では，まずアンケートをもとに，撤退後の事業展開について分析する．特に，撤退経験の活用に着目する．

　3では，海外から撤退した中小企業の事例研究を行う．ここでは，海外拠点で成果を上げられずに自発的に撤退した中小企業を事例としている．そうした企業を採り上げる理由は，成果を上げられずに撤退した企業のほうが，その後の事業展開において，撤退経験を活用している可能性があるためである．また，海外拠点で成果を上げられずに撤退した中小企業を分析することは，今後海外展開を目指す中小企業にとって示唆が得られることも，理由である．

　4では，事例企業が撤退後，海外事業とどのように関係しているのか，撤退経験をどのように活用しているのかの2点を分析する．5で以上の分析を踏まえて，本章の小括を行う[80]．

---

80) 本章は，日本政策金融公庫総合研究所金子昌弘研究員（所属・肩書は当時）と，筆者との共著である日本政策金融公庫総合研究所（2015b）を大幅に加筆修正したものである．

2 アンケート

(1) 撤退後の海外拠点との関係

　撤退経験をもつ中小企業は，その後，海外展開にどのように取り組んでいるのだろうか．ここでは，まず，アンケートを用いて，分析を行う．

　ある海外拠点から撤退した後も，海外直接投資を継続する中小企業はどの程度存在するのかをみたのが，図9-1である．これは，撤退経験を有する回答先86社に，現存する拠点[81]があるかどうかを聞いたものである．

　これをみると，海外から完全に撤退した企業（「なし」）が53.5％と過半数を占めている．一方で，ある海外拠点から撤退した後も，海外直接投資を継続する企業（「あり」）は40社存在し，46.5％を占めている．撤退経験企業の約半数は，撤退後も別の拠点で海外展開を続けていることがわかる．

　ただし，アンケートには，当然ながら，撤退後に倒産した企業は含まれていない．そうした企業を含めれば，撤退後も，海外直接投資を継続する企業の割合は，もう少し低くなるものと考える．

　撤退後も海外拠点を持つ中小企業は，どのような国・地域に拠点を有するのだろうか．図9-2をみると，「中国」が52.6％と最も多い点が注目される．第6章では，中国から撤退する中小企業が最も多いことを明らかにした．一方，図9-2からは，撤退後に中国へ再進出したり，撤退前から有していた中国拠点を現在も維持する撤退経験企業が多いことがわかる．

　一般的には，中国からの撤退が注目されているものの，実際には，撤退後も海外拠点を有する中小企業の多くが，中国とかかわり続けている．こうした点をみても，撤退そのものに注目するだけではなく，その後の事業展開にも着目しなければならないと考える．

　撤退後も海外拠点を有する回答先のうち，撤退後に新たに設置した拠点は，どの程度なのだろうか．図9-3は，撤退後も海外拠点を有する回答先に対して，新たに設置した拠点の有無を聞いたものである．これをみると，撤退後に

---

81) ここでいう「現存する拠点」とは，「現在存続する海外直接投資先のうち，従業者数が現在最も多い拠点（撤退後に進出した海外直接投資先がある場合は当該拠点）」である．

図 9-1 現存する拠点の有無

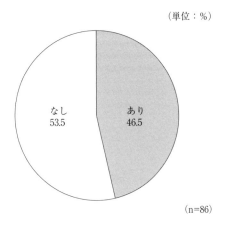

図 9-2 現存する拠点が存在する国・地域（撤退経験あり）

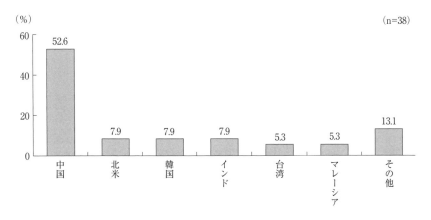

　新たに設置した拠点があると回答した中小企業の割合は，57.5％となっており，約半数の企業が，撤退後に海外拠点を新たに設置したことがわかる．
　このように，撤退経験企業の半数近くは，その後も海外拠点を有している．こうした事実からは，撤退が，海外事業からの撤退を必ずしも意味するのではないことがわかる．むしろ，撤退経験企業の半数近くは，海外事業再編の一環

図 9-3 撤退後に新たに設置した拠点の有無

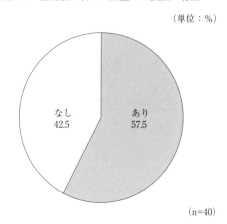

として撤退しているといえよう．

(2) 撤退経験の活用と海外拠点の成果

次に撤退経験の活用と海外拠点の成果についてみてみよう．撤退企業は，海外から撤退する過程で得た経験を，その後の事業展開にどのように活用しているのだろうか．

図 9-4 は，撤退企業に対して，撤退経験の活用状況を聞いたものである．まず，撤退企業全体でみると，「特に活かさなかった」とする割合が 44.4％と最も高い．ただし，この割合には，撤退後に海外拠点を有していない回答先も含まれている．撤退後，海外拠点を持たない中小企業においては，撤退経験を海外拠点で活用することはできない．

そこで，撤退後も海外拠点を有する企業に絞って分析すると，違う様相が見えてくる．撤退後も海外拠点を持つ企業（「現存する拠点あり」）では，「特に活かさなかった」とする割合は 22.2％にとどまる．一方で，「既存の海外拠点で活かした」「撤退後，新たに設置した海外拠点で活かした」が，それぞれ 41.7％と高い割合を占めている．撤退後も海外拠点を有する企業の約半数が，撤退経験をその後，海外拠点で活用していることがわかる．

撤退経験を有する中小企業は，撤退経験を海外拠点でどのように活用したの

図 9-4　撤退経験の活用状況（複数回答）

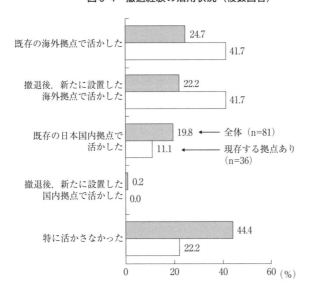

- 既存の海外拠点で活かした: 24.7 / 41.7
- 撤退後，新たに設置した海外拠点で活かした: 22.2 / 41.7
- 既存の日本国内拠点で活かした: 19.8 / 11.1
- 撤退後，新たに設置した国内拠点で活かした: 0.2 / 0.0
- 特に活かさなかった: 44.4 / 22.2

全体（n=81）
現存する拠点あり（n=36）

図 9-5　海外拠点で撤退経験を活用した事項（複数回答）

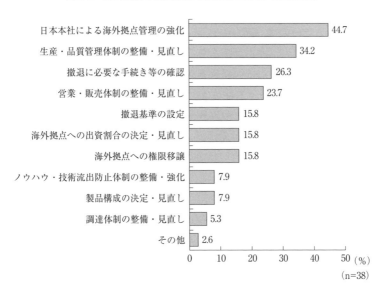

- 日本本社による海外拠点管理の強化: 44.7
- 生産・品質管理体制の整備・見直し: 34.2
- 撤退に必要な手続き等の確認: 26.3
- 営業・販売体制の整備・見直し: 23.7
- 撤退基準の設定: 15.8
- 海外拠点への出資割合の決定・見直し: 15.8
- 海外拠点への権限移譲: 15.8
- ノウハウ・技術流出防止体制の整備・強化: 7.9
- 製品構成の決定・見直し: 7.9
- 調達体制の整備・見直し: 5.3
- その他: 2.6

（n=38）

だろうか．図9-5は，撤退経験を「既存の海外拠点で活かした」「撤退後，新たに設置した海外拠点で活かした」と回答した企業に対して，どのように活用したのかをきいたものである．

これをみると，一番多いのが「日本本社による海外拠点管理の強化」で44.7％となっている．次いで，「生産・品質管理体制の整備・見直し」が34.2％，「撤退に必要な手続き等の確認」が26.3％，「営業・販売体制の整備・見直し」が23.7％，「撤退基準の設定」が15.8％などとなっている．こうした項目は，撤退企業が撤退拠点において，十分にはできなかった項目と考える．撤退企業は，そうした経験を別の海外拠点で活用している．

では，ここで示した「日本本社による海外拠点管理の強化」とは，具体的にどのようなものかを見ておきたい．図9-6は，海外拠点の管理項目について，撤退経験企業が「撤退拠点」と「現存する拠点」とでどのように行っているのかを比較したものである．参考として，撤退経験のない企業についても，その割合を掲載している．

これをみると，撤退経験を有する企業が現存する拠点において実施している項目として，一番多いのが，「日本本社への財務データ提出」（89.5％）であり，「日本本社から経営管理職が定期的に訪問」（57.9％）が続いている．

ここで注目したいのは，図9-6に示した項目の多くにおいて，「撤退拠点」よりも「現存する拠点：撤退経験あり」のほうが，実施割合が高い点である．この結果からは，撤退拠点での経験を踏まえて，撤退企業が現存する拠点で，さまざまな項目において日本本社による管理を強化していることがわかる．

また，撤退拠点と現存拠点との実施割合に差が大きい項目をみると，「日本本社への財務データの提出」が撤退拠点では67.9％の実施割合にとどまっていたのに対して，現存する拠点では89.5％と大きく上昇している．こうした項目は，特に，撤退拠点での経験を踏まえて，管理を強化した項目といえるだろう．

撤退経験の活用は，海外拠点の成果向上につながっているのだろうか．図9-7は，海外拠点の成果を，①撤退拠点，②撤退経験がある企業の現存する拠点，③撤退経験がない企業の現存する拠点に分けたものである．①撤退拠点では，第8章でみたように，「予想を上回る」が6.1％，「予想通り」が34.1％と

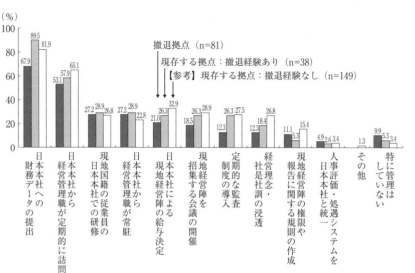

図9-6 海外拠点管理のために実施していた（いる）項目（複数回答）

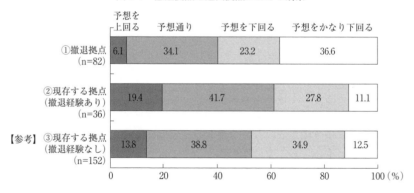

図9-7 撤退拠点と進出拠点における成果

なっており，合わせて40.2％が成果を上げたとしている．

一方で，②撤退経験がある企業の現存拠点の成果をみると，「予想を上回る」が19.4％，「予想通り」が41.7％と合わせて61.1％が成果を上げている．この割合は，①撤退拠点の40.2％を上回るだけでなく，③撤退経験がない企業の

現存拠点において成果を上げたとする割合 52.6％ [82] をも上回っている.

もちろん,海外拠点の成果には,撤退経験だけでなく,さまざまな要因が影響する.しかしながら,撤退経験の活用が海外拠点の成果に影響を及ぼしている可能性がここでは指摘できるだろう.

3 事例研究：撤退後の事業展開

ここからは,撤退後の事業展開に着目して,事例研究を行う.撤退拠点でうまくいかなかった経験を,その後の事業展開にどのように活用したのかという視点から分析するため,ここでは成果を上げられずに自発的に撤退した中小企業を採り上げて,撤退後の事業展開はどのようなものか,みていくことにする（表9-1）.

なお,ここでの事例を,第8章でみた「海外撤退を分析するための仮説的枠組み」に当てはめると,第Ⅰ象限の「成果なし・自発的」撤退に該当する.

(1) 日本本社による管理を強化（M社）

M社（資本金3,600万円,従業員81名,非正社員含む）は,自動車部品を中心とした機械加工メーカーである.自動車向けが8割を占め,残り2割は産業機械向けなどである.自動車向けでは,ステアリングやベアリングの部品が中心であり,主力取引先は,トヨタ自動車の一次部品サプライヤーである.

ただの機械加工メーカーではセールスポイントがないと考え,10年ほど前から冷間鍛造に取り組んでいる.冷間鍛造は,金属素材を室温で金型を用いて圧縮成型することにより,素材を瞬時に加工することができる.工程の削減や材料の節減による,より低コストでスピーディーに生産が可能となる優位性を活用して,従来からある部品の鍛造化を目指している.加工精度を向上させるとともに,他社では鍛造することが難しい材質にも取り組み,ノウハウを蓄積させているところである.

M社は,2001年,中国に独資で現地法人を設立し,深センの開発区内に工

---

82)「予想を上回る」13.8％＋「予想通り」38.8％＝52.6％

3 事例研究：撤退後の事業展開

表 9-1　事例企業の概要

会社名	事業概要	資本金	従業員数	海外拠点	進出年	撤退年
M社	自動車部品の製造	3,600万円	81名	中国 深セン市	2001年	2009年
				中国 大連市	2009年	
N社	業務用家具の企画製作，販売	－	－	中国 上海市	1996年	2001年
				中国 上海市	2001年	
				中国 上海市	2007年	
O社	産業機器や映像機器向けコイルの製造	7,310万円	69名	韓国	1986年	1990年
				香港	1997年	
				中国 珠海市	2000年	2007年
				中国 桂林市	2008年	2013年

場を賃借する．進出目的はコスト削減で，取引先の要請と後押しを受けて進出したものである．大手電機メーカーの下請けとして，エンコーダースピンドルと呼ばれるモーター用部品の組み付けを日本で手掛けており，それを中国に生産移管した．

2005年からは，自動車向けEPS（電動パワーステアリング）部品の切削加工を同拠点で開始する．もともとは日本国内で加工していた部品であったが，国内で鍛造した後に中国で切削・研磨することで，コスト削減を狙ったものである．同拠点は，現地向けの仕事はほとんど行っておらず，日本向けの輸出工場という位置付けであった．

2009年にM社が撤退に至った要因として，EPS部品の採算が悪かったことが指摘できる．同部品は，もともと日本でも赤字であり，採算を改善させるために，人件費の安い中国に生産移管したものである．高度な加工技術が要求される部品であり，冷間鍛造のみでは要求品質水準を満たせなかったため，切削や研磨が必要となる．国内で鍛造したものを中国で切削・研磨したが，見込みの甘さから黒字にすることはできなかった．人件費や経済特区の家賃は上昇

する一方で，従業員の定着率も低く，生産性を高めることはできなかった．現地拠点の繰越欠損が膨らんだことで，M社としてもやめざるを得なくなり，2008年に撤退を決意した．当該拠点については，予想を下回る成果にとどまったと評価している．

撤退の際に課題となったのは，取引先との交渉と資金負担であった．取引先にとっては，M社のみがEPS部品の発注先であったため，M社が撤退すると生産に影響が生じてしまう．M社では，取引先に現状を正直に説明することで，何とか事情を理解してもらうことができた．

取引先の協力もあって生産代替先が決まったことから，2009年に撤退を完了する．現地法人の清算にあたっては，累積損失や従業員への退職金など，負担は重かった．まだリーマン・ショックの影響が及ぶ前で日本本社に余力があったため，耐えることができた．

深センから撤退した2009年に，M社は，中国の大連に独資で現地法人を設立する．深センで行っていたエンコーダースピンドルの組立を行うためである．大連を選んだ理由は，①販売先が大連の近くに工場を持っていたこと，②深センよりも人件費や賃料が安かったことである．

現在，大連拠点では，同組立が売上高の大半を占めているが，最近では自動車部品の受注も増えてきている．中国市場を狙って，完成車メーカーや大手部品メーカーが現地法人での地産地消を進めようとする動きがみられるためである．そうした動きに対応して，2012年には冷間鍛造を行う機械であるパーツフォーマを導入している．

深センからの撤退経験を大連の現地法人で活用していることの一つが，日本本社主導による管理の強化である．撤退した深センの拠点では，経験を積ませるために，日本から若手技術者を1，2名出向させていたが，管理面は現地任せになることが多かった．現在は，董事長と総経理を駐在させているほか，日本本社の製造，生産管理，総務の部長クラスが中心となり，定期的に出張を行い，技術指導や管理を行っている．

M社が目指すのは，管理しなくてもよい組織を作ることである．現状は，問題を解決するために管理している部分が多く，非生産的であるが，日本本社が関与しなくても，スムーズに運営できる体制を構築し，海外拠点へ権限移譲

することが重要と考えている．

　一方で，生産・品質管理体制の整備については課題がある．今後は，品質をより高めていかねばならないが，考え方の違いもあって，中国人従業員に品質を理解させることは簡単ではないという．

　大連の拠点では，設立1年目より黒字を計上している．仕事量が安定していたことと，初期投資を抑えられたことが主因であるという．

　一方，海外では，カントリーリスクや為替の影響など，不確実性は日本以上に大きく，日本のようにゴーイングコンサーンの視点を持ち，安定的に事業を拡大させることが必ずしも良いとは言い切れないと感じている．大連に進出した頃と比べると，最近は5割以上も円安となるなど，特に最近は変化が大きい．海外投資においては，一定の期間で，投下資本を上回るリターンを出せるかが重要だと考えている．

　また，海外進出においては，フィージビリティ・スタディが重要であり，投下資本をどうやって回収するのか，周到に準備する必要があると考えている．

(2) 合弁での失敗を踏まえ独資により再度進出（N社）

　N社[83]は，業務用家具の企画から製作，販売を手掛けており，飲食店や病院，大学などに納入する．国内工場のみならず，現地駐在技術者の指導のもと，中国工場においても品質・デザイン力の高い家具の製造を可能としており，多品種少量生産から大量生産まで，幅広く対応可能な生産体制を築いている．

　1990年代，建設ラッシュに沸く中国では家具の需要拡大が見込まれた．そのなかでも特に市場としての魅力が大きい上海への進出を決める．当時は独資での会社設立が許されていなかったため，海外での人脈や情報が限られる中，パートナー選びに非常に苦労する．N社が技術指導していた国営家具会社と組み，1996年に何とか合弁会社の設立にこぎ着けた．

　ただ，出資金1億円のうち，当社が55％を全額現金で出資したのに対し，相手企業は一切現金を出さず，木工機械やリフトなどの機械や器具備品による

---

83) N社については，先方希望により，資本金および従業員数などは非公開とする．

現物出資であった．工場は国から賃借し，N社が出資した分を新規機械の導入や運転資金に充当した．従業員については相手企業から優秀な人材を送ってもらい，当初は25年契約という条件付きで合弁会社を設立する．

合弁会社は生産・販売の機能を併せ持ち，現地市場を開拓していった．当初は現地メーカーや店舗にも販売していたが，売掛金の回収に非常に苦慮する．そのため，信用力の高い海外（日欧米など）の企業を主な取引先に選び，回収が確実な先への販売を優先していった．

販売面で現地企業からの資金回収が問題となる一方で，生産面でも現地従業員のモラルの低さが課題となった．日本では時間の厳守は常識だが，それが通用しない．勤務態度の悪い従業員を遠目からでも特定できるよう，作業服に背番号をつけるなどの工夫も試みた．しかし，こうした実態をN社がいくら指摘しても，人材の供給先である合弁相手の国営企業が人員削減に及び腰なため，問題解決にはつながらなかった．

上海戸籍を持つ従業員は社会保険料の事業主負担が重く，次第に人件費が収益を圧迫していく．また，工事の許認可申請にどうしても必要などといって，相手企業から資金の積み増しを求められた．結局，増資に応じ，N社の持ち出しのみが増えていくなかで，撤退を検討せざるを得なくなった．

合弁会社を清算するには，董事会で董事全員の承認を得る必要があった．しかし，当初は中国側の董事の承認が得られず，清算の手続きに必要な董事会の書類が整わなかった．約3年の交渉を経て，何とか税務当局に書類を提出し，ようやく清算の手続きを踏むことはできたものの，それまで出資していたおよそ1億円は全額毀損してしまった．

2001年に合弁会社を解消し，同年には独資に切り替えて再び中国に進出した．合弁企業では制度上雇用できなかった農民工を，独資では採用できたのが大きかった．彼らは低賃金ながら真面目に働く者が多いため，そうした人材を積極的に雇用・育成したことで，徐々に利益も出るようになる．また，独資に切り替えたことで，顧客から日系企業と認識されやすくなり，丈夫で良いものを作るという評判が以前より増した．

合弁企業の運営を通じ，現地に任せきりでは事業の成功は難しいことをN社は学ぶ．中国では，監視体制を構築することが必要であり，日本のやり方を

当然と思わないことが重要と考えている．また，積極的に現地に溶け込む姿勢も必要と考え，現在，社長は一年間の3分の1以上を上海で生活して自ら陣頭指揮を執る．独資への切り替え後，現地の管理を徹底してきた点が，海外事業が長続きしている秘訣だとN社は考える．

従業員の採用の仕方にも注意が必要と考えている．同じ地域出身の人を雇いすぎると，一致団結し，扱いが難しくなるためである．労務管理面での苦労は絶えないが，粘り強く教育して5Sの意識を植えつけたり，始業前の朝礼やラジオ体操を行うなど，日本流の働き方を一部に取り入れている．

2007年には，仏壇などを製造していた日系企業の中国子会社を買収し，什器・キャビネットからイス，テーブルにいたるまでの品揃えを拡充する．中国現地法人2社の売上高は2割が日本本社向けで，残り8割のほとんどを日欧米のコーヒーショップ，飲食店などが占める．中国企業に対する売上高は全体の5%以下である．

海外の取引先を数多く取り込めたのは，国際家具見本市で当社の品質やデザインが高く評価されたのがきっかけである．取引先からの環境規制や残業規制などの高い要求にしっかりと応え続けてきたことが受注につながっている．そのお陰で，戦略的に販売を減らした中国企業への販売分を十分補うことができた．

現在N社では，中国において協力工場を拡充し，販売先をさらに広げることを検討している．さまざまな克服すべき課題はあるが，インフラも整備されており，やはり中国は魅力的な国の一つと考えている．

(3) 撤退後も生産委託先として当該拠点を活用（O社）

O社（資本金7,310万円，従業員69名，非正社員含む）は，産業機器や映像機器向けを中心とした，コイルの製造を主力事業としている．取引先は日系メーカーで，小ロット品や，構造が複雑な製品を強みとする．国内拠点は，東京本社のほか，山形県と秋田県に工場があり，3拠点体制となっている．

O社では，早くから海外展開を進めてきた．1984年に，韓国での委託生産を開始すると，1986年には生産委託先と合弁会社を韓国に設立する．1990年以降は，生産拠点を中国に移し，委託生産や現地法人での生産を進めてきた．現在，国内では設計と試作を主に行い，生産については，中国の現地企業に委

託している.

　韓国への進出はコスト削減が目的であったが,合弁先との不調和もあり,1990年に閉鎖.以後,中国現地企業への委託生産を開始する.

　取引先の日系電機メーカーの中国進出が進むにつれて,取引先の現地法人向けの販売が増加するようになる.そこで,1997年に,中国の生産委託先や販売先との調整を担う現地法人を香港に設立する.また,取引先の海外進出に対し,O社としても海外生産をする必要性を感じ,2000年には,主要な生産委託先である中国現地企業Z社と広東省の珠海市に合弁会社を設立した.

　合弁会社の設立準備については,もともと珠海市にあるZ社の工場に生産委託をしていたことから,スムーズに進めることができた.合弁会社の出資比率は,O社とZ社が50％ずつであった.

　海外拠点の運営については,O社主導で行いたいとの思いが強く,O社側から総経理を出す.生産・品質管理は日本人駐在員が行っており,班長によるチームの統制や,従業員の習熟度により帽子の色を変えるなど,日本で行っていた管理手法を踏襲する.一方,給与については,時間給ではなく出来高制にするなど,中国人の性格を踏まえて修正している.

　珠海合弁会社の業績は,比較的順調に推移していた.だが,2007年にO社は,合弁相手先のZ社に持株を売却し,合弁会社の経営から退いている.これは,O社日本本社の経営が悪化したことによるものである.進出から7年で撤退を余儀なくされたため,合弁会社は予想を下回る成果に終わったとO社は考えている.なお,珠海合弁会社の経営からは退いたものの,同合弁会社は,Z社への生産委託という形で,現在もO社の主力製造拠点となっている.

　その後,Z社の協力もあって,O社の業績は持ち直した.そうしたなか,再度中国への直接投資を検討するようになった.

　背景には,珠海市など沿岸部の賃金上昇があった.また,珠海の製造拠点がZ社の単独出資となって以降は,生産・品質管理が現地仕様になっていったことから,「日本の品質管理や日本の工程管理を反映した工場を作りたい」との思いが強くなったこともある.

　そこで,2008年に,中国桂林市に合弁会社を設立する.O社が50％を出資し,残り半分は,O社の香港現地法人とZ社が出資した.

市が誘致に力を入れており，Z社から聞いた地域事情なども参考にして進出を決める．桂林市は内陸部に位置しており，人件費は珠海市よりも安い．一方，輸送費はかさむため，運賃については事前に調べた．採算を考慮して，現地調達する材料を増やし，特殊な電線や接着剤など，限られたものだけを日本から輸出した．

結果的に桂林の拠点では，予想した成果は得られなかった．生産効率があがらなかったのが主な理由である．従業員の多くは，農家の出身のため食べるのに困らないことが影響してか，のんびりした気質だったという．

また，従業員同士で足の引っ張り合いがあるなど，成長を阻害する風土もあった．O社からは，総経理のほか，品質や工程指導の担当など3，4人を駐在させていたものの，現地従業員のリーダー格が幅を利かせていたため，指揮命令系統が機能しない状態であった．こうした状態の改善は叶わず，進出からわずか3年ほどで，撤退を決意する．

桂林から撤退した現在，O社では，自社資本での海外生産は行っておらず，Z社を始めとする中国現地企業への生産委託を行っている．いわゆるファブレスである．

とはいえ，中国現地企業に完全に任せるのはリスクを伴うと考えており，O社では，品質保証に力を入れている．O社は，珠海の生産委託工場に検査員を7名配置しており，検査が特に難しく，クレームが発生するリスクがあるものをチェックしている．検査員は，珠海の生産委託工場に常駐するO社社員が直接採用している．社長も，月の半分は珠海におり，それ以外は，営業をしたり，O社秋田工場に行ったりと飛び回っている．

最近の課題は，従業員の募集をかけても人が集まらないことだという．生産委託先であるZ社の珠海工場は，珠海市の中心部からは少し離れている．また，地方の最低賃金が上昇していることもあって，出稼ぎにくる人自体が少なくなっているとのことである．

対策として，珠海から車で6時間ほどかかる江西省でも，生産委託を行っている．こちらでは，比較的簡単な製品を扱っている．人件費を削減し，採算を確保するのが狙いである．

一方で，小さい製品や，きれいにコイルを巻かないと特性に影響があるもの

など，手間のかかる製品はZ社の珠海工場に生産委託している．製品の種類は，社内で登録しているものだけでも，4,000種はある．生産を自動化する際には，機械の設定に手間がかかるため，少量，多品種で，自動化が適さない製品に強みをもっている．

桂林から撤退した経験から，O社では現地従業員の管理を日本人が行う難しさを痛感している．「地域によっても違いはあるとは思うが，ローカルの人間は，ローカルの人が管理するのが良いと感じた．当社では，中国での生産は，現地企業に委託するのが一番良いと考えている．O社の場合は，Z社という良いパートナーに恵まれた．一方で，今後は，海外生産の分散も考えている．珠海から車で2時間ほど離れた場所にある現地企業への生産委託を検討している．この企業は，材料メーカーに紹介されて知り合った．委託先間で価格競争をさせて，コストを下げるのが狙いだ」と述べている．

現在，O社が気を付けているのは，O社自身が生産技術を管理し，高めていくことである．O社の場合は，製品開発が核であり，守っていかねばならないとしており，設計と試作については，日本で行うべきものと考えている．

4 考察

ここでは，事例企業が撤退後，海外事業とどのように関係しているのか，撤退経験をどのように活用しているのかの2点を分析する．

(1) 撤退後の海外事業との関係

まず，事例企業について，撤退後の海外事業とのかかわりを分析する．事例企業をみると，撤退後の事業展開には，さまざまな方向性がみられる．

第一に，撤退後，再度海外拠点を設置する企業である．M社では，中国深センから撤退した2009年に，中国大連に新たに独資で現地法人を設立した．その理由は，深センで行っていたエンコーダースピンドルの組立を行うためである．大連を選んだ理由は，元請けが大連の近くに工場を持っていたことや，深センよりも人件費や賃料が安かったためである．

N社では，合弁会社を解消して間もなく，独資に切り替えて再び中国に進出

した．合弁企業では制度上雇用できなかった農民工を，独資では採用できたのが大きかったという．こうした人材は低賃金ながら真面目に働く者が多いため，積極的に雇用・育成したことで，徐々に利益も出るようになっている．また，独資に切り替えたことで，顧客から日系企業と認識されやすくなり，丈夫で良いものを作るという評判が以前より増したとしている．

このように，ある海外拠点から撤退した後，新たな拠点を設置した事例企業は，撤退拠点の弱みであった点を改善するべく，新たな拠点を設置していることがわかる．

第二に，海外拠点の経営からは撤退したものの，その後も当該拠点との関係を継続している企業である．O社は，販売先の中国進出に対して，2000年に中国現地企業であるZ社と，広東省の珠海市に合弁会社を設立した．その後，同社は，2007年に合弁会社の持ち株をすべてZ社に売却し，経営から退いた．日本本社の経営が悪化したことが原因であるという．同拠点は，現在もZ社への生産委託を通じて，同社の主力製造拠点となっている．

一方で，同社では，中国企業に完全に任せるのはリスクを伴うと考えており，品質保証に力を入れている．具体的には，検査員7名を同拠点に配置し，検査が特に難しく，クレームが発生するリスクがあるものをチェックしている．検査員は，同社が直接雇用をしており，同社社長も，月の半分は珠海にいるという．

O社がこのような方法をとる理由として，中国における人材管理の難しさをあげている．「桂林から撤退した経験から，現地の従業員の管理を日本人が行う難しさを痛感した．地域によっても違いはあるとは思うが，ローカルの人間は，ローカルの人が管理するのが良いと感じた」と述べている．

このように，O社では，日本本社の経営悪化により，海外拠点の経営から撤退したものの，その後も当該拠点との関係を継続している．自社で新たに海外拠点を設置し，成果を上げられずに撤退した経験もあって，自社で海外拠点を運営するのではなく，海外企業に委託する方式を採用している．

「2 アンケート」では，撤退後の海外事業との関係について，海外から完全撤退する，撤退後も海外拠点を有する，撤退後新たに海外拠点を設置するといった方向性をみた．事例研究からは，そうした形態だけでなく，海外企業の

活用にシフトする企業もみられる．中小企業による撤退後の海外とのかかわり方は多様であることがわかる．

(2) 撤退経験の活用による成果

次に，撤退経験の活用と成果との関係について，分析する．

撤退後，海外に再度進出したM社とN社をみると，いずれの企業も撤退後に設置した海外拠点では成果を上げている．O社の場合には，撤退後に設置した拠点では成果を上げることができなかったものの，最初に撤退した珠海の拠点との間では，生産委託を通じて，現在も良好な関係を構築している．珠海の拠点は，現在も，同社の海外事業に貢献している．こうした撤退拠点との関係を海外事業全体としてとらえれば，O社の海外事業は，撤退後も一定の成果を上げている．

このように，撤退後の事業展開において，事例企業が成果を上げている理由として，撤退経験の活用が指摘できる．では，事例企業は，撤退経験をどのように活用し，その後の海外事業において成果を上げているのだろうか．

アンケートでは，「日本本社による管理強化」が指摘されていたが，事例企業のなかにも，撤退経験を活用して，新たな拠点では日本本社による管理を強化した事例がみられた．

M社では，2001年に中国（深セン）に単独出資で現地法人を設立したが，2009年に撤退している．そして，同年に中国の大連に独資で現地法人を設立している．撤退経験を大連の現地法人で活用していることの一つが，日本本社主導による管理の強化であるという．

撤退した深センの拠点では，経験を積ませるために，日本本社から若手技術者を1～2名出向させていたものの，管理面は現地任せになることが多かったという．そうした経験を踏まえて，大連の拠点では，董事長と総経理を日本本社から駐在させているほか，日本本社の製造や生産管理，総務の部長クラスが中心となって定期的に出張を行い，技術指導や管理を行っている．M社は「目指しているのは，管理しなくてもよい組織を作ることだ．現状は，問題を解決するために管理している部分が多く，非生産的であるといえる．本社が関与しなくても，スムーズに運営できる体制を構築し，海外拠点へ権限移譲する

ことが重要と考えている」と述べるように，将来的には海外拠点の自立を目指している．

　M社のケースでは，もちろん，不採算事業からの撤退や低賃金によるコスト削減効果も大連の拠点で成果を上げていることに影響している．しかしながら，前述のような日本本社による管理強化があったことも大きな要因になっているものと考える．

　N社も，撤退拠点の運営を通じて，現地に任せきりでは事業の成功は難しいことを学んでいる．そのため，新たに設置した海外拠点では，監視体制を構築するとともに，積極的に現地に溶け込もうとしている．具体的には，日本本社の社長は1年間の3分の1以上を上海で生活して自ら陣頭指揮を執っているという．

　また，撤退後に進出した海外拠点では，撤退経験を活用して独資で進出したことも，成果を上げる要因となっている．N社は，合弁会社を解消して間もなく，独資に切り替えて再び中国に進出している．合弁企業では制度上，農民工の雇用ができなかったが，独資では採用することができた．農民工は，低賃金ながら真面目に働く者が多いため，そうした人材を積極的に雇用・育成したことで，徐々に利益も出るようになったという．また，独資に切り替えたことで，顧客から日系企業と認識されやすくなり，丈夫で良いものを作るという評判が以前より増している．このように，撤退経験を活用して，海外事業を拡大する事例企業も多い．

　撤退経験を活用して，海外事業を委託生産中心に切り替えつつ，品質管理は自社で手掛けることも，海外事業で成果を上げる要因となっている．

　O社の場合には，珠海からの撤退後，新たに進出した中国桂林の拠点は，成果を上げられずに撤退を余儀なくされている．

　珠海からの撤退は，日本本社の業績悪化によるものであったため，その過程ではその後の事業につながるような経験を特段得ていない．こうしたことが影響して，中国桂林の拠点は，結果的に成果を上げられずに，撤退を余儀なくされたものと考える．

　一方で，中国桂林からの撤退では，現地の従業員の管理を日本人が行う難しさを痛感したという．同社では，中国での生産は，現地企業に委託するのが一

番良いと考え，中国桂林からの撤退経験を活用して，現在のような中国企業への委託を活用した海外事業展開を選択している．

ただし，ここで重要なのは，すべてを中国企業に任せているのではない点である．同社では，品質管理については，自社の従業員を現地に配置することで，委託先の管理を徹底している．

このように，第8章の図8-1で示した枠組みにおいて，「成果なし・自発的撤退」に該当する事例企業をみると，その後の海外展開では成果を上げている企業も見られる．そうした企業は，撤退後の事業展開で，撤退経験を活用することで，成果につなげている．

5　小括

本章では，撤退後の事業展開について分析を行った．その結果，中小企業による海外撤退後の事業展開は，多様であることがわかった．ある拠点からの撤退は，必ずしも海外事業からの撤退を意味しない．その後，新たに海外拠点を設置する企業や，撤退した拠点をその後も生産委託先として活用する企業などがみられる．このことは，中小企業の海外直接投資において，海外拠点を維持することが必ずしもいいとは限らず，多様な方向性があることを示しているものと考える．

また，撤退拠点で成果を上げられなかった企業も，撤退拠点で得た経験を別の海外拠点で活用することで，成果を上げている企業が多くみられる．第8章で示した枠組みでいえば，「成果なし・自発的撤退」に該当する企業においても，撤退後の事業展開で，撤退経験を活用し，その後の海外展開で成果を上げている企業も見られる．こうした撤退経験のなかでは，日本本社による管理強化を図る企業が多く見られた点が特徴となっている．

第10章

結 論

本章では，ここまでの分析を踏まえて，中小企業における海外進出後の事業展開について，第1章で示した分析視角からそれぞれ整理する．また，中小企業が海外直接投資によって発展を目指すうえでの課題を展望するとともに，政策的な含意を示す．

最後に，本書では分析しきれなかった数多くの研究課題のうち，筆者が特に重要と考える課題について述べる．

1　結論

(1) 現地市場開拓への取り組み

本書では，中小企業による海外進出後の事業展開として，まず現地市場開拓に着目して事例研究を行った．第4章で中国市場を開拓した中小消費財メーカーを採り上げ，第5章では中国自動車メーカーとの取引を実現した中小自動車部品メーカーを採り上げて，それぞれの戦略を分析している．

ここでは中小消費財メーカーの戦略と，中小自動車部品メーカーの戦略について，共通点および相違点に着目して分析結果をまとめる．特に，①現地市場開拓に至る経緯，②製品，③販売体制，④生産・調達体制といった視点からそれぞれ整理する．

①現地市場開拓に至る経緯

中小消費財メーカー，中小自動車部品メーカーとも，進出後に海外拠点の事業目的を変化させ，現地市場開拓に取り組んだ企業が多い．当初は，生産コストの低減などを目的として海外拠点を設置したが，現地市場の拡大や海外企業からの引き合いなどの理由から，現地市場開拓に取り組んでいる．

こうしたなかでも特に，これまで日系向けの販売が中心であった中小自動車部品メーカーにおいて，中国自動車メーカーの開拓に取り組む企業が確認できたことは，新たな動きといえる．

現地市場開拓に取り組んだ理由をみると，中小消費財メーカーでは，進出当初から現地市場開拓を視野に入れていた事例が多い．一方，中小自動車部品メーカーの場合は，日本国内での取引階層から上位階層へとレベルアップを図

りたいという経営者の思いが原動力となっている．実際，現地市場開拓に取り組んだ中小自動車部品メーカーは，海外で一次サプライヤーへと取引階層をアップさせ，成長を果たしている．現地市場開拓に取り組むことは，中小企業に変革をもたらしている．

②**製品：先進国向けと同等品質の製品を投入**

　中小消費財メーカー，中小自動車部品メーカーとも，先進国向けと同等品質の製品を現地市場に投入している企業が多い．

　中小消費財メーカーの場合は，「ニッチ」な市場に競合他社より「先行」して参入し，「日本向けと同じ製品を投入」することで差別化を図っている．加えて，ブランドイメージにかかわる店舗設計や什器の配列を自社で決定したり，従業員の教育に力を入れることで，製品・サービスの品質維持に努め，その製品の価値を顧客に納得してもらえるよう取り組んでいる．

　ただし，「日本向けと同じ製品を投入」する戦略は，すべての消費財で有効とはいえない．現地市場開拓から撤退した中小企業を分析すると，色遣いや生活習慣など，現地消費者の意識変化が難しい分野については，「日本向けと同じ製品を投入」する戦略は通用していない．そうした分野では，日本向けと同等品質を維持しつつ，現地向けに製品を改良することが必要となる．

　中小自動車部品メーカーの場合には，高い品質や耐久性能が求められる重要保安部品をターゲットとし，先進国向けと同等品質の製品を投入することで，技術力に劣る現地企業との競合を防いでいる．

　一方で，中小消費財メーカー，中小自動車部品メーカーともに，投入製品の多様化に向けた動きもみられる．特に，中小自動車部品メーカーにおいて，実際に仕様を変更し，先進国向けよりも品質を下げた製品を中国自動車メーカー向けに供給する事例企業がみられた．このような事例は少ないものの，中小企業においても現地市場開拓に向けた投入製品多様化の動きが起きつつある例として注目される．

　ただし，こうした動きは，海外進出した中小企業の主流とはなっていない．品質を若干下げた製品を中国自動車メーカー向けに投入した事例企業をみても，今後，そうした製品を積極投入する意向にはない．この点を勘案すると，

中小企業による現地市場開拓は，取り扱う財の種類にかかわらず，先進国向けと同等品質の製品を投入し，それが求められる市場にターゲットを絞っているのが主流といえる．

新宅（2009）などの先行研究では，大企業を中心に，新興国向けに投入製品を多様化する動きについて議論が行われている．本書の結論は，そうした先行研究に対して，中小企業による中国市場への製品戦略は，高品質・高価格の製品を投入する「高付加価値戦略」が主流となっていることを示したものと考える．

③販売体制：海外企業の活用

中小消費財メーカー，中小自動車部品メーカーともに，現地市場開拓を実現するうえでは，海外企業の活用が重要な役割を果たしている．

ここでいう「海外企業」とは，（イ）現地企業，（ロ）第三国資本の企業を意味している．また，「活用」には，資本関係を伴わない連携から，資本関係を伴う合弁形態，さらには海外企業の買収をも含む概念として，用語を用いている．

中小消費財メーカーの場合，当初は自社で直営店舗を運営したものの，広大な中国市場を自社単独で開拓するのは困難との判断から，現地企業を代理店として活用することで，市場開拓に取り組む企業が多くみられた．

一部の事例企業は，現地企業を活用せずに，自社で直接販売網を構築している．しかしながら，この事例では，中国市場に精通した経営者の存在が大きく影響している．そのため，直接販売網の構築は，他の中小企業が容易に採用できる販売方式とはいえない．

中小自動車部品メーカーの場合も，海外企業を活用することで，中国自動車メーカーとの取引を実現している．海外企業を活用する形態としては，①合弁先の第三国企業を活用，②第三国企業を買収といったパターンがみられた．

以上を踏まえると，取り扱う財の種類にかかわらず，現地市場開拓においては，海外企業の活用が重要な役割を果たしている．現地市場開拓に取り組むことが今後ますます求められるなかで，中小企業は，海外企業を活用するための経営能力を高めていくことが課題と考える．

④生産・調達体制

　中小消費財メーカーと，中小自動車部品メーカーの生産・調達体制には，違いがみられた．

　中小消費財メーカーの場合は，海外進出当初に構築した生産・調達体制を活用して，現地市場開拓に取り組んだ企業が多い．これは，先進国向けと同様の高品質・高価格製品を現地市場にも投入したことが影響している．

　中小自動車部品メーカーの場合は，投入製品によって生産・調達体制を変化させている．先進国と同等品質の部品を供給する事例企業では，先進国製機械を活用することで品質を確保しつつ，一方で低コスト生産が可能な体制構築にも努めている．

　例えば，品質にそれほど影響しない工程で海外製の低価格機械を活用する．開発設計から金型製作，量産，そして生産ラインの構築も自社グループ内で対応できる体制を整えることで，開発期間を短縮している．また，現地人材を活用することで，日本人駐在員のコスト削減にも取り組んでいる．

　このように，中国自動車メーカーとの取引では，製品品質は先進国向けを確保しながらも，コスト低減による価格引き下げにも取り組まざるを得ないのが実情といえる．

　一方，品質を落とした部品を供給した企業では，既にある海外製設備を活用したり，海外製材料を活用することで，コスト低減を実現する動きがみられた．このような生産・調達体制の違いには，投入製品の違いが影響しているものと考える．

　以上，現地市場開拓戦略について，中小消費財メーカーと中小自動車部品メーカーを採り上げ，両者の共通点と相違点を整理した．

　こうした結論のなかで特に重要なのは，取り扱う財の種類にかかわらず，現地市場開拓においては，海外企業の活用が重要な役割を果たしている点である．日本国内では自社で販路開拓に取り組む事例企業も，中国では海外企業を活用することで，現地市場の開拓を実現している．現地市場開拓において，中小企業が一番変化を求められるのは，海外企業を活用するための経営能力を構築することであると考える．

1 結論

ただし，本書で分析した事例企業は，中小消費財メーカー5社（うち撤退企業2社），中小自動車部品メーカー3社の計8社にとどまる．分析した現地市場も，中国のみである．本書の分析結果は，中小企業の現地市場開拓における一つのパターンをとらえたにすぎない．

中小企業の現地市場開拓戦略は，今後，多様になることが想定される．当初から市場開拓目的で進出する中小企業も増えており，こうした企業は，本書で分析したような，海外進出後に事業目的を変化させて現地市場開拓に取り組んだ企業とは異なる事業展開を行う可能性もあるだろう．

現地市場への投入製品についても，変化していく可能性がある．新宅（2009）では，①品質設計基準を見直し，品質を落としながらコストや価格を低下させる「低価格製品の投入」，②高品質・高価格の製品を投入する「高付加価値戦略」，③現地市場が重視する品質・機能軸を高め，重視しない品質・機能軸では若干手を抜く「現地化商品の開発」という3タイプを提示している．本書の分析では，「③現地化商品の開発」を行う中小企業は確認できず，「①低価格製品の投入」を行う動きも限定的であった．現地市場開拓に取り組む中小企業が増加するにつれて，低価格製品の投入や現地化商品の開発を行う中小企業が出てくる可能性がある．

海外企業の活用を含め，本書で明らかにした現地市場開拓戦略が今後も中小企業の主流となりうるのか，別のパターンが出てくるのか，継続的な分析が必要と考える．

(2) 海外撤退の実態

中小企業の海外撤退を定量的に把握し，その実態と課題を把握するために，第6章では，各種統計データとアンケートを用いて分析を行った．

まず，撤退に関する各種統計データには制約が存在するため，中小企業による海外からの撤退状況を長期にわたって正確に把握することは困難であることを明らかにした．そのうえで，アンケートを用いて，中小企業による海外撤退の実態を分析した．本書で明らかとなった主な点は，次の四点である．

第一に，中小企業の海外撤退数は，00年代に入って増加しており，10年以降はさらに増加傾向にある可能性を指摘した．本書で得られた示唆は，アン

ケートに基づくものではあるものの，中小企業の海外撤退数について大まかな傾向を示すことができたと考える．

　第二に，地域別に見ると，アジアからの撤退が多い[84]．この点については，中小企業による海外進出がアジア中心であることを反映しているものであり，特定の国からの撤退率が高いことを必ずしも示すものとはいえないが，中小企業による海外直接投資の難しさを示している．

　第三に，撤退理由としては，「製品需要の不振」「現地パートナーとの不調和」「管理人材の確保困難」が上位となっている．一方，大企業の撤退理由として一番多いのが「組織再編・経営資源の見直し等に伴う拠点統廃合」である．これらを比較すると，中小企業の撤退理由と大企業の撤退理由は，大きく異なっていることがわかる．

　第四に，中小企業は，撤退する際に，何らかの課題に直面したとする企業が多く，「パートナー企業との交渉」「現地従業員の処遇」が高い割合となっている．それにもかかわらず，撤退する際に相談した相手としては，「誰にも相談していない」が最も多い．こうした点を改善することが，今後の課題である．

(3) 海外拠点の存続要因

　海外拠点の存続要因を分析するために，第7章では，中小企業の海外撤退に影響する要因について実証分析を行った．海外直接投資による進出から拡大を経て，撤退に至った中小企業を分析し，どのような要因が撤退に影響しているのかを探った．その結果，三つの要因が明らかとなった．

　第一に，海外拠点の業況である．海外拠点の業況が赤字であるほど，撤退が発生しやすい．

　第二に，進出時の出資比率である．日本本社による進出時の出資比率が低いほど，撤退が発生しやすい．

　最後に，現地の経営責任者である．日本本社の役員・従業員が現地の経営責

[84) これは，中小企業全体の傾向を表しているものであり，当然ながら業種によってその様相は異なる．大企業を含めた分析ではあるが，加藤（2015）は，工作機械メーカーによる海外撤退が欧米でみられるものの，中国からは1拠点も撤退していない点を指摘する．業種別にみた海外撤退の詳細な分析については，今後の課題である．

任者であるほうが，撤退が発生しやすい．ただし，事例研究を踏まえると，この点については，日本本社の役員・従業員だからというよりも，日本本社から派遣される役員や従業員の質が大きく影響している可能性がある．

　こうした結論のうち，進出時の出資比率については，本書の現地市場開拓分析から得られた示唆との関係を考える必要がある．現地市場開拓事例の分析からは，取り扱う財の種類にかかわらず，海外企業の活用が有効であるとの結論を得た．一方で，海外拠点の存続要因に関する分析では，親会社の出資比率が高い海外拠点ほど撤退が起こりにくいとの結論を得た．この結論は，海外企業と合弁で進出するよりは，独資で進出した方が，撤退が起こりにくいと解釈することもできる．これらをどうとらえればよいのだろうか．この点については，2 (3) で改めて整理したい．

(4) 海外直接投資の成果

　中小企業による海外直接投資の成果について分析するために，第8章でアンケートを用いて，存続拠点と撤退拠点の成果を比較した．また，加藤 (2011) の成果を踏まえて，中小企業による海外直接投資の成果を試算してみた．その結果，撤退拠点を含めると，約65％もの海外拠点が十分な成果を上げていないとの推測結果を得た．

　こうした推計は，いくつかの仮定を前提とした概算であり，また，海外直接投資を実施してからそれほど年数が経過していない拠点がアンケートに含まれている点も考慮して解釈する必要がある．しかしながら，約65％の海外拠点が成果を上げていないという推計結果は，やはり中小企業の海外直接投資が決して簡単ではないことを示しているものと考える．海外展開を目指す中小企業は，この点をしっかりと認識しておく必要がある．

　また，「撤退は本当に失敗なのだろうか」という問題意識のもと，撤退拠点の成果に着目して，第8章で分析を行った．先行研究では，中小企業による海外撤退は「失敗事例」として分析されることが多かった．だが，本書の分析結果からは，中小企業の海外撤退は，成果不振によるものだけでないことが明らかとなった．

　具体的には，一定の成果を上げていたにもかかわらず撤退したとする海外拠

点が4割も存在する．もちろん，残り6割は成果を上げられずに撤退を余儀なくされた拠点である．だが，成果を上げていたにもかかわらず撤退した企業が4割存在する点は，非常に示唆に富んでいる．こうした企業を具体的に分析すると，現状では成果は上げているものの，外部環境の変化を踏まえたうえで，撤退を主体的に選択している．

　成果を上げながらも撤退した中小企業の撤退理由をみると，中小企業に多い「販売」「現地パートナー」「管理人材」に起因するものではなく，むしろ大企業に多い「組織再編，経営資源の見直しに等に伴う拠点統廃合」に近い．本書の分析は，中小企業においても，大企業と同様な撤退が出始めていることを示している．

　これらを踏まえて，本書では，海外撤退の研究において，「撤退拠点の成果」に着目する必要性を指摘した．第6章で示したように，先行研究では，どのような基準で撤退の戦略性を判断するかについては，明確に示すことができていない（小山 2013）．また，戦略的撤退と，自発的撤退（voluntary divestment），非自発的撤退（involuntary divestment）との関係についても，十分な言及がなされていない．

　こうした先行研究に対して，筆者は，撤退拠点の成果を取り入れた撤退分析の枠組みを提示し，成果を上げながらも海外から自発的に撤退することを「戦略的撤退」と定義することを提言した．これによって，戦略的撤退と自発的撤退・非自発的撤退との関係を明らかにしている．

　この分析枠組みに従うと，本書では中小企業においても戦略的撤退を行う企業が出てきていることを明らかにしたことになる．

　戦略的撤退を定義し，他の撤退と区別することは，企業経営にとって重要な意味を持つと考える．企業にとっては，戦略的撤退を常に意識することで，海外拠点の業績が悪化する前に撤退を決断しやすくなる．海外展開する中小企業にとって，一番の懸念は，海外拠点の業績悪化によって日本本社の存続が危うくなることである．戦略的撤退を定義し，意識することは，そうした事態を防ぐことにつながるだろう．

(5) 撤退後の事業展開

　第9章では，撤退後の事業展開について分析を行った．その結果，中小企業による海外撤退後の事業展開は，多様であることがわかった．ある拠点からの撤退は，必ずしも海外事業からの撤退を意味しない．その後，新たに海外拠点を設置する企業や，撤退した拠点をその後も生産委託先として活用する企業などがみられる．

　このことは，海外直接投資を行う中小企業にとって，海外拠点を維持することが必ずしも最善とは限らず，多様な選択肢のなかから環境に応じて，海外とのかかわりを変化させる必要があることを示している．

　また，撤退拠点では成果を上げられなかったものの，撤退拠点で得た経験を別の海外拠点で活用することで，成果を上げている企業が多くみられる．この結果を第8章で示した分析枠組みに当てはめると，「成果なし・自発的撤退」を行った企業においても，撤退後の事業展開で，撤退経験を活用して成果を上げていることを示している．こうした撤退経験のなかでは，日本本社による管理強化を図る企業が多く見られた．

(6) 変革が進む中小企業の海外事業

　以上，中小企業による海外進出後の事業展開について，現地市場開拓と撤退に焦点を当てて分析を行った．こうした分析からいえるのは，海外に展開する中小企業が海外事業の変革を進めていることである．

　第一に，販売先の多角化である．中小自動車部品メーカーは，これまでの主力販売先であった日系企業だけでなく，現地企業の開拓にも取り組んでいる．生産コスト低減や第三国市場への輸出を目的として中国に進出した中小消費財メーカーも，現地市場の拡大を背景に，現地市場開拓に取り組んでいる．

　このように，海外進出した中小企業は，新たな販売先を開拓することで，海外事業の変革を進めている．こうした過程では，海外企業を活用する能力など，これまでとは異なった新たな経営能力を構築することが中小企業に求められている．

　第二に，海外拠点の見直しである．中小企業の海外撤退数は，00年代に入って増加しており，10年以降はさらに増加傾向にあるなど，中小企業は，撤退

という形でも海外事業の変革を進めている．特に，外部環境の変化を踏まえたうえで，撤退を主体的に判断することで，成果を上げながら撤退する中小企業も存在するなど，これまで考えられていた「失敗による撤退」とは異なる動きもみられる．こうした動きは，積極的な海外事業再編といえる．

第三に，撤退後の海外事業見直しである．撤退後は，当該撤退拠点を委託先として活用したり，新たに海外拠点を設置したりすることで，自社の発展につなげている企業も存在する．撤退経験を生かすことで，その後の海外事業で成果を上げている企業もみられる．

以上のように中小企業は，現地市場開拓や撤退など，海外事業の変革を進めている．海外展開を取り巻く環境が厳しさを増すなかで，こうした取り組みは，中小企業にとって今後ますます重要となるだろう．

2　展望：中小企業が海外直接投資で発展するための課題

ここでは，1で示した結論を踏まえて，海外直接投資によって中小企業が発展するための課題と方向性を提示したい．

(1) 進出前準備の重要性

中小企業が海外直接投資によって発展するためには，まず，進出前の準備が重要と考える[85]．では，どのような準備が必要なのだろうか．本書の分析からは，次のような示唆が得られる．

第一に，フィージビリティ・スタディ（F/S）の実施である．第3章で示したように，存続拠点と撤退拠点を含めたアンケートから，F/Sを実施した海外拠点の方が，成果を上げていることを明らかにした．また，アンケートでは，海外展開を成功させるための要因として，「F/Sの実施」をあげる企業が最も多く，特に撤退経験がある企業で回答割合が高い点を指摘した．これは，撤退経験を有する中小企業が示した教訓ととらえることもできる．

こうした結果を踏まえると，今後，海外進出を目指す中小企業は，進出前準

---

[85] 海外展開を検討する中小企業にとっては，中小企業基盤整備機構（2013, 2014, 2015）などが有用である．

備としてのF/Sにしっかりと取り組む必要があると考える．

もちろん，海外進出に必要なすべての項目について，F/Sを完璧に行うことは，中小企業にとって難しい．またF/Sを入念に実施したとしても，あらゆる事態を想定し，対策を策定しておくことは容易ではない．本書でみてきたように，進出後，海外事業を取り巻く環境が大きく変わることも多いだろう．

しかしながら，可能な範囲内で構わないので，F/Sをしっかりと行い，人件費上昇など進出後の環境変化も想定しながら，どのように海外事業を運営していくのか，あらかじめ計画しておくことは，一定の意味をもつと考える．こうした過程では，第3章で示した支援機関による支援を活用することも有効だろう[86]．

第二に，撤退企業が主な撤退理由として示した「販売先の確保」「現地パートナー」「管理人材」について，進出前にしっかりと考えておくことが重要である．これらについても，撤退企業の経験から得られる示唆といえる．

「販売先の確保」は，これから海外進出する中小企業にとっては，ますます重要となる．特に，部品などの生産財を扱う中小企業においては，販売先をある程度確保しておくことが進出前の準備として重要と考える．

一方で，現地での競争環境が激化している現状を踏まえると，販売先の確保は容易ではない．これまでのように，現地に進出した日系企業だけでなく，本書で示した現地市場開拓に取り組むことも，今後は求められるだろう．

「管理人材」も重要である．本書で分析した事例のなかには，長年にわたって海外から研修生を受け入れ，そうした人材が現地市場開拓に重要な役割を果たした事例がみられた[87]．海外進出を考える中小企業は，こうした取り組みを参考にしながら，海外進出前からしっかりと海外展開を管理できる人材を確保・育成していくことが必要と考える．

(2) 海外事業変革への取り組み：現地市場開拓と戦略的撤退

(1) で示した進出前の準備は重要であるが，それだけで外部環境の変化に

---

86) 例えば，中小企業基盤整備機構では，「海外ビジネス戦略推進支援事業」として，F/S支援を行っている．
87) 第4章で紹介したB社の事例を参照．

対応することは容易ではない．海外進出後に環境変化が生じた場合には，海外拠点の事業を迅速に見直すことも必要と考える．

中小企業の海外直接投資を取り巻く環境は，近年ますます変化している．特に中国では，年々人件費が上昇しており，進出企業の課題となっている[88]．また，円安の進展は，海外拠点から日本国内への輸出採算悪化につながる．これらの環境変化は，海外拠点の利益を減少させるため，中小企業の海外事業変革を促す要因となりうる．

中小企業は，海外事業の変革に対してどのような方向性で取り組めばよいのだろうか．

第一に，今後は現地市場開拓に取り組む必要があると考える．円安や人件費の上昇により，現地拠点の採算が悪化した場合，日本や第三国への輸出を増やすことは難しい．そのため，現地市場開拓によって，採算改善を図る必要が出てくる．

自動車産業を例にとると，まずは現地に進出済みの日系メーカーを開拓することが優先されるだろう．しかしながら，日系サプライヤーの進出数増加や現地企業のレベルアップにより，現地ではサプライヤー同士の競合関係が今後ますます強まることが予想される．

そうした環境下では，従来のような日系企業向け販売に取り組むだけでなく，欧米系企業，さらには本書で分析した現地企業開拓に取り組む必要が出てくるだろう[89]．中小企業にとって，現地市場開拓の必要性は，今後ますます高まるものと考える．

第二に，海外拠点の採算改善に取り組んでも状況が改善しない場合は，日本本社に悪影響が及ぶ前に，海外からの撤退や第三国への移転を実行する必要がある．採算が悪化した海外拠点においては，まず採算を改善するため，前述のような現地市場開拓に取り組むことが重要である．しかしながら，そうした取り組みがうまくいかなかったり，人件費の大幅上昇によって，もはや固定費を賄うことが困難となった場合には，撤退を考える必要がある．人件費の安い国

---

88) 日本政策金融公庫中小企業事業本部国際業務部（2014）33 ページ
89) 実際，欧米系メーカー開拓に取り組む中小自動車部品メーカーもみられる．こうした企業の取り組みについては，日本政策金融公庫総合研究所（2014）を参照されたい．

に移転するなどの海外事業再編も求められるだろう．

このように，海外に展開する中小企業においては，今後も海外事業を見直すことが求められる．海外拠点をもつ中小企業は，ますます，海外拠点を取り巻く環境変化を迅速にとらえたうえで，海外拠点の事業目的をどのように変えていくのか，また場合によっては撤退するのかといった決断が必要である．

では，迅速に海外事業を変革するためには，どのような取り組みが必要なのだろうか．

第一に，定期的に海外事業を変革する機会を設けることである．第8章で紹介したJ社では，社長が年に1回，各海外拠点で行う仕事がその地域でいつまで続くのかを判断している．そこで決めた方針のもとで，生産スタイルや人材，日本本社と現地法人のかかわりなどをどうするかを決めている．日常的には，総経理や現地法人の営業マンが現地の取引先を毎月訪問するほか，社長が年に2,3回海外の取引先を訪問している．そのなかで，取引先の今後の目標や必要な技術を把握し，J社ができる提案を考えるなど，製品需要が伸びるか伸びないかを見極め，2,3年後のことを常に考えている．

実際，J社では，2014年に中国拠点の株式を幹部社員に売却し，同社は現地法人の経営から手を引いている．現地法人を売却した理由は，中国において法律や規制などが前触れもなく変わることや，対日感情の悪化に伴うリスクなど，事業運営における不確実性の高まりを危惧したためである．

第二に，撤退基準を決めておくことである．海外進出する中小企業は，進出前から進出後の変化を意識しておくとよい．例えば，進出時の事業計画作成では，そうした可能性を織り込んだり，将来的な海外事業再編をにらんで，撤退基準の設定や撤退手続きの確認を進出前に行っておいたりするとよいだろう．

第3章と第6章で紹介したXA社は，2006年に合弁会社を河北省に設立した．同社では，設立準備の段階から，中国では著名な弁理士にアドバイスを受けている．2000年代前半に，知財関係でトラブルに巻き込まれたことがあり，助けてもらったのが縁である．そのため，合弁契約書は，日本語版と中国語版を作成した．撤退についても契約書に記載し，「秘密保持契約の違反」「3期連続で赤字」など，詳細な撤退基準を設けている．

第6章で示したように，海外直接投資経験がある企業のうち，35.5％もの企

業が撤退経験を有している．この比率は，決して低くない．海外事業見直しは，どの企業にも起こりうるということを前提に，その際に備えて撤退基準を設定したり，数年先を見据えて海外事業の運営方法を見直したりすることが重要と考える．本書の結論は，そうした点を示している．

(3) 現地市場開拓における海外企業の活用

　第4章と第5章で行った現地市場開拓に関する分析からは，取り扱う財の種類にかかわらず，現地市場開拓を実現するためには海外企業の活用が有効であるとの結論を得た．

　一方で，第7章では海外からの撤退要因に関する実証分析を行ったが，そこでは親会社の出資比率が高い海外拠点ほど撤退が起こりにくいとの結論を得た．この結論は，海外企業と合弁で進出するよりも，独資で進出した方が，撤退が起こりにくいと解釈することもできる．

　海外企業の活用に関するこれらの結論をどうとらえればよいのだろうか．

　まず，考慮すべき点は，第7章で「親会社の出資比率が高い海外拠点ほど撤退が起こりにくい」との結論を得るのに用いたアンケートデータには，生産目的で進出した海外拠点が多く含まれている可能性がある点である．

　アンケートのサンプルには，1980年代以前に進出した海外拠点も含まれているなど，かなり過去に進出した企業のデータが多く含まれている．従来，中小企業の海外進出目的は，国内の親企業からの進出要請に応えることを目的とした「下請型」と，自社製品の生産コストの低減を目的とした「自立型」がその中心であった（加藤 2011，141 ページ）．

　これらの目的で進出した場合，販売先については，ある程度確保できている場合が多い．下請型の場合は，現地に進出した日系企業であり，自立型の場合は，日本への輸出が販売の中心となるだろう．下請型，自立型いずれの進出形態でも，日系企業を販売先としてある程度確保できているため，現地企業を開拓する必要性はそれほどなかった．こうした場合には，現地での販売を目的に，現地企業とのパイプがある海外企業を活用する必然性はそれほど大きくはない．

　また，日系企業を販売先として確保している場合，「いかに高品質の製品を

低コストで生産できる体制を構築できるか」といった生産面のノウハウの重要性が高くなる．生産面のノウハウに関しては，アジア企業よりも日本企業のほうが保持している．そのため，法的規制により合弁での進出が義務付けられている場合などを除き，海外企業を活用する必要性はやはり低くなる．

　アンケートによる分析から，「親会社の出資比率が高い海外拠点ほど撤退が起こりにくい」といった結論が導き出された背景には，日系企業を販売先とし，生産目的で進出した海外拠点が多く含まれていることが反映しているものと考える．

　一方で，第5章と第6章で分析した現地市場開拓への取り組み事例は，90年代以降の動きであり，特に中小消費財メーカーの場合は00年代以降と最近の事例が多い．現地での競争激化により，現地消費者向け販売や現地メーカー向け販売の重要性は近年増しており，今後も増していくものと考える．

　中小消費財メーカーの場合，広大な市場を中小企業が自社単独で開拓するのは困難であり，海外企業の活用を視野に入れるべきだろう．中小自動車部品メーカーの場合も，中国現地における日系・地場サプライヤー間の競合が激しくなる中で，日系以外の販売先を開拓する必要に迫られる可能性がある．

　中小企業は経営資源に乏しいため，現地市場開拓に取りこもうとすれば，海外企業の力を借りる必要性が増す．海外企業を活用し，経営資源を補完する必要性は，扱う財の違いにかかわらず増している．

　こうした点を踏まえると，現地市場開拓を目指す場合，海外企業の活用を検討すべきと考える．海外企業を活用した方がいいのは，本書で示したように，現地市場開拓を視野に入れた「販売での活用」である．そうしたケースでは，海外でパイプを持つ海外企業との連携がやはり有効だろう．

　一方で，現地市場開拓をそれほど視野に入れず，現地でも日系企業を中心に販売先として確保できそうな場合には，海外企業を活用せずに独資で進出することが有効と考える．

　ただし，第1章でも示したように，海外での競争激化など，海外展開する中小企業を取り巻く環境は，厳しさを増している．日本の中小企業は，これまでのような日系向け販売に依存して海外展開できる状況ではもはやない．中小企業は，今後，現地市場開拓に一層取り組む必要に迫られるものと考える．

もちろん，進出当初は，日系向け販売が中心となるだろうが，そうした状況が今後も続く保証はない．したがって，現地企業や現地消費者に対して，どのような製品をどのように販売していくのか，進出前から考えておく必要があるだろう．
　そのためには，扱う財の種類を問わず，中小企業においても海外企業を活用していくことが，今後より重要になってくるものと考える．
　以上の分析は，あくまでも仮説であるものの，今後，海外直接投資を行おうとする中小企業に対して，本書での「撤退」分析と「現地市場開拓」分析から得られた示唆ともいえるだろう．
　そして，当然ながら，海外企業の活用は決して簡単なものではない．撤退要因として「現地パートナーとの不調和」が上位にあげられたことからも，海外企業の活用は難しいことがわかる．
　本書の分析からは，海外企業活用を円滑にした要因として，①長年にわたる信頼関係の構築，②海外企業が欲しがるような技術の保有・提供，③現地法人の運営を海外企業に任せる，④海外企業を買収するといった示唆を得ることができた．こうした点を参考にしながら，海外企業との関係を構築していくことが必要だろう．
　海外企業をいかに活用していくのか，日本の中小企業にとって今後ますます重要な課題になるものと考える．

(4) 求められる国際経営能力の変化
　現地市場開拓や撤退といった新たな課題に直面するなか，海外展開する中小企業には，新たな経営能力の構築が求められている．
　第一に，海外企業を活用する能力の重要性が増している．どのような海外企業をパートナーとして選定し，どのような形態で海外企業を活用するか．また，海外企業との信頼関係をどのようにして構築していくか．こうした点は，生産目的が中心であったこれまでの海外直接投資においても，求められた能力である．
　だが，現地市場開拓では，本書でみてきたように海外企業を活用する能力がより重要となる．生産目的で海外企業と連携する場合，日本企業には生産技術

という強みがあった．一方，市場開拓を目的として海外企業と連携する場合，海外企業は販売ルートを有するケースが多い．そのため，生産目的での連携に比べて，海外企業の力が相対的に強くなる．そうした力関係のなかで，海外企業をいかにしてうまく活用できるか．海外企業を活用する能力を高めることが中小企業に求められている．

第二に，戦略的撤退を決断する能力である．外部環境が変化する中で，海外拠点の業績が悪化する前に，いつ，どのように撤退するか．早期に決断する能力が求められている．

こうしたなかでは，やはり経営者の役割がますます重要になると考える．現地市場開拓を実現した事例では，経営者が積極的に動いたり，レベルアップに向けた高い意識を持っていたなど，積極的な役割を果たしている．撤退に関する分析においても，特に成果を上げながらも撤退した事例企業では，経営者が海外事業の存廃を定期的に見直すといった取り組みが，成果を上げながらも撤退することにつながっている．

このように，現地市場開拓，撤退という海外進出後の事業活動においては，経営者が率先して海外事業にどのように取り組むのかを考えることが，重要と考える．

3　政策的含意

本書の結論から導き出される政策的な含意として，中小企業の海外直接投資に対する政策支援拡充の必要性が指摘できる．具体的には，①海外進出前の準備における支援の拡充，②海外企業の活用に向けた支援の拡充，③海外事業再編に対する支援の拡充の3点が指摘できる．

まず，①海外進出前の準備における支援の拡充について，本書では，進出年代が新しいほど，フィージビリティ・スタディを実施した海外拠点の割合が高まっているなど，中小企業の海外進出がより計画的になっている点を明らかにした．

一方で，フィージビリティ・スタディを行わずに海外進出する中小企業がいまだ多いことも明らかにしている．第2章で分析したように，2010年以降に進

出した海外拠点に限っても，23.9％の海外拠点がフィージビリティ・スタディをあまり実施していない，あるいはまったく実施していないと回答している．

　第6章の分析では，中小企業が海外展開を成功させるために重要な要因として，アンケートでは「フィージビリティ・スタディの実施」をあげた企業が多い．こうした点を踏まえると，海外進出前の準備支援の重要性について，さらに周知するとともに，そうした取り組みの実行支援を強化していくことが重要と考える．

　次に，②海外企業の活用に向けた支援の拡充について，本書の結論では今後，現地市場開拓の必要性が高まる可能性を指摘した．また，そうした現地市場開拓においては，海外企業の活用が重要となる点も指摘している．

　ただし，多数存在する海外企業のなかから，中小企業が自社に必要な先をどのように探せばよいのか，本書では十分に議論できなかった．こうした点について，政策的な支援を強化することも，一つの方法と考える．

　たとえば，1966年に香港政府によって設立された香港貿易発展局では，同局が所有する香港企業10万社のデータを利用し，日本企業に対して取引先や製造，調達，販売のパートナー等を探す支援を行っている．香港企業のなかには，中国に生産拠点をもつ企業も多い[90]．こうした海外の政府系機関と連携して，海外企業活用支援を拡充することも，有効と考える．

　最後に，③海外事業再編に対する支援の拡充について，本書の結論では，海外撤退した中小企業の約半数がその後も海外拠点を有していることを指摘した．海外進出した中小企業において重要なのは，ある海外拠点で成果を上げられなかった影響が他の海外拠点や，日本国内の拠点に悪影響を及ぼすことである．最悪の場合，海外直接投資を実施したことが，国内拠点の倒産や廃業につながることもあるだろう．こうした事態は避けなければならない．

　そのためにも，手遅れになる前に海外事業再編を積極的に促すことが必要である．撤退は必ずしも失敗ではなく，一つの戦略としてとらえることの必要性などを啓蒙することも有効と考える．

---

[90] 香港貿易発展局へのインタビューによる．

4 課題

　ここまで，中小企業による海外進出後の事業展開の実態を明らかにするために，現地市場開拓と撤退について，各種統計データやアンケート，事例研究を通じて分析を行ってきた．一方で，本書には，多くの課題が残されているのも事実である．ここでは，主に，今後の研究課題について述べたい．

　第一に，中小企業による海外進出後の事業活動について，より多方面から分析し，その実態を明らかにする必要がある．

　中小企業が海外進出後，海外事業を変革していく方向性は，本書で採り上げた現地市場開拓や撤退だけではない．現地での開発設計機能の強化や，コスト低減に向けた生産工程自動化への取り組み，現地に進出する欧米系メーカーの開拓，現地人材の活用など，さまざまな方向性が考えられる．

　こうした動きは，進出国や業種によって異なることが想定されるため，多方面から深掘りする必要がある．そのためには，例えば，長期にわたって存続する海外拠点を分析対象として，進出後，当該拠点がどのような変化を遂げてきたのかを分析することなどが有効と考える．

　第二に，海外企業の活用に焦点を当てた実態分析である．本書では，現地市場開拓において，海外企業の活用が今後重要になる可能性を指摘した．しかしながら，「どのようにすればいい海外企業に出会えるのか」「海外企業と良好な関係を構築するためには，どのような取り組みが有効か」といった点については，十分には踏み込めていない．こうした点は，海外展開を目指す中小企業にとって，大きな関心事であり，より深い分析が求められる．

　第三に，本書で分析した海外直接投資以外の海外展開形態との比較分析である．本書では，議論が錯綜しないよう，海外直接投資に焦点を当てて分析を行った．だが，海外直接投資を行う中小企業は一部にとどまっており，輸出や生産委託を行う企業も多い．「そもそも中小企業は海外展開に本当に取り組むべきなのか」という筆者の問題意識を明らかにするためには，本書で示した海外直接投資だけでなく，輸出や生産委託がどのような状況なのか，先行研究の

蓄積を踏まえて分析することが求められている[91]．

　最後に，長期的な視点から中小企業の海外展開をさらに分析し，中小企業の海外展開に関する理論を発展させる必要がある．本書では，撤退企業を分析することで，中小企業の海外展開を長期的視点からとらえることを狙った．今後は，海外展開する中小企業の推移を長期間にわたって分析することで，中小企業の海外展開に関する理論を発展させていくことが求められている．こうした過程では，国際経営研究における知見を取り入れていく必要があるだろう．

　以上のように，本書には多くの課題が存在している．こうした課題を解決すべく，今後も研究に取り組んでいきたいと考える．

---

[91] 技術供与による中小企業の海外展開については，丹下（2012c）を参照．

参考文献

安積敏政(2014)『実態調査で見た中堅・中小企業のアジア進出戦略「光と陰」』日刊工業新聞社

足立文彦(1994)「中小企業のアジア進出―成功の条件と失敗の原因―」『商工金融』第44巻7号, 26-40ページ

─── (1995)「中小企業のアジア進出―成功の条件と失敗の原因―」日本中小企業学会編『経済システムの転換と中小企業』同友館

天野倫文(2009)「新興国市場戦略論の分析視角」日本政策金融公庫国際協力銀行『JBIC国際調査室報』第2号, 69-87ページ

─── (2010)「新興国市場戦略の諸観点と国際経営論:非連続な市場への適応と創造」国際ビジネス研究学会『国際ビジネス研究』第2巻2号, 1-21ページ

一般社団法人日本自動車工業会「世界自動車統計年報」

一般社団法人日本自動車部品工業会「2014(平成26)年度海外事業概要調査」

石野正治(1996)「ハーフセット型産業構造と中小企業―新しい産業構造への対応―」日本中小企業学会『「起業」新時代と中小企業 日本中小企業学会論集』同友館

井原基(2009)『日本合成洗剤工業のアジア進出:マーケティングと経営移転』ミネルヴァ書房

今木秀和(1987)「企業の海外直接投資と戦略的撤退」『桃山学院大学経済経営論集』第28巻4号, 桃山学院大学, 73-95ページ

臼井哲也・内田康郎(2012)「新興国市場戦略における資源の連続性と非連続性の問題」国際ビジネス研究学会『国際ビジネス研究』第4巻2号, 115-132ページ

大石芳裕(2009)『日本企業の国際化・グローバルマーケティングへの道』文眞堂

太田一樹(2008)『ベンチャー・中小企業の市場創造戦略』ミネルヴァ書房

─── (2012)「中小企業の国際化とアジア新興市場への対応」『中小企業季報』2012 No.3, 大阪経済大学中小企業・経営研究所, 13-27ページ

加藤秀雄(2011)『日本産業と中小企業:海外生産と国内生産の行方』新評論

─── (2015)『外需時代の日本産業と中小企業:半導体製造装置産業と工作機械産業』新評論

上山邦雄(2011)「中国自動車産業の発展と民族系メーカーの可能性」『産業学会研

究年報』産業学会，29-40ページ
北嶋守（2004）「アジア規模のモノづくりの進展と国内産業集積の再構築―競合モデルと協働モデルの視点から―」日本中小企業学会『アジア新時代の中小企業　日本中小企業学会論集23』同友館，47-60ページ
久保田典男（2007）「生産機能の国際的配置―中小企業の海外直接投資におけるケーススタディ」『中小企業総合研究』第6号，中小企業金融公庫総合研究所（現：日本政策金融公庫総合研究所），43-61ページ
経済産業省『海外事業活動基本調査』
――――『海外現地法人四半期調査』
――――『企業活動基本調査』
――――『工業統計調査』
経済産業省（2010）『通商白書2010年版』日経印刷
国際経済交流財団（2009）『中国自動車産業の競争力に関する調査研究報告書』
駒形哲哉（2014）「中国企業，中国市場といかに関わるか―日本の中小企業の選択―」日本中小企業学会『アジア大の分業構造と中小企業　日本中小企業学会論集33』3-14ページ
小宮隆太郎（1967）「資本自由化の経済学―官民の迷信と誤謬を衝く」『エコノミスト』7月25日号
小山大介（2013）「米中市場における日本企業の海外事業活動：対外直接投資・企業内貿易・撤退分析（＜特集＞日米中トライアングルの国際政治経済構造：膨張する中国と日米）」『立命館国際地域研究』第37巻，立命館大学，75-93ページ
坂本光司（1995）「経済システムの転換と中小企業の空洞化」日本中小企業学会『経済システムの転換と中小企業　日本中小企業学会論集』同友館
朱洪双（2014）「中国の百貨店におけるセールス・プロモーションの展開の現状と課題」近畿大学大学院商学研究科『近畿大学商学論究』第14巻1号，1-16ページ
新宅純二郎（2009）「新興国市場開拓に向けた日本企業の課題と戦略」日本政策金融公庫国際協力銀行『JBIC国際調査室報』第2号，53-66ページ
新宅純二郎・天野倫文（2009）「新興国市場戦略論―市場・資源戦略の転換」東京大学経済学会『経済学論集』第75巻3号，40-62ページ
清晌一郎（2013）「中国・インドの低価格購買に対応する「深層現地調化」の実態―自動車産業における中国・インド現地生産の実態調査を踏まえて―」日本中小企業学会編『日本産業の再構築と中小企業』同友館
関智宏（2013）「中小企業の国際連携を通じた企業発展のプロセス―タイに進出しようとする日本中小企業をケースとして―」日本中小企業学会『日本産業の再構築

と中小企業 日本中小企業学会論集 32』同友館, 71-83 ページ
総務省『事業所・企業統計調査』
―――――『平成 24 年経済センサス活動調査』
高嶋克義・南知惠子 (2006)『生産財マーケティング』有斐閣
高田亮爾 (1994)「アジアにおける日系進出企業と企業間分業関係」日本中小企業学会『新しいアジア経済圏と中小企業 日本中小企業学会論集 13』同友館, 26-41 ページ
竹内英二 (2013)「海外展開が中小企業に及ぼす影響」日本政策金融公庫総合研究所編『中小企業を変える海外展開』23-74 ページ
丹下英明 (2009)「中国の日系メーカーにみられる自動車部品サプライヤー・システムの特徴―日本国内のサプライヤー・システムとの比較」日本政策金融公庫総合研究所『日本政策金融公庫論集』第 2 号, 19-35 ページ
――――― (2011)「自動車産業の構造変化と部品メーカーの対応―新興国低価格車市場の出現によるサプライチェーン変化に中小モノづくり企業はどう対応すべきか―」日本政策金融公庫総合研究所『日本政策金融公庫論集』第 13 号, 43-58 ページ
――――― (2012a)「新興国市場を開拓する中小企業のマーケティング戦略―中国アジア市場を開拓する消費財メーカーを中心に―」日本中小企業学会編『中小企業のイノベーション 日本中小企業学会論集 31』同友館
――――― (2012b)「地域資源を用いた中小企業の海外販路開拓戦略―欧米市場開拓時のマーケティング戦略を中心に―」『日本経営診断学会全国大会第 45 回全国大会統一論題報告』
――――― (2012c)「中小企業の海外展開と『生産拠点を持たない海外展開』戦略：技術供与・生産委託を活用した海外進出の可能性」日本政策金融公庫総合研究所『日本政策金融公庫論集』第 17 号, 21-37 ページ
――――― (2013)「消費財中小企業の海外市場開拓：欧州流通業者のニーズと中小企業のマーケティング戦略」日本政策金融公庫総合研究所『日本政策金融公庫論集』第 21 号, 27-47 ページ
――――― (2015a)「中小企業の新興国メーカー開拓戦略―中国自動車メーカーとの取引を実現した日系中小自動車部品メーカーの戦略と課題―」日本政策金融公庫総合研究所『日本政策金融公庫論集』第 27 号, 21-42 ページ
――――― (2015b)「中小企業の海外展開に関する研究の現状と課題―アジアに展開する日本の中小製造業を中心に―」『経済科学論究』第 12 号, 埼玉大学経済学会, 25-39 ページ

――――― (2015c)「中小企業の海外進出にみる変化：直接投資を中心に」日本政策金融公庫総合研究所『日本政策金融公庫論集』第 29 号, 1-18 ページ
丹下英明・金子昌弘 (2015)「中小企業による海外撤退の実態―戦略的撤退と撤退経験の活用―」日本政策金融公庫総合研究所『日本政策金融公庫論集』第 26 号, 15-34 ページ
――――― (2016)「中小企業における海外からの撤退要因―海外直接投資を中心に―」日本中小企業学会編『地域社会に果たす中小企業の役割―課題と展望―日本中小企業学会論集 35』同友館
中小企業基盤整備機構 (2011)「産地中小企業の海外販路開拓に係る実態と課題」『中小機構調査レポート』
――――― (2012)『平成 23 年度中小企業海外事業活動実態調査報告書』
――――― (2013)『海外展開 F/S ハンドブック』
――――― (2014)『中小企業が海外事業を成功させるための方法』
――――― (2015)『中小企業のための基礎からわかる海外リスクマネジメントガイドブック』
中小企業金融公庫総合研究所（現・日本政策金融公庫総合研究所）(2008)「中小自動車部品サプライヤーによるグローバル供給体制の構築」『中小公庫レポート』No. 2008-4
中小企業事業団 (1996)『海外進出中小企業撤退事例集 平成 7 年度』
――――― (1997)『海外進出中小企業撤退事例集 平成 8 年度』
中小企業庁 (2009)『中小企業白書 2009 年版』ぎょうせい
――――― (2010)『中小企業白書 2010 年版』ぎょうせい
――――― (2011)『中小企業白書 2011 年版』ぎょうせい
――――― (2012)『中小企業白書 2012 年版』日経印刷
――――― (2014)『中小企業白書 2014 年版』日経印刷
――――― (2015a)『中小企業の海外事業再編事例集』
――――― (2015b)『中小企業白書 2015 年版』日経印刷
張又心 Barbara (2012)「中小零細食品企業の海外販路開拓戦略～新商品開発と現地代理店との連携～」額田春華・山本聡・遠原智文『中小企業の国際化戦略』同友館, 80-114 ページ
月泉博 (2015)『ユニクロ世界一をつかむ経営』日本経済新聞出版社
寺岡寛 (2013)「中小企業とグローバリゼーション」中小企業総合研究機構・三井逸友『成果と課題 日本の中小企業研究：2000-2009 第 1 巻』同友館, 303-323 ページ

参 考 文 献

寺本義也・廣田泰夫・高井透・海外投融資情報財団（2013）『東南アジアにおける日系企業の現地法人マネジメント：現地の人材育成と本社のあり方』中央経済社
遠原智文（2012）「企業の国際化理論と中小企業の国際化戦略」額田春華・山本聡編著『中小企業の国際化戦略』同友館、10-28ページ
戸堂康之（2012）「日本の中小企業の海外生産委託」『RIETI Discussion Paper Series』12-J-004、経済産業研究所
日本政策金融公庫中小企業事業本部国際業務部（2014）「中小企業事業 取引先海外現地法人の業況調査報告」
日本政策金融公庫総合研究所（2010）「中小企業の海外販路開拓とマーケティングの実態」『日本公庫総研レポート』No.2010-1
――――（2012）「中小企業の海外進出に関するアンケート調査」
――――（2013）「中小企業の海外撤退戦略」『日本公庫総研レポート』No.2013-4
――――（2014）「海外メーカー開拓に取り組む中小企業の現状と課題―アジア新興国で欧米系・地場メーカーとの取引を実現した中小自動車部品サプライヤーのケーススタディ―」『日本公庫総研レポート』No.2014-3
――――（2015a）「中小企業の海外撤退の実態～『中小企業の海外事業再編に関するアンケート』から～」
――――（2015b）「中小企業の海外事業再編～海外撤退の実態とその後の事業展開～」『日本公庫総研レポート』No.2015-7
日本貿易振興機構（JETRO）（2010）『中国内販に成功している中小企業事例調査報告書』
――――（2011a）『中国GDP世界第2位時代の日本企業の対中ビジネス戦略報告書』
――――（2011b）『中国内販に成功している中小企業事例調査報告書Ⅱ』
――――（2014）『新興国進出個別支援サービス利用事例集』
――――（2015）『現地市場価格調査 清酒』https://www.jetro.go.jp/ext_images/_Marketing/marketpriceresearch_majorcity_seishu_201507.pdf
浜松翔平（2013）「海外展開が国内拠点に与える触媒的効果―諏訪地域海外展開中小企業の国内競争力強化の一要因―」日本中小企業学会『日本産業の再構築と中小企業 日本中小企業学会論集32』同友館、84-96ページ
朴泰勲（2007）「中国外資系自動車メーカーの競争戦略：天津トヨタ・北京現代・一汽VWの組織間システムの比較分析」『季刊経済研究』第29巻4号、1-17ページ
――――（2008）「階層的分業構造の海外移転と組織間システム：一汽VW、天津ト

ヨタ，北京現代の事例研究」国際ビジネス研究学会『国際ビジネス研究学会年報』第 14 号，43-57 ページ
樋口美雄・松浦寿幸（2003）「企業パネルデータによる雇用効果分析～事業組織の変更と海外直接投資がその後の雇用に与える影響」RIETI Discussion Paper Series 03-J-019，経済産業研究所
弘中史子・高石光一・渡辺孝志（2011 年）「中小企業の市場設定とニッチ市場におけるシェア獲得」『日本中小企業学会論集 30』同友館，157-170 ページ
藤井辰紀（2013a）「中小企業における海外直接投資の効果」日本政策金融公庫総合研究所『日本政策金融公庫論集』第 21 号，49-66 ページ
─────（2013b）「中小企業における海外直接投資の現状と効果」日本政策金融公庫総合研究所編『中小企業を変える海外展開』77-132 ページ
─────（2014）「中小企業の海外直接投資が国内事業に影響を及ぼすメカニズム」日本中小企業学会『アジア大の分業構造と中小企業 中小企業学会論集 33』同友館，173-185 ページ
藤本隆宏（2003）『生産マネジメント入門［I］─生産システム編』日本経済新聞社
洞口治夫（1992）『日本企業の海外直接投資』東京大学出版会
舛山誠一（2012）「日系中堅・中小企業の中国マーケティングにおける課題：市場ターゲティングと製品戦略を中心に」『産業経済研究所紀要』第 22 号，中部大学産業経済研究所，91-127 ページ
松永宣明（2003）「中小企業とグローバリゼーション」中小企業総合研究機構・小川英次『成果と課題 日本の中小企業研究：1990-1999 第 1 巻』同友館，327-349 ページ
丸川知雄（2003）「中国自動車産業のサプライヤー・ネットワーク（〈特集〉WTO 加盟後の中国）」『社會科學研究』東京大学 125-152 ページ
三井物産戦略研究所（2014）『戦略研レポート 中国自動車産業の課題と展望』
宮脇敏哉（2008 年）『マーケティングと中小企業の経営戦略』産業能率大学出版部
山邑陽一（2000）「国際事業投資の失敗と撤退」日本文理大学商経済学会『商経学会誌』第 19 号，97-111 ページ
山藤竜太郎（2014）「海外事業と国内事業の両立可能性─ブーメラン効果に注目して─」日本中小企業学会『アジア大の分業構造と中小企業 中小企業学会論集 33』同友館，199-211 ページ
山本久義（2002 年）『中堅・中小企業のマーケティング戦略』同文舘出版
山本聡（2012）「国内中小部品企業における取引関係の国際化」額田春華，山本聡編著『中小企業の国際化戦略』同友館，52-77 ページ

山本聡・名取隆（2014a）「国内中小製造業の国際化プロセスにおける国際的企業家志向性（IEO）の形成と役割：海外企業との取引を志向・実現した中小製造業を事例として」『日本政策金融公庫論集』第23号，日本政策金融公庫総合研究所，61-81ページ
──────（2014b）「中小製造業の国際化プロセスと国際的企業家志向性，輸出市場志向性，学習志向性：探索的検討と仮説提示」『Venture review』第24号，日本ベンチャー学会，43-58ページ
湯進（2009）「変化する中国の自動車産業と日系中小自動車部品メーカーの事業戦略」『商工金融』第59巻12号，商工総合研究所，20-33ページ
吉原英樹（2002）『国際経営論への招待』有斐閣
──────（2011）『国際経営 第3版』有斐閣
米倉穣（2000）「中小企業の海外進出の意思決定プロセスとパフォーマンス―4社の成功事例にみる―」日本中小企業学会『新中小企業像の構築 日本中小企業学会論集19』同友館，145-150ページ
──────（2001）『21世紀型中小企業の国際化戦略』税務経理協会
呂彬（2010）「中国自動車産業における技術のキャッチアップ」『現代社会文化研究』第49号，新潟大学大学院現代社会文化研究科，197-211ページ
若杉隆平・戸堂康之・佐藤仁志・西岡修一郎・松浦寿幸・伊藤萬里・田中鮎夢（2008）「国際化する日本企業の実像―企業レベルデータに基づく分析―」RIETI Discussion Paper Series 08-J-046，経済産業研究所
鷲尾紀吉（1996）「海外撤退企業の実態と国際経営戦略の構築」日本立地センター『産業立地』第35号9巻，34-43ページ
渡辺幸男・小川正博・黒瀬直宏・向山雅夫（2006）『21世紀中小企業論：多様性と可能性を探る 新版』有斐閣
──────（2013）『21世紀中小企業論：多様性と可能性を探る 第3版』有斐閣
渡辺米英（2012）『無印良品：世界戦略と経営改革』商業界
Arnold, D.and Quelch, J. (1998) "New Strategies in Emerging Markets." *Sloan Management Review*, 40 (1), pp.7-20
Anzof, H.I. (1965) *Corporate Strategy*, McGraw Hill（広田寿亮訳（1969）『企業戦略論』産業能率短期大学出版部）
Barney, J.B. (2002) *Gaining and Sustaining Competitive Advantage, Second Edition*, Prentice Hall（岡田正大訳（2003）『企業戦略論（中）事業戦略編』ダイヤモンド社）
Boddewyn, Jean. J. (1979) "Foreign Divestment：Magnitude and Factors." *Journal*

of International Business Studies, Vol.10 (1), pp.21-27

Boddewyn, Jean. J. (1983) "Foreign Direct Divestment Theory : Is it the Reverse of FDI Theory?" *Weltwirtschaftliches Archiv*, Vol.119, pp.345-355

Hamel, G.and Prahalad, C.K. (1994) *Competing for the Future*, Harvard Business School Press (一條和生訳 (2001)『コア・コンピタンス経営』日本経済新聞社)

Heskett, Sasser and Schlesinger. (1997) *The Service Profit Chain*, The Free Press (島田陽介訳 (1998)『カスタマー・ロイヤルティの経営』日本経済新聞社)

Tange Hideaki. (2014) "Innovation Process of Japanese SMEs Triggered by Emerging Market Development-Possibility of Expanding the Reverse Innovation Theory to SMEs ?" *ICSB 2014 Dublin World Conference on Entrepreneurship Final Proceedings*

Johanson, J.and Vahlne, J.E. (1977), "The Internationalization Process of the Firm —A Model of Knowledge Development and Increasing Foreign Market Commitments." *Journal of International Business Studies*, Vol. 8 (1), pp.23-32

Kotabe, Mike (Masaki) and Kristiann Helsen (1999) *Global Marketing Management*, John Wiley & Sons, Inc. (栗木契監訳 (2010)『国際マーケティング』硯学舎)

Kotler, P. (1999) *Marketing Management : Millennium Edition*, Prentice Hall (恩蔵直人監修・月谷真紀訳 (2001)『コトラーのマーケティング・マネジメント ミレニアム版』ピアソン・エデュケーション)

Levitt, T. (1983) *The Globalization of Markets*, Harvard Business Review, pp.92-102

McDermott, Michael.C. (2010) "Foreign Divestment." *International Studies of Management & Organization*, Vol.40 (4), pp.37-53

Trimble, C. and Govindarajan, V. (2012), *Reverse Innovation : Create Far From Home, Win Everywhere*, Harvard Business School Press Books

Yin, R. (2009) *Case Study Research : Design and Methods*, Thousand Oaks, CA : Sage Inc.

参考資料

日本政策金融公庫総合研究所
「中小企業の海外事業再編に関するアンケート」
アンケート調査票

参 考 資 料

中小企業の海外事業再編に関するアンケート

日本政策金融公庫総合研究所

<記入上のお願い>

1 このアンケートは、貴社の経営状況や海外展開、海外事業再編についてうかがうものですので、**経営者（代表者）**ご本人、または**海外事業担当役員**の方がお答えください。
2 ご回答に当たっては、該当するものの番号に○を付けてください。また、□や（ ）の内には数字または具体的な内容をご記入ください。

Ⅰ 国内事業の概要についてうかがいます。

問1 創業年および法人の設立年はいつですか。西暦でお答えください。

　　創業年　西暦　□□□□　年　　　　設立年　西暦　□□□□　年

問2 事業内容についておうかがいします。
　(1) 業種は製造業、非製造業のどちらですか。複数の事業を営んでいる場合は、売上高が最も多い事業に○を付けてください。

　　　1　製造業　　　　　　　　2　非製造業

　　<業種>（当てはまるものに <u>1つだけ</u> ○を付けてください。）
　　　1　食料品・飲料　　　2　繊維・繊維製品　　　3　パルプ・紙、木材　　　4　化学・医薬
　　　5　プラスチック製品　6　窯業・土石　　　　　7　鉄鋼、非鉄金属　　　　8　金属製品
　　　9　はん用・生産用・業務用機械　　　　　　　10　電子部品・デバイス、電気機器、情報通信機器
　　　11　輸送用機器　　　　　　　　　　　　　　　12　その他（具体的に　　　　　　　　　　　　）

　(2) 同業他社と比較して、差別化された技術、製品・サービス、ビジネスモデルはありますか。

　　　1　大いにある　　　2　多少ある　　　3　ほとんどない　　　4　まったくない

　(3) 問2(2)で「1」「2」に○を付けた方にうかがいます。差別化された技術や製品・サービス、ビジネスモデルの内容について具体的にご記入ください。

　　（記入例）金属粉末射出成型技術で、1ミリ以下の微細複雑部品の製造を実現

　(4) 主な販売先について、当てはまるものに <u>1つだけ</u> ○を付けてください。

　　　1　一般消費者　　　　2　事業所（企業・官公庁など）

　(5) 売上に占める下請受注比率について、当てはまるものに <u>1つだけ</u> ○を付けてください。
　　　※下請受注とは、他の事業者から仕様、内容などを指定されて、物品などの製造・加工（製造受託）を行うことを指します。

　　　1　下請なし　　2　0％超25％未満　　3　25％以上50％未満　　4　50％以上75％未満
　　　5　75％以上

問3 経営者についておうかがいします。
　(1) 生まれた年はいつですか。西暦でお答えください。

　　　西暦 ☐☐☐☐ 年

　(2) 経営者に就任された年はいつですか。西暦でお答えください。

　　　西暦 ☐☐☐☐ 年

　(3) 経営者の方は何代目ですか。

　　　1　創業者　　2　二代目　　3　三代目　　4　四代目以降

　(4) 海外留学経験はありますか。

　　　1　ある ──▶ 留学期間 ☐☐ 年 ☐☐ カ月　　2　ない

　(5) 海外での勤務経験はありますか（貴社・他社を合わせてお答えください）。

　　　1　ある ──▶ 海外勤務の期間（通算） ☐☐ 年 ☐☐ カ月　　2　ない

問4 「10年前」と「現在」の売上高、採算、従業者数についてうかがいます。
　　※「10年前」について、事業開始から10年以内の場合は、「事業開始1年後」についてお答えください。

　(1) 年間売上高をご記入ください。

　　　10年前（事業開始1年後）　およそ ☐☐ 億 ☐☐☐ 万円

　　　現　在　※直近の決算　　　およそ ☐☐ 億 ☐☐☐ 万円

　(2) 10年前と比べて採算はいかがですか。創業後10年未満の場合は、創業以降の期間についてお答えください。

　　　1　良くなっている　　　　2　やや良くなっている　　　3　あまり変わらない
　　　4　やや悪くなっている　　5　悪くなっている

　(3) 従業者数（常勤役員、正社員、非正社員）をご記入ください。該当者がいない場合は「0」をご記入ください。

	常勤役員	正社員 (常勤役員を除く)	非正社員 (パート、アルバイト、契約社員)
10年前 (事業開始1年後)	人	人	人
現　在	人	人	人

Ⅱ　現在および過去の海外展開についてうかがいます。

問5　現在あるいは過去に、貴社は海外直接投資（現地法人の設立、または既存の外国企業への出資）を行ったことがありますか。

　　　1　ある　　　2　ない ──▶ 問30（11ページ）にお進みください。

問6　問5で「1」に○を付けた方にうかがいます。貴社が実施した海外直接投資のうち、撤退（他拠点への移転および合併を含む）した投資先はありますか。

　　　1　ある　　　2　ない ──▶ 問23（9ページ）にお進みください。

Ⅲ 問6で「1」に○を付けた方に、海外直接投資先からの撤退についてうかがいます。

問7 すでに撤退したすべての投資先について、下表の各項目をお答えください
（投資先が複数ある場合は、進出年が早い順にご記入ください）。
進出国・地域と、撤退の形態、進出時の投資形態、主な機能、進出時の目的は、それぞれa群、b群、c群、d群、e群の中から最も当てはまるものを1つだけ選んでお答えください。
従業者数については、ピーク時（一番人数が多かった時）の従業者数をお答えください。

	進出国・地域（a群）	進出年（西暦）	撤退年（西暦）	撤退の形態（b群）	進出時の投資形態（c群）	進出時の出資比率	主な機能（d群）	進出時の目的（e群）	従業者数（ピーク時）
1番目		年	年			％			人
2番目		年	年			％			人
3番目		年	年			％			人
4番目		年	年			％			人
5番目		年	年			％			人

＜a群－進出国・地域＞
1 北米（アメリカ・カナダ）　2 中南米　　　　　3 台湾　　　　　　　4 中国（香港・マカオを含む）
5 韓国　　　　　　　　　　6 インドネシア　　7 マレーシア　　　　8 フィリピン
9 シンガポール　　　　　　10 タイ　　　　　　11 ベトナム　　　　　12 インド
13 ミャンマー　　　　　　　14 その他のアジア　15 ロシア　　　　　　16 ヨーロッパ
17 大洋州　　　　　　　　　18 アフリカ・その他

＜b群－撤退の形態＞
1 日系パートナー企業への株式売却　　　2 パートナー以外の日系企業への株式売却
3 地場パートナー企業への株式売却　　　4 パートナー以外の地場企業への株式売却
5 外資系パートナー企業への株式売却　　6 パートナー以外の外資系企業への株式売却
7 他企業による現地法人被合併　　　　　8 現地法人清算・破産
9 現地法人休眠　　　　　　　　　　　　10 現地法人収用あるいは国有化
11 その他（具体的に　　　　　　　　　　　　　　　　　　　　　　　　　　　　）

＜c群－進出時の投資形態＞
1 単独出資で会社を設立　　　　　　　　2 国内の日系企業と合弁会社を設立
3 海外の日系企業と合弁会社を設立　　　4 投資先の地場企業と合弁会社を設立
5 外資系企業と合弁会社を設立　　　　　6 既存企業の株式を取得
7 支店を設立　　　　　　　　　　　　　8 その他（具体的に　　　　　　　　　）

＜d群－主な機能＞
1 生産　　　　　2 販売　　　　　3 研究・開発　　　　　4 調達
5 その他（具体的に　　　　　　　　　　　　　　　　　　　　　　　　　　　　）

＜e群－進出時の目的＞
1 人件費の削減　　　　　　　　　　　　2 人件費以外の販売管理費の削減
3 技術者・エンジニアの確保　　　　　　4 労働力（技術者・エンジニアを除く）の確保
5 原材料・部品の調達コストの削減　　　6 サプライチェーンの強化
7 既往取引先の要請　　　　　　　　　　8 既往取引先へのサービスの充実
9 新規の取引先・市場の開拓　　　　　　10 新規事業への進出
11 知名度・ブランドイメージの向上　　　12 工場・店舗などの事業用地の確保
13 創業当初から海外に展開　　　　　　　14 その他（具体的に　　　　　　　　　）

参 考 資 料　　　　　　　　　　　　253

以下の設問については、問7で回答いただいた撤退先のなかで、ピーク時の従業者数が最も多い撤退先（以下、当該撤退拠点）についてお答えください。

問8　撤退の理由はどのようなものですか。最も重要なものから順に3つまでお答えください。

1番目	2番目	3番目

1　現地パートナーとの不調和　　2　販売先の確保困難　　　　　3　管理人材の確保困難
4　労働力の確保困難　　　　　　5　労務管理の失敗　　　　　　6　原材料や部品調達の困難
7　品質・納期管理の失敗　　　　8　日本本社の経営悪化　　　　9　日本本社の海外戦略の変更
10　事前の調査不足　　　　　　11　現地での市場競争の激化　　12　賃金の上昇
13　賃金以外の生産コスト上昇　14　製品需要の不振　　　　　　15　販売条件の悪化
16　商習慣・文化の違い　　　　17　主力販売先の移転・撤退　　18　優遇措置の廃止や規制・課税の強化
19　現地における資金調達の困難　20　他の海外拠点への移転および合併
21　その他（具体的に　　　　　　　　　　　　　　　　　　　　　　　　　　　　　　　　）

問9　撤退する際に、どのような課題に直面しましたか。当てはまるものにすべて○を付けてください。

1　日系パートナーとの交渉　　　2　地場パートナーとの交渉　　3　外資系パートナーとの交渉
4　現地税務当局との交渉　　　　5　現地政府・自治体との交渉　6　取引先との交渉
7　撤退に必要な資金の調達　　　8　日本への資金送金　　　　　9　規制・法制度に詳しい専門家の確保
10　現地従業員の処遇　　　　　11　日本人スタッフの処遇　　　12　撤退による日本本社での風評被害
13　技術流出防止への対応　　　14　持株譲渡先の確保
15　持株譲渡先（現地パートナー除く）との交渉　　　　　　　　16　土地・建物・設備の処分
17　特になし　　　　　　　　　18　その他（具体的に　　　　　　　　　　　　　　　　　　　　　　）

問10　撤退する際に、誰に相談しましたか。当てはまるものにすべて○を付けてください。

1　ジェトロ　　　　2　中小企業支援センター　　3　経済産業局　　4　中小企業基盤整備機構
5　地方自治体　　　6　商工会議所・商工会　　　7　取引金融機関　8　日本政策金融公庫
9　税理士・会計士　10　日本国内の弁護士　　　11　海外の弁護士　12　海外に拠点を持つ企業
13　海外撤退を支援する企業やコンサルタント　　14　主力取引先
15　海外撤退経験のある企業　　　　　　　　　　16　その他（具体的に　　　　　　　　　　　　　）

問11　撤退する際に、どのようなコストが発生しましたか。最も負担が大きかったものに1つだけ○を付けてください。

1　合弁パートナーへの違約金　　　　　　　2　労働者への退職金
3　弁護士・会計士など専門家への費用　　　4　取引先への違約金
5　持株譲渡等による売却損　　　　　　　　6　現地政府・税務当局への違約金
7　設備売却・除却損　　　　　　　　　　　8　日本からの渡航費
9　その他（具体的に　　　　　　　　　　　　　　　　　　　　　　　　　　　　　　　　　）

問12　撤退に関する情報を集めるなど撤退を具体的に考え始めてから、撤退を決定するまでに、どのくらいの期間がかかりましたか。

およそ　□□　年　□□　カ月

問13　撤退を決定してから実際に撤退を完了するまでに、どのくらいの期間がかかりましたか。

およそ　□□　年　□□　カ月

問14 当該撤退拠点の機能移転についておうかがいします。

(1) 当該撤退拠点の機能をどのように移転しましたか。最も当てはまるものに1つだけ○を付けてください。

1 既存の日本国内拠点に移転　2 新規の日本国内拠点に移転　3 既存の海外拠点に移転
4 新規の海外拠点に移転　5 当該撤退拠点の事業分野から撤退　6 海外企業への委託に切り替え
7 日本からの輸出に切り替え　8 第三国からの輸出に切り替え　9 その他（　　　　　）

(2) 問14（1）で「3」「4」に○を付けた方にうかがいます。当該撤退拠点の機能を主にどの国・地域に移転しましたか。最も当てはまるものに1つだけ○を付けてください。

1 北米（アメリカ・カナダ）　2 中南米　3 台湾　4 中国（香港・マカオを含む）
5 韓国　6 インドネシア　7 マレーシア　8 フィリピン
9 シンガポール　10 タイ　11 ベトナム　12 インド
13 ミャンマー　14 その他のアジア　15 ロシア　16 ヨーロッパ
17 大洋州　18 アフリカ・その他

問15 当該撤退拠点の撤退を主導したのは誰ですか。最も当てはまるものに1つだけ○を付けてください。

1 当社日本本社　2 当社現地法人・拠点　3 日系パートナー企業
4 地場パートナー企業　5 外資系パートナー企業　6 その他（　　　　　）

問16 当該撤退拠点の状況についておうかがいします。

(1) 当該撤退拠点について、ピーク時の年間売上高と撤退直前の年間売上高を、それぞれお答えください。

ピーク時　およそ　□□□ 億 □□□□ 万円

撤退直前　およそ　□□□ 億 □□□□ 万円
※直近の決算

(2) 当該撤退拠点の販売先は、ピーク時に何社でしたか。

およそ　□□ 社

(3) 当該拠点の最も主要な販売先はどちらでしたか。当てはまるものに1つだけ○を付けてください。

1 現地の日系企業　2 現地の地場企業
3 現地の外資系企業　4 現地の消費者
5 日本への輸出　6 第三国への輸出
7 その他（具体的に　　　　　　　　　　　　　　　　　　　）

(4) 当該撤退拠点について、撤退直前の業況はどうでしたか。

1 黒字　2 トントン　3 赤字

(5) 当該撤退拠点について、撤退時に繰越欠損はありましたか。

1 繰越欠損なし　2 繰越欠損あり

(6) 当該撤退拠点の成果をどのように評価していますか。

1 予想を上回る成果を上げた　2 予想通りの成果を上げた
3 予想を下回る成果にとどまった　4 予想をかなり下回る成果にとどまった

参 考 資 料　　　　　　　　　　　　　　　　255

問17　当該撤退拠点の進出時の取り組みについておうかがいします。
(1) フィージビリティ・スタディは実施しましたか。
　　※フィージビリティ・スタディ：海外展開する際に、自社で計画した事業が実現可能か、実施することで投資採算がとれるか、などを多角的に調査すること

　　1　十分に実施した　　　　　2　多少実施した　　　　　　3　どちらともいえない
　　4　あまり実施していない　　5　まったく実施していない

(2) 問17 (1) で「1」「2」に○を付けた方にうかがいます。フィージビリティ・スタディは、誰が主となって行いましたか。最も当てはまるものに1つだけ○を付けてください。

　　1　社内の人材　　　　2　外部のコンサルタント　　3　その他（　　　　　　　）

(3) 国や地方公共団体などからの補助金を利用しましたか。

　　1　利用した　　　　　2　利用しない

(4) 撤退時に備えて、撤退基準をあらかじめ設定しましたか。

　　1　書面にして設定した　　2　書面にはしていないが設定した　　3　設定しなかった

(5) 撤退に必要な手続き等をあらかじめ確認しましたか。

　　1　確認した　　　　　2　確認しなかった

(6) 当該撤退拠点の合弁相手をどのように見つけましたか。当てはまるものにすべて○を付けてください。

　　1　合弁相手からの依頼　　2　国内外の展示会　　3　現地政府・自治体からの紹介
　　4　現地のコンサルティング会社からの紹介　　5　日本の取引金融機関・政府関係機関からの紹介
　　6　海外展開を支援する企業やコンサルタントからの紹介
　　7　専門家（弁護士・税理士・会計士等）からの紹介
　　8　主力取引先からの紹介　　　　　　　9　主力取引先以外の企業からの紹介
　　10　合弁相手はいない　　　　　　　　11　その他（具体的に　　　　　　　　　　　）

(7) 当該撤退拠点の進出を主導したのはだれですか。最も当てはまるものに1つだけ○を付けてください。

　　1　経営者　　　　　　　2　後継者・後継者候補　　　　　3　日本人従業員
　　4　外国人従業員　　　　5　その他（具体的に　　　　　　　　　　　　　　　）

(8) 当該撤退拠点の進出前に、海外展開の担当者をあらかじめ育成していましたか。

　　1　育成していた　　　2　育成していなかった

問18　当該撤退拠点の運営体制についておうかがいします。
(1) 現地に日本人駐在員は何名いましたか。進出当初と、駐在員数が一番多かったピーク時、および撤退直前についてそれぞれお答えください。

　　| 進出当初 | 　　　人 | ピーク時 | 　　　人 | 撤退直前 | 　　　人 |

(2) 現地での従業員教育や労務管理はどのようにしていましたか。最も近いものに1つだけ○を付けてください。

　　1　日本とまったく同じようにしていた
　　2　日本のやり方をベースにしているが、現地の事情をふまえて修正していた
　　3　現地の事情をふまえて、一から研修・管理態勢を築いた
　　4　現地企業のやり方をまねた
　　5　合弁相手に任せた
　　6　従業員はいなかった
　　7　その他（具体的に　　　　　　　　　　　　　　　　　　　　　）

(3) 現地の経営責任者（ふだん現地の工場や店舗をマネジメントする方）はどのような方でしたか。進出当初と撤退直前についてそれぞれお答えください。

進出当初　[　　　]　　　撤退直前　[　　　]

1　経営者自身　　2　後継者・後継者候補　　3　進出前から勤めていた日本本社の役員・従業員
4　海外に派遣するために採用した日本本社の役員・従業員
5　合弁相手の役員　　6　合弁相手の従業員　　7　現地で採用した人
8　その他（具体的に　　　　　　　　　　　　　　　　　　　　　　　　　　　　　　　）

(4) 現地での営業・販売活動はどなたが行っていましたか。最も当てはまるものに1つだけ○を付けてください。

1　現地国籍の従業員が行っている　　2　日本人駐在員が行っている
3　合弁相手が行っている　　4　代理店やセールスレップ（販売代理人）に委託している
5　営業・販売活動は行っていない　　6　その他（具体的に　　　　　　　　　　　　　　　　）

(5) 現地での生産・品質管理活動はどなたが行っていましたか。最も当てはまるものに1つだけ○を付けてください。

1　現地国籍の従業員が行っている　　2　日本人駐在員が行っている
3　合弁相手が行っている　　4　生産・品質管理活動は行っていない
5　その他（具体的に　　　　　　　　　　　　　　　　　　　　　　　　　　　　　　　　）

(6) 当該撤退拠点管理のために実施していた項目について、当てはまるものにすべて○を付けてください。

1　日本本社への財務データの提出　　2　経営理念・社是社訓の浸透
3　日本本社から経営管理職が常駐　　4　日本本社から経営管理職が定期的に訪問
5　定期的な監査制度の導入　　6　現地経営陣の権限や報告に関する規則の作成
7　日本本社による現地経営陣の給与決定　　8　現地経営陣を招集する会議の開催
9　現地国籍の従業員の日本本社での研修　　10　人事評価・処遇システムを日本本社と統一
11　その他（具体的に　　　　　　　　　　　　　　　　　　　　　　　　　　　　　　　）

問19　撤退直前の<u>日本本社</u>の状況についておうかがいします。

(1) 日本本社について、撤退直前の業況はどうでしたか。

1　黒字　　　　　　2　トントン　　　　　　3　赤字

(2) 日本本社について、撤退後の業況はどのようになりましたか。

1　改善　　　　　　2　横ばい　　　　　　　3　悪化

(3) 撤退により、<u>国内事業</u>にどのような影響がありましたか。当てはまるものにすべて○を付けてください。

1　取引金融機関からの評価が上がった　　2　取引金融機関からの評価が下がった
3　取引先からの評価が上がった　　4　取引先からの評価が下がった
5　従業員の士気が上がった　　6　従業員の士気が下がった
7　資金繰りが改善した　　8　資金繰りが悪化した
9　従業員が採用しやすくなった　　10　従業員が採用しにくくなった
11　風評被害にあった　　12　特に影響はなかった
13　その他（具体的に　　　　　　　　　　　　　　　　　　　　　　　　　　　　　　　）

問20　撤退を完了できた要因はなんですか。当てはまるものにすべて○を付けてください。

1　撤退基準をあらかじめ設定していた　　2　撤退に必要な手続き等をあらかじめ確認していた
3　補助金活用による初期投資の抑制　　4　独資での進出
5　撤退の決断が早かった　　6　日本本社に余力があった
7　現地パートナーの協力　　8　現地政府・自治体による支援
9　現地のコンサルティング会社による支援　　10　日本の取引金融機関・政府関係機関の支援
11　専門家（弁護士、税理士など）による支援　　12　海外撤退を支援する企業やコンサルタントによる支援
13　その他（具体的に　　　　　　　　　　　　　　　　　　　　　　　　　　　　　　　）

参 考 資 料

問21 当該拠点の撤退を通じて得た知識・経験の活用状況についておうかがいします。
(1) 当該拠点の撤退を通じて得た知識・経験は、その後どこで活かしましたか。当てはまるものにすべて○を付けてください。

1 既存の海外拠点で活かした　　　　　2 撤退後、新たに設置した海外拠点で活かした
3 既存の日本国内拠点で活かした　　　4 撤退後、新たに設置した日本国内拠点で活かした
5 特に活かさなかった

(2) 問21 (1)で「1」に○を付けた方にうかがいます。撤退を通じて得た知識・経験を既存の海外拠点でどのように活かしましたか。当てはまるものにすべて○を付けてください。

1 撤退基準の設定　　　　　　　　　　2 撤退に必要な手続き等の確認
3 海外拠点への出資割合の見直し　　　4 日本本社による海外拠点管理の強化
5 海外拠点への権限移譲　　　　　　　6 ノウハウ・技術流出防止体制の整備
7 営業・販売活動の見直し　　　　　　8 調達体制の見直し
9 生産・品質管理体制の見直し　　　　10 製品の見直し
11 その他（具体的に　　　　　　　　　　　　　　　　　　　　　　　　　　　　　　　）

(3) 問21 (1)で「2」に○を付けた方にうかがいます。撤退を通じて得た知識・経験を新たな海外拠点の設置に際しどのように活かしましたか。当てはまるものにすべて○を付けてください。

1 撤退基準をあらかじめ設定　　　　　2 撤退に必要な手続き等をあらかじめ確認
3 海外拠点への出資割合決定　　　　　4 日本本社による海外拠点管理の強化
5 海外拠点への権限移譲　　　　　　　6 ノウハウ・技術流出防止体制の整備
7 営業・販売体制の整備　　　　　　　8 調達体制の整備
9 生産・品質管理体制の整備　　　　　10 製品構成の決定
11 その他（具体的に　　　　　　　　　　　　　　　　　　　　　　　　　　　　　　　）

問22 当該撤退拠点以外の海外直接投資の状況についておうかがいします。
(1) 現在、海外に直接投資先がありますか。

1 ある　　　　　　　　2 ない ──▶ 問29（11ページ）にお進みください。

(2) 問22 (1)で「1」に○を付けた方にうかがいます。貴社が海外直接投資先からはじめて撤退した年以降に進出し、現在も存続する海外直接投資先がありますか。

1 ある　　　　　　　　2 ない

Ⅳ 現在の海外直接投資の状況についてうかがいます。

以下の設問については、現在存続する海外直接投資先のうち、従業者数が現在最も多い拠点（以下、当該拠点）についてお答えください。

問22 (2)で「1」に○を付けた方は、はじめて撤退した年以降に進出し、かつ従業者数が現在最も多い拠点についてお答えください。

問23 当該拠点はどの国・地域にありますか。

1 北米（アメリカ・カナダ）　2 中南米　　　　　3 台湾　　　　　4 中国（香港・マカオを含む）
5 韓国　　　　　　　　　　　6 インドネシア　　7 マレーシア　　8 フィリピン
9 シンガポール　　　　　　　10 タイ　　　　　　11 ベトナム　　 12 インド
13 ミャンマー　　　　　　　　14 その他のアジア 15 ロシア　　　 16 ヨーロッパ
17 大洋州　　　　　　　　　　18 アフリカ・その他

問24　当該拠点の状況についておうかがいします。
(1) 当該拠点の進出年（西暦）、および現在の従業者数をお答えください。

　　西暦 ☐☐☐☐ 年　　従業者数 ☐☐☐☐ 人

(2) 当該拠点について、現在の年間売上高をお答えください。

　　現在の売上
　　※直近の決算
　　およそ ☐☐☐ 億 ☐☐☐ 万円

(3) 現在、当該拠点の販売先は、何社ですか。

　　およそ ☐☐☐☐ 社

(4) 当該拠点の最も主要な販売先はどちらですか。当てはまるものに1つだけ○を付けてください。

　1　現地の日系企業　　　　　　　2　現地の地場企業
　3　現地の外資系企業　　　　　　4　現地の消費者
　5　日本への輸出　　　　　　　　6　第三国への輸出
　7　その他（具体的に　　　　　　　　　　　　　　　　　）

(5) 当該拠点について、現在の業況はどうですか。

　1　黒字　　　　　　2　トントン　　　　　3　赤字

(6) 当該拠点について、繰越欠損はありますか。

　1　繰越欠損なし　　　　　　　　2　繰越欠損あり

(7) 当該拠点の成果をどのように評価していますか。

　1　予想を上回る成果を上げている　　2　予想通りの成果を上げている
　3　予想を下回る成果にとどまっている　4　予想をかなり下回る成果にとどまっている

問25　当該拠点の進出時の取り組みについておうかがいします。
(1) フィージビリティ・スタディは実施しましたか。
　　※フィージビリティ・スタディ：海外展開する際に、自社で計画した事業が実現可能か、実施することで　投資採算がとれるか、などを多角的に調査すること

　1　十分に実施した　　2　多少実施した　　3　どちらともいえない
　4　あまり実施していない　　5　まったく実施していない

(2) 問25（1）で「1」「2」に○を付けた方にうかがいます。フィージビリティ・スタディは、誰が主となって行いましたか。最も当てはまるものに1つだけ○を付けてください。

　1　社内の人材　　　2　外部のコンサルタント　　3　その他（　　　　　　）

(3) 国や地方公共団体などからの補助金を利用しましたか。

　1　利用した　　　　2　利用しない

(4) 撤退時に備えて、撤退基準をあらかじめ設定しましたか。

　1　書面にして設定した　　2　書面にはしていないが設定した　　3　設定しなかった

(5) 撤退に必要な手続き等をあらかじめ確認しましたか。

　1　確認した　　　　2　確認しなかった

参 考 資 料　　　　　　　　　　　　　259

(6) 当該拠点の合弁相手をどのように見つけましたか。当てはまるものに<u>すべて</u>○を付けてください。

　　1　合弁相手からの依頼　　　2　国内外の展示会　　　3　現地政府・自治体からの紹介
　　4　現地コンサルティング会社からの紹介　　　5　日本の取引金融機関・政府関係機関からの紹介
　　6　海外展開を支援する企業やコンサルタントからの紹介
　　7　専門家（弁護士・税理士・会計士等）からの紹介　　8　主力取引先からの紹介
　　9　主力取引先以外の企業からの紹介　　　　10　合弁相手はいない
　　11　その他（具体的に　　　　　　　　　　　　　　　　）

(7) 当該拠点の進出を主導したのはだれですか。最も当てはまるものに<u>1つだけ</u>○を付けてください。

　　1　経営者　　　　　　　　　　2　後継者・後継者候補　　　　　3　日本人従業員
　　4　外国人従業員　　　　　　　5　その他（具体的に　　　　　　）

(8) 当該拠点の進出前に、海外展開の担当者をあらかじめ育成していましたか。

　　1　育成していた　　　　　　　2　育成していなかった

問26　<u>当該拠点の運営体制</u>についておうかがいします。

(1) 現地に日本人駐在員は何名いますか。進出当初と、駐在員数が一番多かったピーク時、および現在についてそれぞれお答えください。

| 進出当初 | 人 | ピーク時 | 人 | 現　在 | 人 |

(2) 現地での従業員教育や労務管理はどのようにしていますか。最も近いものに<u>1つだけ</u>○を付けてください。

　　1　日本とまったく同じようにしている
　　2　日本のやり方をベースにしているが、現地の事情をふまえて修正している
　　3　現地の事情をふまえて、一から研修・管理態勢を築いた
　　4　現地企業のやり方をまねた
　　5　合弁相手に任せた
　　6　従業員はいない
　　7　その他（具体的に　　　　　　　　　　　　　　　　　　　　　　　　　　　　　）

(3) 現地の経営責任者（ふだん現地の工場や店舗をマネジメントする方）はどのような方ですか。進出当初と現在についてそれぞれお答えください。

| 進出当初 | | 現　在 | |

　　1　経営者自身　　　　　　　　2　後継者・後継者候補
　　3　投資前から勤めていた日本本社の役員・従業員
　　4　海外に派遣するために採用した日本本社の役員・従業員
　　5　合弁相手の役員　　　　　6　合弁相手の従業員　　　　　7　現地で採用した人
　　8　その他（具体的に　　　　　　　　　　　　　　　　　　　　　　　　　　　　　）

(4) 現地での営業・販売活動はどなたが行っていますか。最も当てはまるものに<u>1つだけ</u>○を付けてください。

　　1　現地国籍の従業員が行っている　　　2　日本人駐在員が行っている
　　3　合弁相手が行っている　　　　　　　4　代理店やセールスレップ（販売代理人）に委託している
　　5　営業・販売活動は行っていない　　　6　その他（具体的に　　　　　　　　　　　　）

(5) 現地での生産・品質管理活動はどなたが行っていますか。最も当てはまるものに<u>1つだけ</u>○を付けてください。

　　1　現地国籍の従業員が行っている　　　2　日本人駐在員が行っている
　　3　合弁相手が行っている　　　　　　　4　生産・品質管理活動は行っていない
　　5　その他（具体的に　　　　　　　　　　　　　　　　　　　　　　　　　　　　　）

(6) 当該拠点管理のために実施している項目について、当てはまるものにすべて○を付けてください。
1 日本本社への財務データの提出　　　　2 経営理念・社是社訓の浸透
3 日本本社から経営管理職が常駐　　　　4 日本本社から経営管理職が定期的に訪問
5 定期的な監査制度の導入　　　　　　　6 現地経営陣の権限や報告に関する規則の作成
7 日本本社による現地経営陣の給与決定　8 現地経営陣を招集する会議の開催
9 現地国籍の従業員の日本本社での研修　10 人事評価・処遇システムを日本本社と統一
11 その他（具体的に　　　　　　　　　　　　　　　　　　　　　　　）

問27 海外直接投資により、国内事業にどのような影響がありましたか。当てはまるものにすべて○を付けてください。
1 取引金融機関からの評価が上がった　　2 取引金融機関からの評価が下がった
3 取引先からの評価が上がった　　　　　4 取引先からの評価が下がった
5 従業員の士気が上がった　　　　　　　6 従業員の士気が下がった
7 資金繰りが改善した　　　　　　　　　8 資金繰りが悪化した
9 従業員が採用しやすくなった　　　　　10 従業員が採用しにくくなった
11 風評被害にあった　　　　　　　　　　12 特に影響はなかった
13 その他（具体的に　　　　　　　　　　　　　　　　　　　　　　　　　　　　　　）

問28 現在、撤退を計画している海外直接投資先がありますか。当てはまるものに1つだけ○を付けてください。
「1」を回答された方は、当該拠点のある国・地域もお答えください。

　1 ある　　　　　2 現在はないが、将来的な撤退を検討している拠点がある　　　3 ない

＜国・地域＞（当てはまるものにすべて○を付けてください）
1 北米（アメリカ・カナダ）　2 中南米　　　　3 台湾　　　　4 中国（香港・マカオを含む）
5 韓国　　　　　　　　　　　6 インドネシア　7 マレーシア　8 フィリピン
9 シンガポール　　　　　　　10 タイ　　　　11 ベトナム　　12 インド
13 ミャンマー　　　　　　　　14 その他のアジア　15 ロシア　16 ヨーロッパ
17 大洋州　　　　　　　　　　18 アフリカ・その他

問29 海外直接投資の経験を踏まえて、海外直接投資を成功させるために重要と考える項目はなんですか。
最も重要と考えるものから順に3つまでお答えください。

1番目	2番目	3番目

1 フィージビリティ・スタディの実施　　2 現地パートナーの選定
3 現地パートナーとの関係構築　　　　　4 現地での販売先の確保
5 生産・品質管理の徹底　　　　　　　　6 現地国籍の従業員の活用
7 日本人駐在員の選定・活用　　　　　　8 日本本社経営者による率先
9 現地政府・自治体との関係構築　　　　10 独資での進出
11 日本本社での安定した収益　　　　　　12 ノウハウ・技術流出の防止
13 調達先の確保　　　　　　　　　　　　14 資金調達先の確保
15 為替相場変動への対応　　　　　　　　16 権限移譲による現地化の推進
17 差別化された技術、製品・サービス、ビジネスモデル　18 現地ニーズに合わせた製品の開発
19 現地での外部環境変化に対する迅速な対応　　　　　　20 現地規制・会計制度に詳しい専門家の確保
21 その他（具体的に：　　　　　　　　　　　　　　　　　　　　　　　　　）

問30 今後、海外直接投資による海外拠点数を増やす計画はありますか。
1 増やしたい　　2 現状のままでよい　　3 減らしたい

これで質問はすべて終わりです。アンケート票は同封の返信用封筒（切手不要）に入れ、ご返送ください。
ご協力ありがとうございました。

索　引

ウプサラ・ステージ・モデル, 6, 26
海外企業, 110
海外企業の活用, 110, 111, 118, 163, 223, 224
海外拠点, 9
　――の業況, 152, 156, 158, 163, 169, 193, 226
　――の存続要因, 9, 226
海外事業, 7, 36, 229, 231
　――の変革, 229, 231
海外直接投資, 5
　――の成果, 10, 193, 227
海外展開, 3
　――の形態, 16, 20
管理人材, 137, 226
競合モデル, 20
協働モデル, 20
繰越欠損, 169, 193
経営資源, 8, 52, 57
経営者, 67, 72, 156, 161, 187, 222, 237
現地化商品の開発, 20, 52
現地企業, 3
　――の活用, 71, 83, 223
現地市場開拓, 4, 221
　――に至る経緯, 65, 106, 221
現地パートナー, 137, 141, 145, 151, 231
高付加価値製品, 67
高付加価値戦略, 20, 52
国際経営, 25, 236
コンセプト, 68
下請型, 35
失敗, 130, 167, 170

自発的撤退, 167, 191, 228
重要保安部品, 109, 222
出資比率, 4, 32, 152, 159, 227
消費財, 8, 49, 84, 221
自立型, 35
新興国市場, 51, 52
進出前の準備, 16, 36, 37, 38, 230
生産・調達体制, 57, 74, 112, 224
製品, 65, 66, 108, 222
戦略的撤退, 130, 167, 191, 228
存続拠点, 168, 227
大企業の撤退理由, 137, 187
中国自動車市場, 91
中国自動車メーカー, 94, 95, 118, 221
中小企業の海外事業再編に関するアンケート, 36, 132
中小自動車部品メーカー, 96, 97, 118, 221
中小消費財メーカー, 49, 54, 84, 221
直営店舗, 72
低価格製品, 52, 67, 69, 76, 225
撤退基準, 38, 39, 40, 43, 143, 233
撤退拠点, 37, 124, 134, 156, 167, 168, 170, 204, 227
　――の成果, 170, 227
撤退経験の活用, 202, 216, 229
撤退後の事業展開, 10, 206, 214, 229
撤退手続き, 40, 41, 143, 144, 233
撤退要因, 129, 138, 149, 163, 187, 234
ニッチ, 50, 55, 67, 222
日本製, 69, 76, 113, 222
日本政策金融公庫, 32, 36, 131, 153
日本本社の役員・従業員, 161

販売体制, 57, 71, 110, 223
非自発的撤退, 167, 191, 192, 228
品質, 52, 56, 67, 73, 109, 222, 223
品質維持, 73, 222
ファーストリテイリング (ユニクロ), 53
フィージビリティ・スタディ (F/S), 37, 38, 42, 43, 142, 144, 153, 160, 230

Boddewyn, 149
McDermott, 129, 149
良品計画 (無印良品), 53
レベルアップ志向, 117

<著者紹介>
丹下 英明（たんげ ひであき）

1972 年	長野県生まれ
1995 年	東北大学経済学部経済学科卒業
1995 年	中小企業金融公庫（現・日本政策金融公庫）入庫
2007 年	早稲田大学大学院アジア太平洋研究科国際経営学専攻修了 MBA（経営管理学修士（専門職））
2013 年	日本政策金融公庫総合研究所主席研究員
2016 年	埼玉大学大学院経済科学研究科経済科学専攻博士後期課程修了 博士（経済学）

現在，多摩大学経営情報学部准教授

著書『中小企業を変える海外展開』（共著）同友館，2013 年 7 月
　　『中国改革の深化と日本企業の事業展開』（共著）日本貿易振興機構，2014 年 6 月

中小企業の国際経営
市場開拓と撤退にみる海外事業の変革

2016年10月14日　第1版第1刷発行
2017年9月15日　第1版第2刷発行

編　者　日本政策金融公庫
　　　　　総合研究所
著　者　丹　下　英　明
発行者　脇　坂　康　弘

発行所　株式会社 同友館
〒113-0033　東京都文京区本郷3-38-1
　　　　　　本郷信徳ビル3F
電話 03-3813-3966
FAX 03-3818-2774
http://www.doyukan.co.jp/
ISBN978-4-496-05225-5

ⒸJAPAN FINANCE CORPORATION　2016

Printed in Japan
＊本書の全部または一部の複写・複製・転訳載および磁気または光記録媒体
　への入力等を禁じます。